Patran

二次开发及船舶应用

胡丰梁　著

化学工业出版社

·北京·

内容简介

本书通过呈现大量示例并对程序逐行解说的方式介绍了使用 PCL 语言、Python 语言和 C++ 语言进行 Patran 二次开发的方法。全书主要内容有 PCL 语言基础、使用 PCL 语言操作 Patran 模型、Patran 界面和功能菜单的开发方法、Python 语言基础、BDF 文件格式和内容、使用 Python 语言处理 BDF 文件、使用 PCL 和 Python 语言操作 OP2/XDB/HDF5 结果文件、Patran 自动化模型处理、使用 C++ 语言开发可供 PCL 程序调用的外部 DLL。

本书内容由浅入深，语言通俗易懂，内容结构安排符合学习认知规律，可以作为 Patran 结构仿真工程师学习 Patran 二次开发的自学用书，也可供高等院校相关专业参考使用。

图书在版编目（CIP）数据

Patran 二次开发及船舶应用 / 胡丰梁著. —北京：化学工业出版社，2024.7

ISBN 978-7-122-45599-4

Ⅰ.①P… Ⅱ.①胡… Ⅲ.①船舶结构－有限元分析－应用软件 Ⅳ.①U663-39

中国国家版本馆 CIP 数据核字（2024）第091195号

责任编辑：李佳伶　　　　　文字编辑：陈　锦　袁　宁
责任校对：李　爽　　　　　装帧设计：关　飞

出版发行：化学工业出版社
　　　　　（北京市东城区青年湖南街13号　邮政编码100011）
印　　装：涿州市般润文化传播有限公司
710mm×1000mm　1/16　印张17¼　字数369千字
2025年6月北京第1版第1次印刷

购书咨询：010-64518888　　　售后服务：010-64518899
网　　址：http://www.cip.com.cn

前言

结构计算软件在现在的实际生产工作中正在发挥越来越大的作用，结构计算软件已经成为结构工程师不可或缺的工具。多年来笔者一直从事船舶结构计算工作，深感利用好计算软件的重要性。现在大多数船舶都要求进行有限元结构计算，利用好有限元软件，使其更符合自己的使用需求，可以显著提升工作效率。现有的有限元软件多数都是通用软件，市面上也有不少插件，但这些插件大多也是针对某个特定的目的开发的。实际生产过程中遇到的各种需求五花八门，而且很多适用范围和适用面都很窄，没有必要也没有哪个软件公司愿意花费时间和精力来开发这种工具。因而作为结构计算工程师，具备一定的有限元软件开发定制能力，能够针对具体工作中遇到的问题进行适当的开发以提高自己的工作效率是十分有必要的。笔者在工作中也了解到不少结构工程师希望能结合实际工作开发个性化的工具集来更有效地工作。因而萌生了编写本书的想法，希望能借此跟大家交流。本书主要面向结构工程师，希望能对读者在工作中使用有限元软件提供一些帮助。

每个软件都有各自的设计思路，我们学习或二次开发一个软件，对单个功能的解读和使用固然重要，但更重要的是弄清和理解这个软件的设计思路和逻辑，使我们的应用思路与软件设计思路保持在一个频道上，这样我们才能更好地使用它。因而本书的重点不是向读者介绍多少个开发使用的函数功能，而是通过对这些函数的介绍使读者逐渐了解其二次开发的逻辑和思路，至于更多的函数功能和详细说明可以参考软件的帮助手册，那里的介绍更全面。

本书使用了 MSC Software 公司 2016 版的 Patran 软件。书中的示例多是根据笔者在工作中遇到的问题而编写，这些程序也在实际工作中得到了应用。

由于个人能力所限，书中疏漏之处在所难免，非常欢迎广大读者能够分享您的宝贵意见和建议，指出书中的不足以及其他可能的改进之处。

著者

目录

第4章　Patran界面和功能菜单开发　123

第5章　使用Python进行辅助处理　153

第1章
概　述

1.1　Patran/Nastran介绍

　　Patran 是一款广泛使用的有限元前 / 后处理软件。它为工程师提供了一个强大而直观的平台，用于构建、修改和分析复杂的有限元模型。

　　前处理部分是 Patran 的核心功能之一。通过图形界面，用户可以创建几何和有限元模型，并支持导入多种文件格式，包括 CAD 模型（如 IGES、STEP 等）以及其他有限元软件的模型（如 Nastran、ABAQUS 等）。这使得用户能够在不同系统之间进行数据交换和共享。

　　Patran 提供了丰富的网格生成和控制方法，可以方便地直接生成有限元模型，同时也提供了丰富的网格划分工具，以便在几何模型的基础上将几何离散化为有限元单元。它支持各种网格类型，如三角形、四边形、四面体、六面体等，并可根据需要对网格进行自动或手动划分、细化和改进。

　　有了生成的有限元网格并进行了计算后，用户就可以进行后处理分析。Patran 提供了多种结果可视化和数据处理功能。用户可以查看并分析节点和单元上的应力、位移、应变等结果数据。此外，Patran 还支持视频和报表生成，以便更好地展示和分享分析结果。

　　同时，Patran 还提供了 PCL（Patran Command Language，Patran 命令语言）编程接口，用户可以根据自己的需求进行自动化和定制开发。

　　总的来说，Patran 作为有限元前后处理软件，提供了一套完整的工具和功能，使工程师能够更方便地创建、修改和分析有限元模型，加快分析过程，优化设计，并获得对结构行为的深入理解。

　　Nastran（NASA Structural Analysis System）是一款广泛应用于工程领域的有限元计算软件。作为行业标准之一，Nastran 提供了强大而全面的功能，能够处理线性和非线性、静态和动态、稳态和瞬态问题。它可以进行静力学分析、模态分析、频率响应分析、热传导分析、疲劳分析等，满足不同工程场景中的需求。此外，Nastran 还支持多物理场耦合和优化分析，可以对结构进行多学科的综合分析和优化设计。Nastran 支持多种单元类型，包括三维固体单元、壳单元、梁单元等，使得用户能够对复杂结构进行精确建模和分析。

Nastran 以其高精度、可靠性和稳定性而受到工程界的广泛认可。在船舶工业界，使用 Patran/Nastran 组合进行船舶结构仿真分析已有相当长的时间。

1.2 Patran二次开发方式

虽然 Patran 软件功能强大且功能众多，但正所谓众口难调，对于有限元分析工程师和研究人员来说，仍然有对其进行二次开发的需求和必要性，具体来说：

① 每个工程项目或研究任务都有特定的需求和要求。通过对 Patran 进行二次开发，可以根据项目的具体需要添加、修改或优化功能，以满足用户特定的定制化需求。这包括添加新的功能模块、改进现有功能、设计自定义用户界面等。

② 工作流程集成。在实际的工程实践中，有限元分析通常只是整个工程流程的一部分，与其他工程软件和工作流程的无缝集成对于提高效率和准确性至关重要。通过 Patran 的二次开发，可以实现与其他软件之间的数据交换和集成，从而简化工作流程，降低人为错误的风险。

③ 自动化和批处理。有限元分析往往涉及大量的数据处理和计算任务。通过进行 Patran 的二次开发，可以编写脚本或宏命令来自动化常见的任务，提高工作效率。例如，可以编写脚本来自动创建网格、导入外部数据、执行特定的计算过程，并生成标准化的分析报告。

④ 特定行业需求。不同行业和领域对有限元分析的要求和标准可能有所不同。通过二次开发 Patran，可以针对特定行业的需求进行定制，使软件能够更好地适应该行业的规范和工作流程。这样，工程师可以更加高效地进行行业特定的模型构建、材料属性设定、加载条件应用等任务。

进行 Patran 的二次开发对于满足定制化需求、提高工作流程集成、实现自动化批处理以及适应特定行业需求至关重要。这种开发能够为用户提供更灵活、高效和适应性更强的有限元前后处理环境，从而推动工程分析和研究的效率。

1.2.1 各种开发方式概述

一般而言，使用 Patran/Nastran 进行结构计算的典型过程如图 1-1 所示。

在这个过程中，几乎每一步都可以进行特殊化的开发和定制。

① Patran 中建立模型，这一步的二次开发方式可以使用 Patran 的 PCL 语言对模型数据进行读取、修改和添加，也可以通过修改建模过程的 Session 文件并重新播放来生成新的模型，当然这个修改过程也可以通过外部的程序来实现自动化。

② BDF 文件，对于生成的 BDF 文件，如果了解了 BDF 文件的结构和数据内容，

可以通过外部程序对 BDF 文件进行修改。当然也可以不经过 Patran 建模一步直接生成 BDF 文件，但直接创建 BDF 文件通常只对较为简单的模型可行，对于复杂的舱段模型还是使用 Patran 建模更为有效。

③ Nastran 中计算的过程，可以使用 Nastran 提供的 DMAP 语言对求解序列进行更改，来实现求解过程的变更或输出中间计算结果信息，但这超出了本书的范围，如有兴趣可以查阅相关书籍或 MSC Nastran 帮助文档中的《DMAP Programmer's Guide》。

④ Nastran 的计算结果文件一般是 OP2、XDB 等类型文件，这可以通过 MSC Access 或外部程序来进行读取，但近年来，MSC 的计算结果文件可以输出更为通用的 HDF5 格式，对 HDF5 格式的读写可以更方便地进行。

⑤ 在 Patran 中展示结果或对结果进行处理可以通过 PCL 语言进行，也可以在外部直接读取 Nastran 计算结果文件后处理。

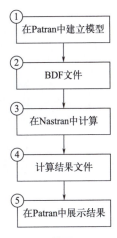

图1-1 使用Patran 进行结构计算的流程

》》 1.2.2 二次开发帮助获取

Patran 随安装文件或在其网站上都提供了对于二次开发的丰富的说明和参考文档，主要有如下资源：

MSC Nastran 帮助文档中的《Quick Reference Guide》，Nastran 的 BDF 文件的详细说明手册，简称 QRG；

Patran PCL and Customization，PCL 的语言说明和 Patran 非界面功能函数参考手册；

Patran PCL Reference Manual，Patran 界面功能函数的参考手册。

1.3 Patran的船舶应用

》》 1.3.1 船舶结构的特点

船舶结构包括外壳、内壳、甲板、横纵舱壁、横纵框架、水平框架、上层建筑等组成部分，各部分之间相互连接，共同组成一个有机整体，以抵抗内外部的各种载荷，保证其结构的完整性。

船舶各类框架众多。为了提高船体的强度和刚度，船体结构中布置了大量的横纵框架，如图 1-2 所示，同时对于不同的船舶类型和航行条件，为满足其在各种工况下的强度和稳定性要求，其结构框架的布局、间距、形状和大小也都不同。

船舶各类舱室众多。出于营运需要和防止船体破损的要求，船舶设置了许多如货舱、燃油舱、压载水舱等不同功能的舱室，如图 1-3 所示。这些舱室大小各异、形状复杂，如图 1-4 所示。

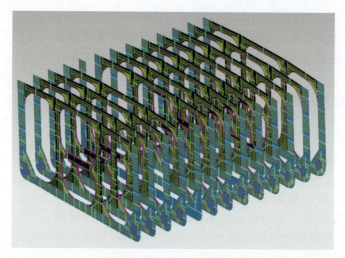

图1-2　典型的油船横框架

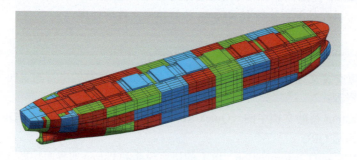

图1-3　散货船舱室

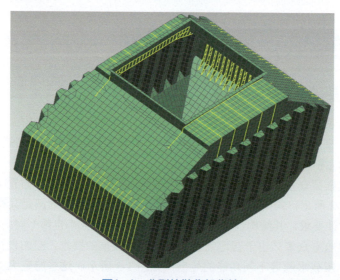

图1-4　典型的散货船货舱

船舶结构板材和骨材的种类繁多。船舶作为海上运输工具，需要承受各种外部载荷和海洋环境的影响。不同部位的强度需求不同，在承受较大载荷的船体底部和甲板通常采用较厚的板材和较大的骨材，以提供充足的强度；而在船舶上层结构或非关键部位，可以使用较薄的板材和较小的骨材，以减轻重量并降低成本。基于这些原因，船舶板材厚度和骨材种类很多以保证在满足强度和功能要求的情况下最小化船体重量，如图 1-5 所示。

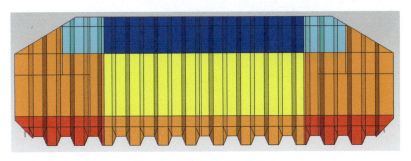

图1-5　槽形舱壁的板厚分布

船舶结构的上述特点，使其建模、评估、计算也呈现出不同于其他工程结构的特点，需要根据这些特点开发相应的建模及计算评估工具。

1.3.2　Patran 在船舶结构计算中的应用

描述性方法的规范要求主要是来源于传统的梁理论和板壳理论且以营运经验为基础而建立的，随着船舶大型化和新型船型的发展，基于简化和经验的规范要求难以提供充足的安全保障，有限元计算方法成了验证船舶结构安全的一种重要手段。

Patran 可以应用于多种类型的船舶结构计算，主要有以下几种。

（1）舱段有限元计算

舱段有限元分析主要用于评估船体主要结构的尺寸，也是现在船舶结构计算中最主要的计算类型之一，主要特点如下。

① 舱段有限元计算使用的模型网格尺寸一般是纵骨间距，通常在 700 ~ 1000mm 之间，因而舱段有限元计算也称为粗网格分析，典型的舱段模型如图 1-6 所示。由于网格尺寸的限制，许多细节结构需要进行必要的简化，如肘板或骨材的趾端需要简化、流水孔 / 通焊孔等小开孔需要去除，同时由于网格边界需要与骨材线重合以便能准确模拟骨材的位置，因而对于许多板缝都需要做部分调整以便与网格协调。如果有限元模型是基于几何模型进行建模的，那么需要使用几何清理的功能清除掉这些几何特征，但在 Patran 中更多的是直接建立有限元模型，因而是直接忽略这些特征进行建模的。

② 船舶结构由于构件众多且相互连接，在建模和后续的评估过程中，经常需要对各类结构进行单独查看和操作，因而对于各类结构分门别类的管理十分有必要，在 Patran 中通过组管理和操作可以方便地进行查看和操作。

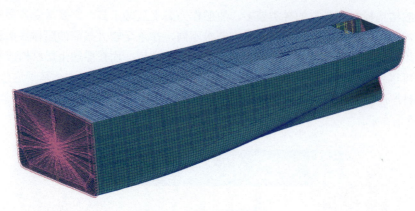

图1-6 油船三舱段模型

③ 船舶结构中由于各部分要求的不同，有许多不同的板材和骨材类型，板材一般是厚度和钢级的差别，骨材一般是骨材剖面形式和尺寸的差别。各类板材和骨材需要进行管理，这通常可以在 Patran 的属性和型材库工具中进行或通过 PCL 二次开发专用工具进行管理。

④ 舱段有限元分析施加的载荷主要包括船体梁载荷、舷外水压力、内部的货物载荷等，这些载荷一般来源于规范的公式或使用其他载荷计算软件的计算结果。对于来源自规范计算公式的，由于各种载荷种类繁多，而且这些载荷对于不同的舱室或部位其计算方法是不同的，多数是一个位置场函数，因而在 Patran 中通常需要编写 PCL 函数域或直接使用 PCL 进行二次开发进行加载；对于来自其他载荷计算软件计算结果的情况，通常需要在 Patran 中使用表格输入域或使用 PCL 二次开发进行加载。

⑤ 舱段模型是从一全船上截取的一段，因而需要计及船舶其他未在舱段模型中建模的部分的当前舱段模型的影响，一般通过在截断面上施加要求的边界条件并通过将舱段模型的总体内力值（弯矩和剪力）与已设定相应位置的内力值协调来实现，这可以通过 Patran 中的 MPC 单元和载荷施加来完成，但载荷施加一般较为麻烦，通常需要通过 PCL 二次开发实现。

⑥ 舱段有限元计算是线性静力计算，主要计算结构在各种载荷工况下的应力和位移。在计算完成上述结果之后需要基于各类结构规范进行评估，各类结构规范一般使用应力结果进行二次计算，以评估船体各部分结构构件的屈服强度、屈曲强度等，以及使用位移结果评估船体梁的刚度，这可以通过将结果导出进行再次计算，但由于这些计算一般还要考虑结构的类型、位置、结构特征等信息，因而还需要将这些信息一并导出或添加，以便进行计算，也可以直接在 Patran 中通过 PCL 二次开发实现。

（2）全船有限元计算

相对于全船有限元分析，舱段有限元分析工作量较小、施加步骤简单、计算成本低、相应的计算方法、评估要求和操作方法成熟，但对于一些超大尺度船舶、新船型或一些特殊的计算要求，有时也需要进行全船结构有限元计算。全船有限元网格尺寸通常与舱段模型相同，建模时的简化规则也相同，但也有全船模型为节省计算成本而采用框架间距更大的网格尺寸，如图1-7所示为一个典型的集装箱船全船模型。

图1-7　集装箱船全船模型

全船有限元模型的边界条件一般采用选定的几个点约束掉刚体位移，也可以采用惯性释放来设置，这些在Patran中均可以设置。

通常使用全船有限元进行线性静力计算以确定模型中各结构的应力水平，舱段有限元分析一样也需要进行后续的屈服和屈曲评估。

（3）结构细化分析

由于舱段或全船结构模型采用的网格尺寸较难准确模拟趾端、开孔等结构细节，因而对于这些部位以及其他容易产生应力集中和高应力的位置，需要采用更小的网格尺寸来进行模拟计算。通常的细化网格尺寸为50mm，由于网格尺寸较小，骨材的面板和腹板将使用板单元进行模型，细化的中心区范围通常在10个单元及以上。

细化通常可以直接在舱段模型中进行并计算，也可以采用子模型法，即将细化区域与周围的部分结构切出，单独进行计算，一般会在强框架的位置切出，以保证细化区域离边界位置足够远，不会受到边界条件的影响。如果采用子模型法，其边界条件通常是取其在舱段模型上边界相应节点位置计算得出的位移结果作为约束。

（4）结构疲劳分析

结构疲劳分析要计算热点处的热点应力，这需要计及此处结构不连续而引起的应力集中等因素，因而要求更小的网格尺寸，通常与热点处的厚度值近似。由于此处的网格相当小，因而在一个小的范围内网格的数量也相当可观，一般会采用子模型法来进行后续的分析，如图1-8所示为一个典型的疲劳细化模型。

（5）结构极限强度计算

结构极限强度分析通常用于评估一个板架或舱段在船体梁载荷和压力作用下的极限承载能力。这通常需要使用诸如RIKS等非线性有限元方法进行分析，以便准确地捕捉到承载的极限点。由于非线性分析的成本较高，通常模型规模不会太大，即使是舱段船体梁极限强度分析，一般也控制在1/2+1+1/2的范围内；如果是分析一个板架，一般控制在目标板架前后各延1/2个框架间距的范围。

图1-8 散货舱底凳与内底板相交处的疲劳细化模型

结构极限强度受其特征模态的影响很大，因而结构极限强度计算的模型网格尺寸一般较小，通常在 100mm 以内。

（6）其他分析

除上述的分析类型外，船舶结构中还有下列其他类型的分析。

对于船舶结构的振动问题，Patran 可以进行模态分析和固有频率计算前后处理。通过虚拟质量法来考虑舷外附连水质量对于结构模态的影响，在 Patran 中可以通过设置流固耦合的方法来考虑。

对于运输沥青、液化天然气、液化石油气等高低温货物的船舶，需要进行传热分析以及计算相应的温度载荷。在 Patran 可以添加相应材料的热力性能和温度边界条件来进行分析。

另外还有局部结构分析、特征值分析、碰撞分析等诸多分析类型，在此不再一一列举。

第2章

PCL语言

2.1 PCL介绍

　　PCL 是 Patran 的二次开发语言，主要用于对 Patran 的模型进行数据提取和模型修改，另外 PCL 也提供了界面定义方法，可以在 Patran 上实现自定义的功能和界面，同时由于 Patran 自身的界面功能在 PCL 函数库中基本有所体现，因而也可以直接通过 PCL 语句运行相应的界面功能。

　　通常情况下，使用 PCL 进行功能定制和自动化操作主要有以下几种方式。

　　① 通过 Patran 界面的 File->replay 功能运行现有的 Session 文件（会话文件），如图 2-1 所示，这些 Session 文件中的语句都是 Patran 在运行过程中自动记录下的 PCL 函数；

图2-1　Patran中用于回放会话文件的菜单项

② 在 Patran 界面下方的命令栏中直接运行 PCL 语句来执行一些简单的功能，如图 2-2 所示；

图2-2　Patran的命令行

③ 自行编写的一个 PCL 代码文件，直接在命令栏中输入"!!input PCL 文件名"来执行相应 PCL 文件中的功能；

④ 将写成的 PCL 源代码文件编译为 plb 文件，该文件经 Patran 加载后可以直接运行。

虽然上述方式不同，但其本质都是在执行 PCL 函数，使用的语法规则和函数库都是相同的，其中方式④类似于正常的软件开发方式，其他几种更类似于使用宏或交互式命令的方式。

如果需要编写规范的 Patran 插件（类似于 Patran 中的 utilities）以便在以后的生产工作中使用，应当使用方式④；如果只是对当前模型或当前工作需要进行一些效率提升和模型辅助，则可以使用其他方式。下面主要介绍方式④。

2.2　一个简单的PCL程序

为了使读者对 PCL 开发有一个直观的印象，先来编写并运行一个简单的 PCL 程序。

① 打开文本编辑器（如记事本等），并在其中编写如下 PCL 代码，完成后将文件存储在 Patran 的工作目录中，命名为 hello.PCL。由于代码中有中文字符，需要将其保存为 GBK 或 GB2312 编码。

```
function msg()
    user_message("MSG_INFO", 11111, "HELLO", "第一个 PCL 程序！")
end function
```

② 打开 Patran，不需要打开模型，在命令栏中输入 !!input hello.pcl，如图 2-3 所示。

③ 在命令栏中输入 msg() 并回车，会弹出一个 Patran 中常见的信息框，如图 2-4 所示。

上述就是一个 PCL 程序开发并运行的主要过程：①编写代码；②编译加载；③调用。

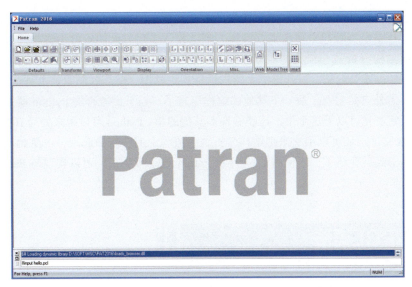

图2-3　在Patran命令栏中输入PCL文件

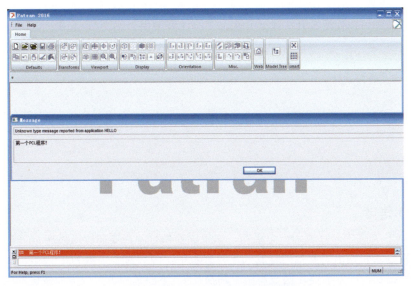

图2-4　在Patran命令栏中调用函数

是不是很简单？但如果要开发一个功能更强大的工具，还需要进一步了解上述各步的一些展开内容。下面从 PCL 的基本语法说起，介绍如何在 VS CODE 等编辑器中更愉快而高效地编写代码。再介绍一下使用什么方法及如何使用这些方法来操作Patran 中的模型，这也是需要重点要了解的内容，等了解完这部分就可以实战一下了，相信利用这些内容已经可以编写一些可以在命令行中执行的程序，来帮助解决一些建模和模型操作中遇到的问题了。这样过了一阵，读者或许会怀疑每次都在命令行中敲命令来运行程序的方式是否显得太低级，那么接下来的界面和功能菜单会让程序有一个界面，让它至少看起来更像那么回事。到这里，满足一般的日常小打小闹是没有问题了，但结构分析是一个大的流程，Patran 应用只是这个大流程中的一步，需要将这一步与其他步撮合起来，好让这个大流程运行得更丝滑一些。PCL 只在 Patran 中有效，在 Patran 之外自然就得了解一下其他的编程语言了，当下最流行的 Python 就是一个不二之选，它不光可以干这个事，还能做许多其他的事。Python 可以用来处理 BDF 文件、OP2/XDB 文件，还可以用它来把结构分析这个流程上的各步串起来……至此已经差不多了，本书最后介绍了一下使用 C++ 开发 Patran 的外部 DLL，可以实现与 Patran 的内外互通。

2.3　PCL语法

2.3.1　基本语法

（1）注释

单行注释可以使用 $ 开头或 # 开头，多行注释使用 /* 和 */ 括起来，如下所示。

```
$ 这是一个单行注释
# 这也是一个单行注释
/*
这是
一个
多行注释
*/
```

（2）语句

在 PCL 文件中一行表示一个语句，如果需要换行，需要在行尾添加 @（PCL 函数一般是将输入和输出的参数同时放入参数列表中，因而对于多数 PCL 函数而言，其参数列表都很长，经常需要在函数调用中间换行）。下面是一个生成界面按键的函数调用（这在 PCL 的函数库中并不算是参数多的）。

```
btn_app = ui_button_create(              @
/* parent */    form,           @
/* callback*/    "On_App",        @
/* x */    BUTTON_HALF_X_LOC1,       @
/* Y */    r_y,          @
/* width */    BUTTON_WID_HALF,       @
```

```
/*  HEIGHT  */    0,         @
/*  LABEL   */    "应用",    @
/*  unused  */    TRUE,      @
/*  HIGHT LIGHT*/    FALSE)
```

对于多个较短的语句（例如赋值语句）也可以在一行中写出，在每个语句末尾使用；（分号）进行分隔，如下所示。

```
rulerZ = -50.0
minX = 500000.0; maxX = -100000.0
```

（3）运算符

PCL 主要运算符如表 2-1 所示。

表2-1 PCL语言中的主要运算符

运算符	说明
+, −, *, /	加减乘除四则运算
**	指数运算
//	字符串连接符
<, <=, >, >=, ==, !=	逻辑运算符，分别为：小于，小于等于，大于，大于等于，等于，不等于
||	逻辑或
&&	逻辑与
+=, −=	递增，递减
=	赋值运算符

（4）变量

PCL 变量名最多可以有 31 个字符，可以使用字母、数字、下划线组成，但第一个字母不能使用数字。另外，PCL 的关键字和变量名不区分字母的大小写，也就是说，不能仅通过改变大小写来定义两个变量。

变量必须先声明后使用，变量声明时需要指明其类型、生存范围，对于字符串和数组还需要指明其容量（变量的类型和容量在后面解释）。变量的生存范围主要分为如表 2-2 所示的四类，如未指定，默认为 LOCAL。

表2-2 PCL语言中变量的生存范围

生存范围标识	说明
GLOBAL	对所有函数可见
LOCAL	在函数范围内可见，默认的生存范围
STATIC	静态变量，在函数范围内可见，但在每次调用结束后其值不释放
CLASSWIDE	在类范围内可见，主要用于界面元素

>> 2.3.2　数据类型

PCL 的基本数据类型有：INTEGER（整型）、REAL（实型）、LOGICAL（逻辑型）、STRING（字符串型），除此之外，还有界面元素对象类型 WIDGET、数组类型和 CLASS（类类型）。基本的数据类型声明和赋值如下所示。

```
$ 整型变量声明与赋值
INTEGER I = 0, J = 17
$ 实型变量声明与赋值
real rThk = 22.0
$ 逻辑型变量声明与赋值
logical lHaveProp=TRUE
$ 字符串型变量声明与赋值
STRING PROMPT[20] = "This is a prompt"
$ 界面元素型变量声明与赋值，classwide 表示这个变量的生存周期是类对象内
classwide widget form
```

PCL 数组中的所有元素必须是同一种类型，可以是上述基本数据类型中的任一种，数组的声明和赋值如下所示。

```
$ 数组型变量声明与赋值
INTEGER TABLE(2,3) = [ 10, 20, 30, 11, 21, 31 ]
INTEGER iaElmIdInGrp(virtual)
STRING PROMPT[20](3)
```

数组下标默认自 1 开始，而且在使用前需要初始化大小，如果不确定也可以使用关键字 VIRTUAL 说明数组的大小暂不指定（由于字符串本质上是字符数组，因而这同样适用于对于字符串大小的声明，如 STRING pro[VIRTUAL]），但在对数组进行赋值之前，需要使用数组分配函数对这个数组分配内存，数组分配函数的使用如下所示。

```
integer elmId(virtual)
real props(virtual)
string prompt[virtual]

sys_allocate_array(elmId, 1, 20)
sys_allocate_array(props, 1, 10, 1, 20)
sys_allocate_string(prompt, 31)
...
sys_reallocate_array(elmId, 1, 30)
...
```

```
sys_free_array(elmId)
sys_free_array(props)
sys_free_string(prompt)
```

上述示例中首先声明了两个数组和一个字符串，之后对两个数组分别使用 sys_allocate_array 函数分配了空间，其中 elmId 数组是 1 个一维数组，下标从 1 ~ 20；数组 props 是 1 个二维数组，第一维的下标从 1 ~ 10，第二维的下标从 1 ~ 20。对于字符串 prompt 可以使用 sys_allocate_string 函数为其分配空间，示例中给其分配了 31 个字符长度的空间。对数组或字符串分配完空间后即可使用，在使用过程中如果数组的空间不够，还可以使用 sys_reallocate_array 函数对其扩容（对于字符串使用 sys_reallocate_string 函数），其中的参数含义与分配空间时的相同。在使用完后，应分别使用 sys_free_array 函数和 sys_free_string 函数释放分配的空间。

CLASS 类型一般用来创建界面，其中可以有类内的成员变量和类中的函数，类似于 VBA 中的模块，其结构如下所示。

```
$ 类定义，其中 addprop_gui 是类名
class addprop_gui
  $ 定义类内变量，这里只列出了 widget 型变量，但其他基本类型的变量也是可以定义的
  classwide widget form, btn_app
  $ 定义类内函数 , init 是函数名
  function init()
   ...
  end function
end class
```

如果需要调用 CLASS 中定义的函数，需要使用"类名 . 类内函数名"的方式，即使是在类内引用本类中的函数也要如此。

》》 2.3.3 流程控制

PCL 中的流程控制语句主要有分支控制和循环控制。分支控制语句主要有 IF 和 SWITCH，循环控制语句主要有 FOR、WHILE、REPEAT 和 LIST，另外还有循环内的跳转语句 BREAK 和 CONTINUE。

（1）IF 语句

IF 判断语句的典型格式如下所示。

```
IF ( 逻辑表达式 ) THEN
...
END IF
```

如果是一个简单判断，判断后只有一个语句来执行，那么 IF 语句可以简化如下。

```
IF(逻辑表达式) THEN 语句
```

多数情况下，事情不会这么简单，对待有多种情况的判断，需要使用如下所示的 IF 判断。

```
IF(逻辑表达式 1) THEN
  逻辑表达式 1 为 TRUE 时的执行语句...
ELSE IF(逻辑表达式 2) THEN
  逻辑表达式 2 为 TRUE 时的执行语句...
ELSE
  上述逻辑表达式值都不为 TRUE 时的执行语句...
END IF
```

上述示例只是表达了有 3 种情况的判断，如果有更多种，可以在 IF 和最后的 ELSE 之间添加多个 ELSE IF 语句。

（2）SWITCH 语句

如果需要判断的选项太多，尤其是可以化为对有限个离散值的匹配判断的情况，使用上述 IF 语句可能写起来比较麻烦，此时可以使用 SWITCH 语句，格式如下所示。

```
SWITCH(表达式)
CASE(值 1，可多个，使用 "," 分隔)
  表达式为值 1 时的执行语句...
CASE(值 2，可多个，使用 "," 分隔)
  表达式为值 2 时的执行语句...
DEFAULT
  不论表达式值是多少都执行的执行语句（前提是前述 CASE 的执行语句中没有 BREAK 语句）...
END SWITCH
```

其中 CASE 中的值 1、值 2 均为表达式计算出的可能值，另外使用 SWITCH 需要注意的是：①在每个 CASE 的执行语句最后一般应加上 BREAK，以便在执行完这个 CASE 后跳出整个 SWITCH 判断，除非是有意让程序同时执行多个 CASE（当然也包括 DEFAULT）；②上述示例中的 DEFAULT 语句不是必需的，DEFAULT 语句一般用于在所有 CASE 均未命中时执行。

（3）FOR 语句

如果需要批量执行某个操作，在每次执行中只有有限个参数会改变，那么可以使用 FOR 语句，格式如下。

```
FOR ( 循环变量 = 初值  TO  终值  BY  增量值 )
    循环语句 ...
END FOR
```

循环变量可以是一个整型变量或是一个实型变量，循环语句第 1 次会代入初值执行，第 2 次代入"初值 + 增量值"执行，第 n 次代入"初值 +(n-1)* 增量值"执行，直到代入的值超过终值为止（超过的那个不执行）。

（4）WHILE 语句

当 WHILE 语句后的逻辑表达式为 TRUE 时执行循环语句，执行完成后再次判断这个逻辑表达式是否为 TRUE，如是则再次执行，直至这个逻辑表达式判断为 FALSE 则停止执行。WHILE 语句的示例如下所示。

```
WHILE ( 逻辑表达式 )
    逻辑表达式为真时执行的循环语句 ...
END WHILE
```

要想使 WHILE 循环停止，有两个方法：一是在循环语句中修改某些可以影响逻辑表达式判断的变量，使其在满足设定条件后变为 FALSE ；二是在 WHILE 语句中添加 IF 判断语句并结合 BREAK 语句，以便在满足条件时跳出。Patran 函数库中有不少具有迭代器性质的函数，会在迭代器中没有下一项时返回一个非 0 值，可以利用这个条件作为 WHILE 循环的终止条件。

（5）REPEAT 语句

REPEAT 语句与 WHILE 语句类似，只不过是把这个判断移到了循环语句之后进行，也就是说，REPEAT 的循环语句至少可以执行一次，而 WHILE 的循环语句可能一次也不执行。

```
REPEAT
    逻辑表达式为真时执行的循环语句 ...
UNTIL ( 逻辑表达式 )
```

（6）LIST 语句

LIST 语句后的循环变量会遍历其等号后的每一个值，执行循环语句。

```
LIST ( 循环变量 = 多个表达式，以 "," 分隔 )
    循环语句 ...
END LIST
```

（7）BREAK 语句

BREAK 语句用于上述 SWITCH 的 CASE 执行语句中，或用于 FOR、WHILE、

REPEAT、LIST 的循环语句中，用于在符合某些条件时跳出整个循环或 SWITCH 判断，一般会在这些执行或循环语句中的一个 IF 语句中。如下所示。

```
integer arr(100), i
...
for (i = 1 to 100)
    if (arr(i) == 0) then
        break
    end if
end for
```

上述示例是在 PCL 开发时会经常遇到的一个场景，Patran 函数库中有不少函数由于要兼顾通用性，因而会将相似的各类处理使用同一个函数处理，我们自己编写函数时也会如此。但这些返回值会因为某个输入参数的不同而返回不同长度的结果，而 PCL 中没有可变长度的列表之类的数据结构，只有定长的数组（例如提取结果时，如果要提取应力张量，那么结果就是 6 个实数值，如果要提取位移矢量，那么结果就是 3 个实数值），为了能让所有的结果都能正确返回，这个返回值数组就会使用一个所有可能结果中最大的长度作为其数组长度。因而这个结果数组中只有前边部分元素是有效值，后面都会使用 0 或其他特殊元素填充，如果我们想知道这个数组的真实有效长度，可以使用上述示例。示例中的 arr 是一个长度为 100 的数组，经过某些操作后，其中按顺序填充了部分值，而且填充的都是非 0 值，示例中通过 FOR 循环找到里面到底有多少个有效元素，遇到第 1 个 0 元素后使用 BREAK 语句跳出，那么其有效长度就是 $i-1$。

（8）CONTINUE 语句

CONTINUE 语句的使用场景与 BREAK 类似，不同的是 CONTINUE 语句不是跳出循环，而是直接继续下一次循环。还是上例，现在我们不去找有效长度多少了，而是在使用 arr 数组时遇到 0 就跳过去处理下一个，如下所示。

```
integer arr(100), i
...
for (i = 1 to 100)
    if (arr(i) == 0) then
        CONTINUE
    else
        ...
    end if
end for
```

》》2.3.4 函数

函数是一段可重复使用的代码块，用于执行特定的任务或完成特定的操作。使用函数可以避免重复编写相同的代码片段，也可以将大型程序划分为较小的函数模块，更易于理解、测试和维护。

函数的一般结构如下所示（函数的 RETURN 返回语句并不强制要求必须在函数的结尾使用，如果需要也可以在函数体的任意部分使用，当然 RETURN 语句也可以不出现）。

```
FUNCTION  函数名（参数列表）
    参数声明
    函数中局部变量声明
    函数执行语句
    RETURN 函数返回值
END FUNCTION
```

函数由函数名、参数列表、函数体和返回值组成。

函数名用于标识和调用它，PCL 中的函数在定义时，函数名需要放在 FUNCTION 关键字之后，调用的时候直接写出函数名即可，如果该函数在一个类中定义，还需写出类名，即"类名.函数名"。

参数列表是函数执行所需的值或数据，PCL 函数的参数列表在定义时只需指出参数名称，不需指出参数类型，参数的类型在函数体中定义。

函数体定义了函数的具体操作和逻辑。在开始部分应先声明函数参数列表中参数的类型，对于数组类型虽不必指定其长度，但仍需使用一个空括号表明其是数组类型。函数中的局部变量不一定必须在函数开头处定义，也可以在函数体的任何使用该变量之前的位置定义。

返回值是函数执行的结果，使用 RETURN 语句返回一个返回值，但这并不是必需的，也可以没有返回值。PCL 的库函数一般会将函数的执行结果放入参数，而返回值仅用来表示执行是否成功以及出现了何种错误等执行状态。

以下为一个实际的函数定义的例子，这个简单的函数用于获得当前数据库中所有组（group）的组名。

```
1  function getAllGrpName(grpNames, grpsCnt)
2        string  grpNames[]()
3        integer grpsCnt
4
5        ga_group_ngroups_get(grpsCnt)
6        sys_allocate_array(grpNames, 1, grpsCnt)
7        ga_group_groups_get(grpNames)
8  end function
```

这个函数名为 getAllGrpName，参数列表中有两个参数 grpNames 和 grpsCnt，在第 2～3 行中对这两个参数做声明，分别是一个字符串数组和一个整型值，但对于字符串数组并没有指明其大小。在第 5～7 行分别将当前模型中组的总数和组的名称写入了 grpsCnt 和 grpNames 中，也就是说，这个函数参数列表中的两个参数均承载着函数的输出，函数没有设置返回值。函数体中的 ga_group_ngroups_get、sys_allocate_array 和 ga_group_groups_get 均为 Patran 的库函数，可以直接调用。

2.4　PCL函数库

PCL 函数库提供了众多的函数，是进行 PCL 开发的重要资源，较为常用的库函数可以在 Patran 的帮助文档 Patran PCL and Customization 和 PCL Reference Manual Volume 1: Function Descriptions 文档中查到，后者一般是 Patran 的界面功能所执行的函数，前者一般是更为基础的一些函数。一般 PCL 程序开发使用这两者提供的函数就可以完成。

库函数的形参一般会区分输入值（Input）和输出值（Output）。输入值是函数执行时需要提供的值，输出值是函数执行后得出的结果值。但既然都放在了形参列表中，在函数调用前也必须对输入值和输出值均进行声明和初始化。不少库函数由于要考虑通用性，其输出值要输出的结果可能是整型数组、实型数组，也可能是其他类型的数组，因而其参数列表中的输出值便同时具有这所有类型的数组，即使我们明确地知道只有某种类型的数组有值，也不得不将所有这些参数列表中出现的数组声明并代入参数列表。

库函数的返回值（Return）是函数执行后返回的值，一般是一个整型值，用于表示函数执行是否成功或一个状态指示码。

PCL 的库函数没有像 .NET 之类的库那样通过多层命名空间进行管理，或者使用类进行管理，而是全部放在一起，PCL 的库函数主要有下述三类。

（1）内置通用函数

这些函数主要执行一些与模型操作关系不大的通用功能。其名称按不同功能类型的函数设置了不同的前缀用于区分。主要的内置通用函数的前缀和功能类型如表 2-3 所示。

表2-3　PCL内置通用函数库的分类

功能类型	函数前缀	主要函数功能说明
数学函数	MTH_	三角函数、指数函数、对数函数、取模运算、近似运算、符号运算、数组排序、数组元素查找等
字符串函数	STR_	字符串长度计算、字符串大小写转换、取子串、首尾字符清理、字符查找替换与统计、字符串比较、字符串与数值型转换、字符串格式化、字符串模式匹配等
系统函数	SYS_	读取软件版本、读取日期/时间、进行计时、分配/释放/查询数组或字符串的空间、读写类的变量值、对表达式估值、查询函数的存在性、执行PCL指令、读取环境变量和操作系统信息等

功能类型	函数前缀	主要函数功能说明
实用函数	UTL_	读取机器/产品/版本/用户信息、打开/等待/查询/关闭外部程序等
块读写函数	BLOCK_	文件块读写等
流文件函数	STREAM_	文件流读写等
文件读写函数	FILE_	增删Patran查找路径列表、文件名处理、文件夹生成及遍历、文件增删查复制等
记录文件读写函数	RECORD_	记录读写操作
字符串读写函数	STRING_	格式化字符串读写操作等
文本文件读写函数	TEXT_	文本文件读写及查询操作等
虚拟读写函数	VIRTUAL_	大数据量的临时文件读写操作等
控制台读写函数	XF_	在终端窗口、历史窗口、Session文件中读写数据等
信息函数	MSG_	显示信息、写信息文件等
事件管理函数	EM_	中止当前操作等
会话文件函数	SF_	会话文件名称设置、播放或写会话文件等

这些函数参数简单，较易理解，在 Patran PCL and Customization 文档中均有说明，在此不再赘述。

（2）界面操作函数

这些函数主要是 Patran 界面操作时会使用到的函数，对应于某个 Patran 的界面功能，其参数一般也与界面上的各个控件相对应，这些函数会出现在 Patran 的 Session 文件中。这些函数从名称上也较易判断出来，例如，fem 开头的函数一般与操作节点和单元有关，loadsbcs 开头的函数一般与操作载荷和位移边界条件有关，mat 开头的函数一般与操作材料有关，等等。此类函数的参数一般较多，但好在它们一般与界面相对应，如果对 Patran 的界面功能十分熟悉，那么其参数的意义也好理解，使用这类函数进行开发也更容易适应。后续会介绍典型和常用的此类函数。

（3）数据库内部函数

数据库内部函数提供的基础底层功能，与 Patran 的界面操作间没有对应关系。有的函数参数也较多，且对参数有较多的限制和要求，不太容易理解。这些函数的函数名多数是以 db 开头的。这类函数更接近各类对象的本质参数和属性，对于深入理解各类对象也很有好处，后续会介绍典型和常用的此类函数。

2.5 PCL开发环境及流程

理解了 PCL 的基础语法和基础的库函数，就可以开始进行 PCL 开发了。从这里开始，我们将默认采用本章开始所述的开发方式④来进行 PCL 开发，从编写 PCL 源代码文件到成为可执行的程序的整个过程如图 2-5 所示。

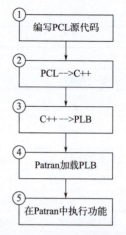

图2-5　PCL开发的流程

2.5.1　编写 PCL 代码

Patran 软件提供一个单独的 PCL 语言的集成开发环境，编写 PCL 源代码可以直接在一个文本编辑器中编写，完成后存储为后缀为 PCL 的文件即可。但这需要记住所需要所有函数的完整名称，或者同时打开一个 PCL 的帮助手册，不时地去查找相应的函数名称和定义，这样显然是效率相当低下且易出错的方法，好在我们有办法配置一个更方便高效的开发环境。

现在有不少专门用于代码编写的源代码编辑器，其中都提供了函数补全、参数提示和语法高亮等功能，这些功能可以避免记忆函数库中数量庞大的函数名称以及相应的参数列表，也可以更突出地显示不同的语法元素以方便检查错误。PCL 也可以通过使用具有此类定制功能的编辑器（如 Editplus、notepad++、vscode 等）来实现。关于如何对这些编辑器进行配置以满足 PCL 的开发需求，在介绍过开发的流程后，本节最后会给出详细说明。

2.5.2　编译 PCL 程序

PCL 程序编写完成后，可以直接在 PCL 命令框中通过输入 !!input PCL 文件的方式运行，但这种方式有不少不便之处：

① 每次使用都需要通过这种方式进行；

② 如果这个 PCL 文件中写有多个功能，还需要再在命令行中写出这个功能的函数来执行；

③ 如果有多个 PCL 文件，需要逐个按上述方式执行；

④ 如果要给别人使用，需将源程序交给别人。

Patran 提供了另一种更方便和规范化的方式，将 PCL 代码编译为 plb（PCL 库文件）使用。在 Patran 启动时通过修改其启动文件直接加载 plb 文件，并编写相应的菜单或工具条功能入口，再配合一定的界面设计，便可以将自定义的这些功能更规范地运行，也可方便地分发。

将 PCL 代码文件编译为 plb 库文件需要两步：首先将 PCL 代码文件转换为 C++ 代码文件，然后再将 C++ 代码文件编译为 plb 文件。

（1）将 PCL 源代码转换为 C++ 程序代码

在 Patran 安装目录 \bin 文件夹中有一个名为 cpp.exe 的程序，这个程序可以将编写好的 PCL 代码转换为 C++ 代码文件，在转换的同时，如果在 PCL 代码文件中使用了头文件（如多数界面 PCL 代码文件会在头部使用类似 #include"appforms.p" 的语句来引用相应的 PCL 头文件），这个程序还会将 PCL 中出现的宏变量使用相应头文件中的实际值替换。cpp.exe 程序通常使用的命令格式如下所示。

```
cpp  -I  Patran 安装目录 \customization  PCL 源代码文件 >C++ 文件
```

"PCL 源代码文件"即编写的 PCL 代码文件，"C++ 文件"是要生成的 C++ 代码文件，"–I Patran 安装目录 \customization"表示在 PCL 代码文件中 #include 语句中的头文件所在位置。

（2）将 C++ 程序代码编译为 plb 程序文件

在 Patran 主界面的命令栏中通过 !!compile 指令可以将 C++ 源代码编译为 plb 文件，而且这个指令还可以将 PCL 源代码文件直接编译为 plb 文件。但这种方式每次编译都要打开 Patran，较为麻烦。Patran 同时也提供了一个外部的 PCL 解释器 p3PCLcomp，可以在不启动 Patran 的情况下执行与数据库无关的 PCL 指令和程序，也可以利用这个程序来将 C++ 程序文件编译为 plb 文件。p3PCLcomp 程序位于 Patran 安装目录下的 bin 文件夹中，其使用方式示例如下。

```
!!library create plbName.plb 512
!!comp  cppCode.cpp  plbName.plb
```

第一行表示将生成一个名为 plbName 的 plb 文件。其中 !!library 是用于操作库文件的指令，有 add、remove、create 等选项，上述使用的 create 选项的目的是创建一个 plb 文件；参数 512 表示这个 plb 文件中最多定义 512 个函数，当然也可以写一个更大的数，如果没填写，默认为 256 个。

第二行表示将 cppCode.cpp 这个 C++ 代码文件编译进 plbName.plb 中。其中 !!comp 指令用于将一个 CPP 代码文件编译进 plb 库文件中。如果有多个 CPP 文件，可以重复使用这个指令将它们编译进 plb 文件中。

≫ 2.5.3　加载和执行程序

（1）加载 plb 文件

在 Patran 命令栏中通过指令 !!library 可以加载 plb 文件。使用格式为：!!library plbName.plb。

如果需要经常使用这个 plb 文件，更常用的做法是在 Patran 安装目录下的 p3epilog.PCL 文件中添加一行：sys_library("add", "plbName.plb")，这样每次打开 Patran，这个库文件便会自动加载。

（2）使用 plb 文件中的函数

在加载了 plb 文件后，直接在 Patran 命令行输入函数名并填入相应的参数即可调用。如果函数较多且经常使用，那么可能需要一个菜单或工具按键来触发这个功能以方便使用，关于如何使用菜单和工具按键，后文中会详细说明。

2.6 配置VSCode为PCL开发环境

VSCode（Visual Studio Code），是一款由微软开发的免费源代码编辑器，是一款轻量级、强大且高度可定制的源代码编辑器。VSCode 提供了智能代码补全、语法高亮、括号匹配、格式化代码等功能，内置了对包括 JavaScript、TypeScript、Python、C++、Go、Java 等多种编程语言的支持，内置了 Git 版本控制工具，提供了代码片段、自动化任务等多种提高开发效率的功能，而且还可以通过扩展插件支持自定义的开发语言。

2.6.1 语法高亮及自动补全

VSCode 的语法高亮可以使用不同颜色、字体样式等方式来突出显示代码中的关键字、变量、函数等元素。这样可以使代码可读性更强，帮助开发者更好地理解和编辑代码。

VSCode 的自动补全功能可以在代码编辑过程中根据键入的部分内容和当前的上下文及所使用语言的规则，智能地提供可能的补全项自动补全代码片段、函数名称、方法参数等，从而减少打字工作并降低潜在的拼写错误。

十分遗憾的是，VSCode 的插件市场中并没有关于 PCL 的语法高亮和自动补全插件，幸运的是，我的好友孟凡冲在了解了我的需求后，欣然编写了这个插件，现在在 VSCode 插件市场中搜索"PCL"即可找到（如图 2-6 中的第一个）。

图2-6　VSCode插件市场中的PCL插件

插件安装后即可实现对 PCL 源代码的语法高亮和函数自动补全功能。图 2-7 为使用 VSCode 配置完成后的代码显示和自动补全效果。

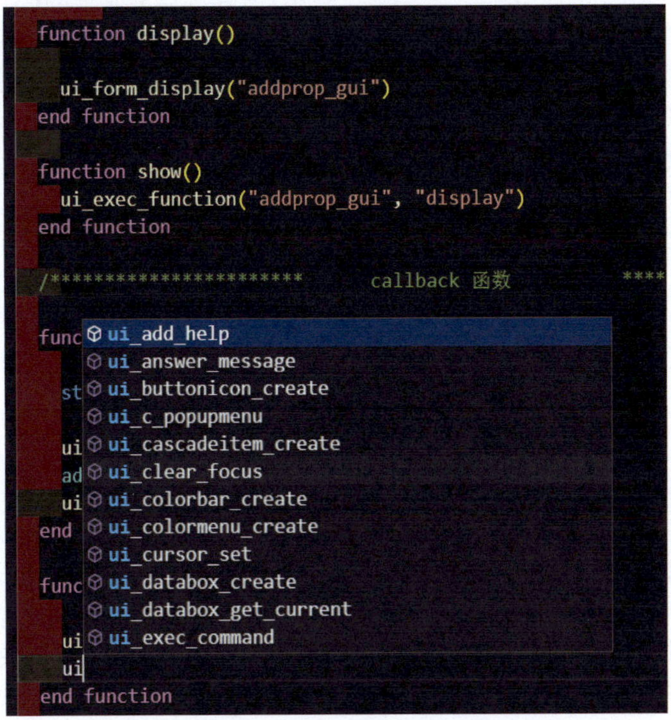

图2-7　使用VSCode进行PCL编程的效果

2.6.2　自动化编译 PCL 文件

上面已经介绍了如何将 PCL 代码文件编译为 plb 库文件，对于只编写了一两个 PCL 文件的情况，上述方法没有问题，但如果编写的 PCL 程序文件较多，那么这个编译过程显然有点低效，我们可以编写批处理文件协助完成这个任务，如下所示。

```
1    set P3_HOME=D:\PAT2016\
2    erase ..\lib\smart.plb
3    echo !!library create ..\lib\smart.plb 1024 | %P3_HOME%bin\p3PCLcomp
4    for %%a in (*.PCL) do (
5        %P3_HOME%bin\cpp -I%P3_HOME%\customization %%a > ..\CPPs\%%~na.cpp
6        echo !!comp  ..\CPPs\%%~na.cpp ..\lib\smart.plb
| %P3_HOME%bin\p3PCLcomp
7    )
8    copy ..\lib\smart.plb %P3_HOME%smart\smart.plb
```

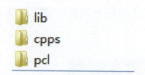

图2-8 PCL开发文件夹结构

第1行设置了变量 P3_HOME 指向 Patran 的安装目录，这需要根据自身的情况设置。

第2行删除上一次编译形成的 plb 文件（这里假定生成的 plb 文件名为 smart.plb），这里使用的文件夹结果如图 2-8 所示，在 lib 文件夹中存放编译形成的 plb 文件，在 cpps 文件夹中存放由 PCL 代码转换形成的 C++ 代码文件，在 pcl 文件夹中存放 PCL 代码文件和现在这个批处理文件。

第3行重新生成了一个 smart.plb 并存放到 lib 文件夹中（这个 smart 可以修改为任意合适的名称）。

第4~7行将当前批处理文件所在的文件夹中所有的 PCL 文件编译进 smart.plb 文件。

第8行将生成的 plb 文件复制到 Patran 安装目录中指定的目录下，方便后续 Patran 加载。

在文本编辑器中编写完成这个批处理文件后，将其保存至 pcl 文件夹中，保存名称为 compPCL.bat（当然也可以是任意其他的名称）。

当编写完成 PCL 代码后，直接运行上述批处理文件，便可将 pcl 文件夹下的所有 PCL 程序编译进 plb 文件中，并将这个 plb 文件自动复制进指定的文件夹。我们应该在命令行窗口或 VSCode 的终端窗口中执行这个批处理文件，以方便查看程序错误。如图 2-9 所示是在 VSCode 的终端窗口中执行上述批处理程序，如有错误，会以在 ***Error 开头的行中说明错误的原因和位置。应注意，这里的位置是 CPP 文件的位置，而不是 PCL 文件的位置，但根据提示信息，可以很快找到 PCL 中的相应错误位置。

图2-9 在VSCode终端窗口中编译PCL

>> 2.6.3 在 VSCode 环境中集成编译和测试

多数情况下编写的程序不会一次就编译成功且正确运行，如果程序较复杂，可能需要调试修改很多次。我们不希望修改一下程序、编译一下、打开一次 Patran、载入模型、执行程序这个过程每次都手工来上一次，好在 VSCode 提供了一种方式，可以一键执行上述所有操作。

VSCode 可以配置一个 task.json 文件来执行自定义的操作（默认按 Ctrl+Shift+B 组合键启动）。在 VSCode 的 pcl 文件夹中，新建一个 .vscode 文件夹，并在其中添加 tasks.json 文件（这个 .vscode 和 tasks.json 都不可以改名称），其中的内容如下。

```
1   {
2       "version": "2.0.0",
3       "tasks": [
4           {
5               "label": "runPat",
6               "type": "shell",
7               "command": "D:\\PAT2016\\bin\\Patran.exe",
8               "args": [
9                   "-skin",
10                  "-db",
11                  "D:\\WORK\\MSC_WORK\\t03.db"
12              ],
13              "group": "build",
14              "dependsOn": "PCL",
15          },
16          {
17              "label": "PCL",
18              "type": "shell",
19              "command":"compPCL"
20          }
21      ]
22  }
```

这个 task.json 文件从第 3 ~ 21 行定义了需要执行的任务，这里面定义了两个任务：第 16 ~ 20 行定义了一个名为 PCL 的任务，这个任务的内容是执行当前目录下的 compPCL.bat 程序（上面已介绍这将编译当前目录下所有的 PCL 代码）；第 4 ~ 15 行是一个名为 runPat 的任务，用于启动 Patran，其中在第 7 行指明了 Patran 的程序路径，第 8 ~ 12 行指明了启动 Patran 的同时应打开第 11 行指定位置的模型，第 14 行指出执行 runPat 任务前应先执行 PCL 任务。这样一来，当修改完成 PCL 文件后，按一下 Ctrl+Shift+B 组合键，将会自动编译程序并打开想测试的 Patran 模型。

另外有几点需要说明：

① 应该在 VSCode 左侧的文件管理器中创建这个文件夹，如图 2-10 所示，因为这个名称的文件夹直接在 Windows 的资源管理器中很可能是创建不了的。

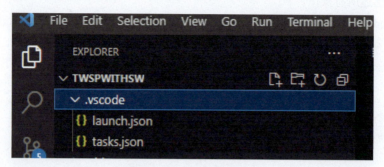

图2-10　.vscode文件夹

② 为配合上述工作，还应该修改 Patran 安装目录下的 p3epilog.PCL 文件，如图 2-11 所示（这个程序会在 Patran 启动时自动执行）。这里在第 142 行定义了 plb 文件所在的文件夹，也就是上面我们在 compPCL.bat 文件最后一行把编译完成的 plb 文件复制到的文件夹，第 143 行把这个文件夹添加到 Patran 的搜索路径中，第 144 行把这个编译完成的 plb 文件加载进 Patran。

```
135
136    $ au_main_user_menu.enable_check( true, true )
137    ui_exec_function( "au_main_user_menu", "display" )
138
139
140    /*====================Load smart PLB================*/
141    string smart_tools_dir[256]
142    smart_tools_dir = patran3_directory//"/smart/"
143    sys_path("ADD", smart_tools_dir)
144    sys_library( "add", smart_tools_dir//"smart.plb")
145
146    ui_write( " " )
147    ui_write( "Execution of p3epilog.pcl complete ..." )
148
149    /* EOF */
```

图2-11　p3epilog.PCL文件配置

这下够方便了吧，但我们还可以更方便。如果在打开指定的模型文件后，执行的都是确定的操作，那么可以利用 Session 文件来帮我们自动化执行这些操作。例如，可以先定义一个如下所示的 Session 文件，并保存为 test.ses，在这个文件中第 1 行将新编译的 plb 文件加载进去，第 2 ～ 4 行打开了一个 Patran 模型文件，第 5 行执行了一个在 PCL 文件中定义的函数 myfun（在这里可以写上任意的需要在 Patran 中执行的步骤），第 6 行把模型关闭。

```
1    sys_library("add", "D:\SOFT\MSC\PAT2016\smart\lib\smart.plb")
2    STRING db[128]
3    db = "D:\WORK\MSC_WORK\t03.db"
4    uil_file_open.go(db)
5    myfun(1)
6    uil_file_close.go()
```

现在将上述 tasks.json 文件的第 8 ～ 12 行替换为下面的内容。

```
"args": [
        "-skin",
        "-sfp",
        "test.ses"
    ],
```

现在在 VSCode 中使用 Ctrl+Shift+B 组合键启动任务，会首先将 PCL 文件编译成 plb，然后自动打开在 test.ses 中设定的测试模型，并自动执行设定的测试步骤。

2.7 配置其他编辑器为PCL开发环境

除了 VSCode 之外，Notepad++ 和 Editplus 等其他编辑器也可以配置为 PCL 的开发环境，以下简要说明。

（1）Notepad++

Notepad++，可以通过其"自定义语言格式"功能将 PCL 的函数、关键字等写入来实现上述功能，如图 2-12 所示。另外可以通过安装插件"NppExec"，并在插件中设置进行编译的命令行和错误输出的信息格式，从而实现一键编辑、错误输出和定位的功能。

Notepad++ 配置完成后的代码显示效果，如图 2-13 所示。

（2）Editplus

Editplus 通过 stx 来定义语法高亮，通过 acp 文件来定义自动完成，与 Notepad++ 相似，将相应的内容添加至上述两个文件中，也可以实现语法高亮和自动完成。在此不作详述。

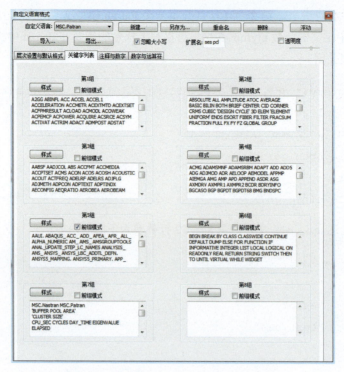

图2-12　使用Notepad++配置PCL环境

```
function display()

   ui_form_display("addprop_gui")
end function

function show()
   ui_exec_function("addprop_gui", "display")
end function

/************************       callback 函数

function On_App()

   string str_PropFile[72]

   ui_wid_get(dbox_propFile, "VALUE", str_PropFile)
   addprop_cal.setProp(str_PropFile)
   ui_write("属性生成完毕！")
end function

function On_Cancel()

   ui_form_delete("addprop_gui")
end function

end class
```

图2-13　使用Notepad++进行PCL编程的效果

第3章
Patran模型操作

本章所述的模型操作，主要是指使用 Patran 进行模型的前处理。在 Patran 的使用中，前处理一般是占用较多时间的，因而也是最有必要对其进行开发的，以提高生产工作效率。

有限元分析的一般步骤是：建立网格模型，对网格单元赋属性、添加载荷、形成工况、设置求解参数、进行求解、生成结果后处理数据和图表、数据分析并生成计算报告。其中在进行求解之前的所有步骤都是前处理，在进行求解之后的步骤是后处理。

本章分别从几何、单元和节点、单元属性、载荷及边界条件、场、工况、视图、组以及自定义数据等多个方面介绍如何对模型数据进行读取、新建、修改和删除操作。

在本章所述中，对于一种功能的实现只是挑选了个别常用且典型的方法进行介绍，实现同一个功能一般来说有不止一种方法，其他方法可以参考 Patran 的帮助文档：Patran PCL Reference Manual Volume 1: Function Descriptions 和 Patran PCL and Customization。另外，在示例中可能会使用到本节未介绍的一些 Patran 内置函数，这些函数会在第一次出现的代码之后进行解释，以后出现的会说明解释的位置。

另外，在本章的叙述中，经常出现对于单个函数的示例使用，由于 Patran 中函数的输入和输出参数均在参数列表中，为区别输入和输出参数，将示例函数中的输入参数使用值表示，将输出参数使用变量表示。

3.1 几何操作

Patran 中的几何对象主要有：坐标系、点、矢量、平面、曲线、曲面和体。坐标系有三类，直角坐标系、柱坐标系和球坐标系。这些对象对于几何建模来说已经很全面了，但多数船舶结构工程师在使用 Patran 进行建模时可能并不是从几何开始，而是直接从节点和单元开始，因而对于几何的使用似乎仅限于有限的参考，这里我们只介绍一些常用的几何操作方法。

3.1.1 几何操作的常用方法

几何操作主要包括各类几何对象的创建、删除和查询。其实在使用 Patran 进行船舶结构建模时是较少使用几何生成有限元这种方式的，所以几何的操作并不常用。下面只列出最为常用的创建点的函数 asm_const_grid_xyz，对于一些其他的几何创建/删除/查询的几何操作函数，不再做详细说明。

➤ asm_const_grid_xyz

这是一个使用 Patran 界面创建节点时会调用的函数，使用这个函数创建一个点的示例如下。

```
string createdIds[virtual]
asm_const_grid_xyz (                         @
    /* 点 ID*/     "#",              @
    /* 点坐标 */   "[15.0,20.0,20.0]",        @
    /* 参考坐标系 */  "Coord 0",    @
    /* 成功创建的点 ID 数组 */  createdIds)
```

上述函数表示在总体坐标系的 [15.0,20.0,20.0] 位置处创建一个几何点，各参数说明如下。

点 ID：字符串类型输入参数，用于指定新生成点的 ID 号，如无特殊要求，建议使用"#"表示使用默认的点 ID 号。

点坐标：字符串类型输入参数，用于指定点在参考坐标系中的坐标。

参考坐标系：字符串类型输入参数，用于指定生成点使用的参考坐标系。

成功创建的点 ID 数组：字符串类型输出参数，反馈成功创建的点 ID 号。

PCL 中还提供了创建线、面、体、平面、矢量、坐标系等函数，但由于使用 Patran 进行有限元建模时较少使用这些功能，在二次开发中也较少使用，因而仅简单列出这些函数，如表 3-1 所示，不再详细展开介绍。

表3-1　Patran几何操作常用函数

操作	函数
创建线/面/平面/坐标系	asm_const_line_xyz (lineId, lineVector, lineOrigin, coord_frame, created_ids)：创建线 sgm_const_surface_extrude (surfaceId, delta, scale, angle, origin, coord_frame,curve_list, created_ids)：拉伸形成面 sgm_const_surface_offset (surfaceId, dist, ncopies, guide_surface, surface_list,created_labels)：偏移形成曲面 sgm_const_plane_2vec (planeId, vector1, vector2,created_ids)：通过两个矢量叉乘生成平面 sgm_const_plane_offset (planeIds, offset_list, nrepeat, plane_list,created_ids)：偏移生成平面 asm_const_coord_3point (coordId, coord_frame, coordtype, point1, point2, point3,created_labels)：三点创建坐标系

操作	函数
删除点/线/面/平面/坐标系	asm_delete_grid (pointIds, deletedPointIds)：删除点 asm_delete_line (lineIds, deletedLineIds)：删除线 asm_delete_curve (curveIds, deletedCurveIds)：删除曲线 asm_delete_surface (surfaceIds, deletedSurfaceIds)：删除面 asm_delete_plane (planeIds, deletedPlaneIds)：删除平面 asm_delete_coord (coordIds, deletedCoordIds)：删除坐标系
查询点/线/面/平面/坐标系	sgm_get_curve_length (curveId, length)：查询线长 sgm_get_surface_area (surfaceId, area)：查询面积 sgm_nearest_point_on_surface (pointXyz, surface, u, v, xyz)：查询两线间的最短距离及最近距离点 db_get_coord (coordId, dummyId, coordType, coordOrigin, transMat)：查询坐标系到全局坐标系的转换阵

>> 3.1.2　综合示例（批量生成点）

在初始建模时，对于船舶首尾外壳部分的模型，由于其外壳不再保持平直，因而需要使用较多的参考定位以形成外壳的模型。此时可以通过提取型值表中的点形成文件，并通过以下示例程序将这些点批量导入 Patran 中，用于后续的建模参考。

```
1    function createPts(strFile)
2      string strFile[]
3
4      /* 打开文件 */
5      integer i_chan
6      text_open(strFile, "OR", 0, 0, i_chan)
7
8      /* 创建点 */
9      integer iTemp(1), staOk, okCnt
10     real rTemp(3)
11     string strTemp[32](1), strPt[64], createdIds[virtual]
12     okCnt = 0
13     while (text_read(i_chan, "%F%,%F%,%F%", iTemp, rTemp, strTemp)
!= -1)
14         strPt = "[" // str_from_real(rTemp(1)) // "," // str_from_
real(rTemp(2)) // "," // str_from_real(rTemp(3)) // "]"
15         staOk = asm_const_grid_xyz("#", strPt, "Coord 0", createdIds)
16         if (staOk == 0) then
17             okCnt = okCnt +1
```

```
18        end if
19    end while
20
21    /* 关闭文件 */
22    text_close(i_chan, "")
23    return okCnt
24  end function
```

上述示例程序参数列表中的 strFile 是一个输入参数，表示一个保存点坐标的文本文件的路径，这个文件的格式如下所示，每行表示一个点的 x, y, z 坐标。

```
x 坐标 ,y 坐标 ,z 坐标
```

这个函数的主要功能部分是一个 while 循环，其中使用了 asm_const_grid_xyz 函数来创建点，其第一个参数"#"表示使用系统自动分配的点 ID 号。

另外，在这个函数中使用了 text_open、text_read 和 text_close 三个与文本文件读写相关的函数，分别表示开打打开一个文本文件、读取一个文本文件的一行和关闭一个文本文件。

text_open 函数参数列表中的参数依次表示：文本文件路径、读写模式（常用的选项有 N/O/R/W/A，分别表示新建 / 打开 / 只读 / 只写 / 续写，可以多个字母一起使用）、单行最大长度（可以直接填为 0）、最大行数（可以直接填为 0）、文件句柄号（这是一个输出参数，用于后续文件操作使用以代表相应文件）。

text_read 函数参数列表中的参数依次表示：文件句柄号、格式符、读取到的整数、读取到的实数、读取到的字符串。其中文件句柄号来自 text_open 函数；格式化符表示应如何解读读取到的一行内容，例如示例中的 "%F%,%F%,%F%" 表示是以逗号分隔的 3 个实型数据，更为详细的格式化符请参考本书 "4.3.1 文本文件读写" 中的说明；读取到的整数 / 实数 / 字符串是三个输出数组，表示按格式化符解析后的内容。

text_close 函数列表中的参数依次表示：文件句柄号、删除选项。其中文件句柄号来自 text_open 函数；删除选项可以使用"D"表示关闭后将文件删除，空字符串表示仅关闭。

str_from_real 函数用于将一个实型转换为字符串型，PCL 并不会自动进行隐式类型转换，需要使用这种显式类型转换函数。除此函数之外，Patran 中还有很多类似的类型转换函数，用于将其他类型转为字符串或将字符串转为其他类型，它们名称是：str_from_xxx，str_to_xxx，其中 xxx 表示其他的数据类型，可以是 integer、real、logical，分别表示从这些类型转换为字符串或从字符串转换为这些类型。

3.2　单元和节点操作

生成节点和单元是进行有限元建模的第一步。在 Patran 中生成单元有很多种方法，总结下来主要有四类：第一类是先生成几何，再通过划分几何形成单元；第二类是先生成节点，通过节点连接形成单元；第三类是通过已有单元的节点、边或面通过拉伸、扫掠等升维操作或抽取等降维操作形成单元；第四类是通过对现有单元进行合并或剖分形成新的单元。

Patran 中的节点我们经常关注的要素主要有两个：节点 ID 和节点位置。

在 Patran 中节点 ID 是一个单元唯一的标识号，在整个模型中是不能重复的，单元也一样。

节点位置即是其在总体坐标系中的坐标，另外节点还有一个分析坐标系的要素，一般来说，对于施加在节点上的集中载荷以及节点上的位移等结果是按照节点坐标系来的。

在船舶结构建模中常用的板单元和梁单元主要关注的要素有四个：单元形状、单元类型、单元节点号、单元属性。

单元形状：主要有 Point、Bar、Tria、Quad、Tet、Wed、Hex，分别表示点单元、一维单元、二维三角形单元、二维四边形单元、三维四面体单元、三维楔形体单元和三维六面体单元。

单元类型：在单元形状的基础上再考虑上节点配置及单元等要素就是单元类型，同一个单元形状可能有多种不同的单元类型，单元形状与单元类型间是一对多的关系。不同的单元形状有不同的单元类型，单元形状为 Bar 的单元类型有 Bar2，Bar3 等，单元形状为 Tria 的单元类型有 Tria3，Tria4 等，单元形状为 Quad 的单元类型有 Quad4，Quad5 等。在船舶结构分析中，一般使用 Bar2、Tria3 和 Quad4 来模拟梁单元和板单元。在 PCL 的数据库内部函数中一般使用一个整数来代表单元类型，点单元为 1，2 节点梁单元 Bar2 为 2，3 节点三角形单元 Tria3 为 3，4 节点四边形 Quad4 单元为 4。

单元节点号：单元所关联的节点 ID。

单元属性：赋予单元的材料、剖面形状、板厚等信息，将在下一节中详细说明。

》》 3.2.1 单元和节点操作的常用方法

关于节点的操作主要有新建节点、删除节点、更改节点的位置；关于单元的操作主要有新建单元、删除单元、给单元赋属性、修改单元的节点以及修改单元的属性。

（1）新建节点

新建节点的常用函数有 fem_create_nodes_1 和 db_create_nodes，从这两个函数的名称可以看出，前一个函数是 Patran 通过界面创建节点时会使用的函数，其函数名最后有一个 1，表示这种操作函数有多个版本，这是第 1 个；后一个函数是数据库内部函数。

➢ fem_create_nodes_1

使用这个函数在总体坐标系的 [10,10,10] 位置处创建一个节点的示例如下。

```
fem_create_nodes_1(                                      @
    /* 参考坐标系 */        "Coord 0",                    @
```

```
/* 分析坐标系 */      "Coord 0",                  @
/* 几何关联 */        2,                          @
/* 节点 ID */         "#",                        @
/* 节点位置 */        "[10 10 10]",               @
/* 执行反馈 */        nodeCreateFeedBack )
```

这个函数中的第 1 个参数参考坐标系是用于定义节点坐标的，上面"Coord 0"是 ID 号为 0 的坐标系，在 Patran 中就是总体坐标系。分析坐标系在本节开始已经介绍过了，此处不再赘述。

第 3 个参数几何关联是用一个整型数表示节点是否与几何关联，2 表示不关联几何，3 表示关联几何。如果是关联几何，就必须在第 5 个参数节点坐标的位置输入类似"Point 1"的几何点，表示将在这个点的位置处创建一个节点。如果选择不关联几何，那么即使输入的节点坐标与模型中某几何点完全一致，也不会自动关联到这个几何点；关联几何的作用是可以在施加载荷或边界条件时添加到几何上，再传递到关联的节点上去。

第 4 个参数节点 ID 需要输入一个字符串类型来表示新生成节点的 ID 号，大多数情况下我们对这个节点的 ID 号没有什么特殊的要求，也不想去指定一个 ID 号，此时可以使用"#"表示，此时这个节点的 ID 会将在当前模型中最大的节点 ID 号 +1 设为 ID 号。

第 5 个参数节点位置也是一个字符串类型输入参数，可以使用类似"[10,10,10]"这样的坐标字符串表示这个节点位置。顺便说一句，在 Patran 的界面上，一般使用方括号括起的 3 个数表示坐标，使用尖括号括起的 3 个数表示矢量。

第 6 个参数执行反馈是一个输出参数，会以字符串形式反馈生成成功的节点 ID 号。

➢ db_create_nodes

创建同样一个节点，如果使用这个函数其方法调用如下所示。

```
integer nodeExist
db_create_nodes(                    @
  /*节点数*/ 1,       @
  /*参考坐标系*/ [0],       @
  /*分析坐标系*/ [0],       @
  /*坐标位置*/    [10.0, 10.0, 10.0],      @
  /*组 ID*/ 1,      @
  /*节点 ID*/ [100],      @
  /*节点 ID 重复反馈*/ nodeExist)
```

这个函数中第 1 个参数是节点数，表示需要创建的节点的个数。虽然这个函数可以一次性创建多个节点，但为了清晰起见，还是建议一次创建一个节点。

第 5 个参数是组 ID，这个函数可以把生成的节点直接放入指定的组里。组 ID 如何获取我们会在"3.7 组操作"一节中详细说明。

最后 1 个参数节点 ID 重复反馈是一个整型输出参数，非 0 表示输入的节点 ID 号与模型中的有冲突。

如果需要使用这个函数一次创建 n 个节点，则参考坐标系、分析坐标系和节点 ID 都应为一个长度为 n 的数组，以对应每一个节点，坐标位置应是一个长度为 $3*n$ 的数组。

另外，这个函数中的节点 ID 不能使用 # 来表示不指定，必须指定。为了避免与当前模型中已有的节点 ID 号冲突，应尽量选择一个较大的区段设置该参数，或者先查询当前模型中最大的节点 ID 号后再设置。

看了上述两种方式创建一个节点，我们总结了这两种方式的差异如下。

① 使用 fem_create_nodes_1 函数时基本所有输入参数都是用字符串表示的，而使用 db_create_nodes 函数时，其所有输入参数基本都是以数值型（整型和实型）来表示的，即使是与上一个函数表示同样意义的参数也不会使用字符串表示。其实这不仅是这两个函数的差异，更是所有界面操作函数和所有数据库内部函数的差异。界面操作函数中的参数与 Patran 界面上的各个输入控件是对应的（可以对照 fem_create_nodes_1 函数的参数和下面这个创建节点的界面）。这些输入控件为了界面友好性，一般都设计为可以接受多种方式的输入。比如上面的节点 ID，虽然多数情况下在界面上会看到它里面是一个整型数，但它是可以接受一个表达式的，比如在 Patran 的命令栏中定义一个整型数 a，并且给它赋值为 10，那么完全可以在节点 ID 的输入框中输入 'a'（这个符号是跟键盘上的波浪号同一个键的那个）或者像下面这样包含 a 的表达式（里面包括一个 PCL 内置函数也是可以的），虽然很少有人会这样去用，但它确实是可以的。另外，图 3-1 中圆圈处的图标，表示通过两条线构造一个交点，如果使用这种方法确定节点位置，那么在节点位置输入框中会得到类似于 Construct 2CurvePoint(Evaluate Geometry(Curve 3))(Evaluate Geometry(Curve 2)) 这样的表达式。上述这些都必须用字符串才能表达，因而在界面操作函数中多数参数的类型都是字符串。而数据库内部函数就不同了，它不会在界面上调用，跟界面控件也没有关系，里面的参数越规范越好，因而多数都是数值类型。

② 除了两个函数共有的参数外，fem_create_nodes_1 中的几何关联是 db_create_nodes 函数中所

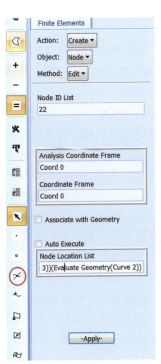

图3-1　在Patran中使用表达式创建节点

没有的，而 db_create_nodes 函数中的组 ID 是 fem_create_nodes_1 函数中所没有的。这是由于界面输入控件的输入方式多样性可以方便地指定一个关联的几何，并且操作的任何时候都是有当前组的，节点自然会放进当前组中。

③ fem_create_nodes_1 函数是一个创建单个节点的函数，而 db_create_nodes 是一个批量创建节点的函数。

（2）节点位置修改

节点位置修改一般使用 fem_modify_nodes_offset 这个界面操作函数，使用这个函数修改节点的位置后，节点的 ID 号是不变的，使用这个函数将节点 1 向 <10.0,10.0,10.0> 方向偏移距离 20 的示例如下。

```
string modifiedNodes[virtual]
fem_modify_nodes_offset(                              @
    /* 偏移类型 */      FALSE,      @
    /* 参考坐标系 */  "Coord 0",      @
    /* 偏移矢量 */    "<10.0,10.0,10.0>",           @
    /* 偏移距离 */    "20.0",      @
    /* 是否反向偏移 */     FALSE,     @
    /* 节点列表 */    "Node 1",      @
    /* 成功偏移的节点列表 */ modifiedNodes)
```

第 1 个参数偏移类型指的是这个移动是否按轴线移动，TRUE 表示按增量移动，FALSE 表示按轴线移动。按增量移动指使用第 2 个参数的参考坐标系解释第 3 个参数的偏移矢量，直接叠加被偏移节点（由第 6 个参数节点列表指定）在参考坐标系中的坐标和偏移矢量，得到在参考坐标系中的结果坐标；按轴线移动时偏移矢量指在参考坐标系三个轴方向上的偏移分量，叠加被偏移节点在直角坐标系中的坐标和偏移矢量，得到在直角坐标系中的结果坐标。例如，原始节点位于 [10,10,0] 的位置，在原点处建立一个柱坐标系，其 r、t、z 轴依次与原坐标系的 x、y、z 轴重合，偏移矢量为 <10,45,0>，如果按轴线在柱坐标系中偏移，则结果 = 原始节点在直角坐标系中的坐标 [10,10,0]+ 偏移矢量 <10,45,0>= 结果在直角坐标系中的坐标 [20,55,0]；如果按增量偏移，则结果 = 原始节点在柱坐标系中的坐标 [14.14,45,0]+ 偏移矢量 <10,45,0>= 结果在柱坐标系中的坐标 [24.14,90,0]= 在直角坐标系中的坐标 [0,24.14,0]。另外需要注意的是，对于按轴线偏移而言，偏移矢量仅用于指定偏移的方向，偏移的距离由第 4 个参数中的偏移距离确定。如果偏移成功，则在最后一个参数中反馈成功偏移的节点。

上述按轴线偏移与我们的通常习惯是一致的，如果结构自身是一个柱或球，则按增量偏移更方便一些；但对于非柱或球的结构，建议还是使用按轴线偏移为好。

（3）删除节点

删除一个节点必须要求这个节点没有被任何单元使用，删除节点一般使用界面操作函数 fem_delete_free_node，删除一个节点号为 30 的节点示例如下。

```
STRING nodeDeletedIds[VIRTUAL]
STRING nodeErrorIds[VIRTUAL]
fem_delete_free_node (                               @
    /* 欲删除节点列表 */  "Node 30",    @
    /* 删掉的节点列表 */  nodeDeletedIds,        @
    /* 未删掉的节点列表 */nodeErrorIds)
```

由于给出的节点列表中可能有的节点被其他单元使用，因而此函数反馈了两个字符串参数，分别是第 2 个参数删掉的节点列表和第 3 个参数未删掉的节点列表。

（4）查询节点相关信息

关于对节点信息的查询，我们最常关注的是查询节点的位置，这可以使用 db_get_nodes 函数，这个函数通过节点的 ID 号获得节点的坐标和分析坐标系信息，查询一个 ID 为 2 的节点的位置和分析坐标系的示例如下。

```
integer ia_ref_coords(1), ia_analy_coords(1)
real ra_nodes_xyz(3)
db_get_nodes(                          @
    /* 节点数 */  1,       @
    /* 节点 ID 数组 */  [2],     @
    /* 节点参考坐标系 ID 数组 */  ia_ref_coords,      @
    /* 节点分析坐标系 ID 数组 */  ia_analy_coords,      @
    /* 节点坐标数组 */    ra_nodes_xyz)
```

这个函数是可以同时查询多个节点的位置和分析坐标系信息的，第 1 个参数是节点数，第 2 个参数是节点 ID 数组，如果需要查询 n 个节点数的信息，只需将这 n 个节点的 ID 填入节点 ID 数组，并将节点数设为 n 即可。所需的节点坐标将反馈到节点坐标数组中，这个数组的长度是 $3*n$，其中节点 ID 数组中第 x 个节点对应的坐标是节点坐标数组中的第 $[3*(x-1)+1]$ ～ $3*x$ 个元素。

另外，第 3 个参数节点参考坐标系 ID 数组和第 4 个参数节点分析坐标系 ID 数组都是输出参数，使用前需要将其大小设置正确。

除了查询节点的坐标信息外，如果要遍历模型中的所有节点，去查找或统计某些信息，这需要获取模型中的节点数量以及节点的 ID 号（由于在模型操作过程中经常删除节点，因而模型中的节点 ID 号并不是从 1 依次排到节点总数的）。查询模型中总的节点数使用 db_count_nodes 函数，这个函数不需要输入参数，示例如下，在输出参数 nodeCount 中反馈节点总数。

```
integer nodeCount
```

```
db_count_nodes(                              @
    /* 节点总数 */  nodeCount)
```

查询模型中所有节点的 ID 号需要使用 db_get_node_ids 函数，这个函数的使用如下所示。

```
integer nodeIds(virtual)
sys_allocate_array(nodeIds, 1, 10)
db_get_node_ids(                      @
    /* 节点总数 */  10,        @
    /* 节点 ID 数组 */  nodeIds)
```

由于这个函数将所有的节点 ID 号反馈至数组 nodeIds 中，因而在使用前需要先使用 nodeCount 函数得到模型中的节点总数，以便给 nodeIds 数组赋予相应的大小。

（5）新建单元

与创建节点类似，创建一个单元同样也有界面操作函数和数据库内部函数两种方式，比较常用的界面操作函数是 fem_create_elems_1，数据库内部函数是 db_create_elems。

创建单元需要指明单元所使用的节点号、单元形状、单元类型等信息。

使用 fem_create_elems_1 创建一个连接节点 33、35、23、21 形成的 4 节点四边形 Quad4 单元，示例如下。

```
STRING createdElement[VIRTUAL]
fem_create_elems_1 (                              @
    /* 单元形状 */  "Quad",           @
    /* 单元类型 */  "Quad4",          @
    /* 单元 ID*/  "#",      @
    /* 连接方式 */  "Standard",             @
    /* 中间节点设置 */  3,       @
    /* 节点 1*/  "Node 33",    @
    /* 节点 2*/  "Node 35",    @
    /* 节点 3*/  "Node 23",    @
    /* 节点 4*/  "Node 21",    @
    /* 节点 5*/  "",     @
    /* 节点 6*/  "",     @
    /* 节点 7*/  "",     @
    /* 节点 8*/  "",     @
    /* 已生成单元 */  createdElement)
```

与节点 ID 相似，这个函数中的第 3 个参数"单元 ID"用于指定新生成单元的 ID 号，如无特殊要求，建议使用"#"表示使用 Patran 自动分配的单元 ID 号。参数节点 1 ～ 8 只是考虑到单元可能的节点数量，实际情况下有几个节点就填写前几个，后面不需要的只需用空字符串即可。

第 4 个参数"连接方式"表示生成单元时使用的连接方式，对于不同形状的单元可以有不同的方式，但都支持使用"Standard"方式，即表示使用节点进行连接。其他的方式还有使用单元边、单元面等，但这些方式在交互式操作时方便使用，在二次开发中并没有什么使用场景，因而不再详细说明。

第 5 个参数"中间节点设置"只是对带中间节点的单元指定中间节点的设置方式，对于无中间节点的单元没有影响，船舶结构分析一般也较少使用有中间节点的单元。"3"表示中间节点使用现在节点，但示例中是一个 Quad4 类型的单元，因而这个参数值是没什么用的。

由于多种原因，有可能指定的节点参数不能生成单元，因而在最后一个参数中反馈了已生成单元。但这个函数并不会判断原位置是否已有相同的单元，即使已有相同的单元，也会重新再创建一个新的。

另外，这个函数也是可以实现批量化的，以创建 Quad4 单元为例，如果需要一次性创建 3 个单元，则只需在节点 1/2/3/4 四个参数中的节点列表字符串中各设置 3 个节点即可，将各自的第 1 个节点拿出连接形成单元 1，将各自的第 2 个节点拿出连接形成单元 2……

使用 db_create_elems 函数创建一个同样的单元，示例如下。

```
integer dupElement
db_create_elems (                              @
    /* 单元数 */  1,        @
    /* 单元最多节点数 */  4,          @
    /* 单元类型 */    [4],          @
    /* 关联几何选项 */    [0],              @
    /* 关联几何 ID*/  [0],          @
    /* 节点 ID */    [33,35,23,21],              @
    /* 组 ID*/  1,        @
    /* 单元 ID*/  [50],          @
    /* 单元是否重复 */    dupElement)
```

相对于 fem_create_elems_1 函数而言，db_create_elems 函数有以下几点不同。

① 使用一个整数表示单元类型。船舶结构分析中常用的点单元为 1，2 节点梁单元 Bar2 为 2，3 节点三角形单元 Tria3 为 3，4 节点四边形 Quad4 单元为 4。

② 这个函数创建的单元使用第 4 ～ 5 个参数提供了几何关联的选项。其中第 4 个参数"关联几何选项"表示单元是否与几何关联以及与何种几何关联，无关联为 0，与线有关联为 2，与面有关联为 3，与体有关联为 4。在第 5 个参数"关联几何 ID"中列

出关联的几何 ID，如果没有关联则为 0。

③ db_create_elems 函数同样可以批量创建单元，但其方式与 fem_create_elems_1 不同，是使用更方便的数组进行。如果要创建 n 个单元，则第 1 个参数"单元数"应设为 n 个，参数"单元类型""关联几何选项""关联几何 ID""单元 ID"数组长度都为 n，数组中元素一一对应，表示相应单元的信息。用于表示组成单元节点的参数节点 ID 的长度应为单元数与单元最多节点数的乘积，其中第 x 个单元对应的节点 ID 为数组中索引在以下范围的 ID 号：[单元最多节点数 *(x–1)+1] ～单元最多节点数 *x，如果这个单元的节点数小于单元最多节点数，则不足部分位置填充 0。

④ db_create_elems 函数需要在"单元 ID"参数中显式指定要创建的单元 ID。

⑤ 另外，虽然 db_create_elems 函数同样不会阻止创建一个与已有单元重复的单元，但会通过"单元是否重复"这个参数反馈是否存在与创建的单元相同的单元，如果为 0 则表示没有，否则会反馈与当前创建单元相同的单元中最小的单元号。

（6）删除单元

删除单元的函数是 fem_delete_element，使用这个函数将 ID 为 50 的单元删除，如下所示。

```
string deletedElements[virtual]
fem_delete_element (                    @
    /* 单元列表 */  "Elm 50",        @
    /* 成功删除的单元列表 */  deletedElements)
```

参数"成功删除的单元列表"会以字符串的方式反馈成功删除的单元。

（7）查询单元属性

单元的查询需求很多，如遍历模型中所有单元以统计计算某些数据或过滤某些信息，查询与单元相关的节点以确定单元的位置信息，查询与某个节点相关的单元，等等。以下分述之。

遍历模型中的所有单元，即查找模型中所有单元的 ID，可以使用 db_get_elem_ids 函数，这个函数的示例如下。

```
integer elementIds(virtual)
sys_allocate_array(elementIds, 1, 10)
db_get_elem_ids (                    @
    /* 单元总数 */   10,     @
    /* 单元 ID 数组 */ elementIds)
```

这个函数执行后会将模型中所有单元的 ID 写入 elementIds 数组中，但这个"单元 ID 数组"的长度以及模型中的"单元总数"需要作为输入参数给出。这需要使用 db_count_elems 函数先得到单元总数，再设定用于存储单元 ID 的数组长度，之后再执行本函数。

db_count_elems 函数可用于统计模型中所有单元的数量，示例如下，函数执行后会将模型单元总数反馈至 elmentCount 变量中。

```
integer elmentCount
db_count_elems (                          @
    /* 单元总数 */    elmentCount)
```

对于一个指定单元，查询这个单元由哪些节点组成，可以使用 db_get_node_ass_elem 函数。查询与单元 1 和 2 关联的节点，如下所示。

```
integer nodeCount, nodeIds(virtual)
db_get_node_ass_elem (                          @
    /* 单元数 */  2,       @
    /* 单元 ID 数组 */ [1,2],       @
    /* 节点数 */ nodeCount,       @
    /* 节点 ID 数组 */ nodeIds)
```

这个函数执行后会将得到的单元相关的节点 ID 号反馈至"节点 ID 数组"中。如果一次性查询多个单元的节点，则所有查询单元所使用的所有节点 ID 均会直接放入"节点 ID 数组"中。这些节点 ID 虽然是按单元顺序排列的，但如果同时查询了不同类型的单元，由于不同类型单元的节点数量不同，要区分具体哪个单元使用了哪些节点，还需要逐个查询每个单元的节点数量，因而除非查询的所有单元的节点数是相同的，一般情况下建议一次只查询一个单元的节点。

这个问题也可以使用函数 db_get_nodes_for_elems 来克服，db_get_nodes_for_elems 函数与 db_get_node_ass_elem 函数的功能类似，但 db_get_nodes_for_elems 函数会根据输入的"每个单元最多节点数"参数为各个单元在返回的节点数组中分配相同的数组长度用于存放其单元对应的节点，示例如下。此时 nodeIds 数组中前 4 个位置用于存放单元 1 的节点，后 4 个位置用于存放单元 2 的节点，如果某个单元只有 3 个节点，则第四个位置为 0。

```
integer nodeIds(8)
db_get_nodes_for_elems (                          @
    /* 单元数 */  2,      @
    /* 每个单元最多节点数 */  4,       @
    /* 单元 ID 数组 */ [1,2],      @
    /* 单元使用的节点 ID 列表 */    nodeIds)
```

其实这个函数仍然没有彻底地解决问题，因为必须知道所选的这些单元里最多的节点数，当然也可以设一个较大的数来使用，而且通常情况下应该知道所选的单元都是什么，对于基本只使用线性梁板单元的船舶结构分析，可能设为 4 就可以了。如果真的想知道这些单元的节点数，可以使用 db_get_elem_etop 函数来查询单元的类型，以便获取其节点数量（而且单元类型本身这个信息在属性、载荷等操作中也是需要的），这个函数会在"单元类型数组"中反馈查询的各个单元的类型码［解释可见本小节"（5）新建单元"中 db_create_elems 函数的解释部分］，如下所示。

```
integer topoCodes(1)
db_get_elem_etop (                            @
    /* 单元数量 */      1,    @
    /* 单元 ID 数组 */  [1],    @
    /* 单元类型数组 */   topoCodes)
```

除了给定单元找节点，还有一种相反的查询，给定节点找单元，db_get_elem_use_all_node 函数用于根据给定的节点，查询哪些单元是由这些节点形成的，下面的示例中查询了哪些单元完全是由节点 1、2、8、7、13、14 形成的，并将这些单元的 ID 号反馈至 elementIds 数组中，其中的 elementCount 是反馈找到的单元数量。

```
integer elementCount, elementIds(virtual)
db_get_elem_use_all_node (                            @
    /* 节点数量 */      6,    @
    /* 节点 ID 数组 */  [1,2,8,7,13,14],    @
    /* 单元数量 */       elementCount,    @
    /* 单元 ID 数组 */  elementIds)
```

需要注意的是，这里找到的单元的所有节点必须都在上述"节点 ID 数组"中，不能只是一部分。

除了上述单元信息查询外，还有一些稍微高级一点的查询，比如使用 fem_geom_edge_length 函数可以查询单元的长度，使用 fem_geom_face_area 函数可以查询单元的面积，fem_geom_elem_location 可以查询一个单元的中心坐标。以下是三个函数的示例，不再详述。

下面这个示例使用 fem_geom_edge_length 函数查询了 53 号单元的长度，结果反馈在 lengths 数组中，另外这个函数也可用于查询二维单元的边长。

```
integer entityCount
real lengths(virtual)
fem_geom_edge_length (                            @
    /* 单元列表 */     "Elm 53",    @
    /* 单元长度数组 */   lengths,    @
    /* 单元数量 */    entityCount)
```

下面这个示例使用 fem_geom_face_area 函数查询了 1 号单元的面积，结果反馈在 areas 数组中。

```
real areas(virtual)
integer entityCount
fem_geom_face_area (                        @
    /* 单元列表 */    "Elm 1",      @
    /* 单元面积数组 */   areas,     @
    /* 单元数量 */   entityCount)
```

下面这个示例使用 fem_geom_elem_location 函数查询了 1 号单元的中心坐标，结果反馈在 ra_centre 数组中，这个数组是一个二维数组，第一维是针对每个单元，第二维中有 3 个元素，分别是中心的 3 个坐标分量。

```
real ra_centre(virtual)
integer elmCnt
fem_geom_elem_location
fem_geom_elem_location(                     @
    /* 单元 ID*/ [1],       @
    /* 单元中心 */    ra_centre,      @
    /* 单元数量 */    elmCnt)
```

》 3.2.2 综合示例

（1）生成缺陷

结构的缺陷或不平整度会影响其强度，下面的简单示例通过读取一个文本文件对模型中各个节点位置进行修改，来引入初始缺陷，这个程序可以配合"6.3.3 BDF 文件数据应用"中的生成缺陷文件使用以在模型中生成缺陷。

```
1    function createDefect(strFile, ratio)
2        string strFile[]
3        real ratio
4
5        /* 打开文件 */
6        integer i_chan
7        text_open(strFile, "OR", 0, 0, i_chan)
8
9        integer iTemp(1)
10       real rTemp(3), val
```

```
11      string strTemp[32](1), fem_modify_nodes_nodes_
modified[virtual], strOffsetVec[32]
12      while (text_read(i_chan, "%I%,%F%,%F%,%F%", iTemp, rTemp,
strTemp) != -1)
13          val = ratio*(rTemp(1)**2 +rTemp(2)**2 +rTemp(3)**2)**0.5
14          strOffsetVec = "<" // str_from_real(rTemp(1)) // " " //
str_from_real(rTemp(2)) // " " // str_from_real(rTemp(3)) // ">"
15          fem_modify_nodes_offset(FALSE, "Coord 0", strOffsetVec,  @
16          str_from_real(val), FALSE, "Node " // str_from_integer
(iTemp(1)), fem_modify_nodes_nodes_modified)
17      end while
18
19      /* 关闭文件 */
20      text_close(i_chan, "")
21  end function
```

在上述程序中，在 while 循环中首先读取了文件中的一行（一行中有四个使用逗号分隔的数据，分别是：要修改位置的节点 ID，节点要偏移的 x 分量，节点要偏移的 y 分量，节点要偏移的 z 分量），之后通过 fem_modify_nodes_offset 函数将指定节点偏移，偏移后模型如"6.3.3 BDF 文件数据应用"中所示。

其中使用的 text_open、text_read、text_close 三个内置函数是用于打开文件、读取文件和关闭文件的内部函数，其详细解释可参见"3.1.2 综合示例"中的说明。

（2）显示节点相关单元

虽然可以使用 db_get_node_ass_elem 函数获得单元相关的节点，也可以通过 db_get_elem_use_all_node 函数获得由指定节点构成的单元，但有时需要得到与指定的节点相关的单元。比如计算出错时 F06 文件中会反馈某节点有问题，此时需要去检查这个节点附近的连接关系，多数情况下导致出错的部位处连接关系也较为复杂，如果能找到与这个节点有关联的单元并只显示这些单元，将会更清晰快速地发现问题，下述代码示例即根据节点号查找相关的单元。

```
1   function getElmsByNd(i_nd_id, ia_elm_id)
2   integer i_nd_id, ia_elm_id()
3
4   integer i_ass_elm_num, i_all_elm, ia_all_nd_id(virtual)
5   integer i, i_beg, i_end, ia_ass_elm_temp(50)
6   i_ass_elm_num = 0
7   db_count_elems(i_all_elm)
```

```
8        if(i_all_elm == 0)then
9          return FALSE
10       end if
11       sys_allocate_array(ia_elm_id, 1, i_all_elm)
12       db_get_elem_ids(i_all_elm, ia_elm_id)
13       sys_allocate_array(ia_all_nd_id, 1, i_all_elm*4)
14       db_get_nodes_for_elems(i_all_elm, 4, ia_elm_id, ia_all_nd_id)
15       /* 查找符合要求的单元 */
16       for(i = 1 to i_all_elm)
17         i_beg = 4*(i -1) +1
18         i_end = 4*i
19         if(mth_array_search(ia_all_nd_id(i_beg:i_end), i_nd_id,
FALSE) != 0)then
20            i_ass_elm_num += 1
21            ia_ass_elm_temp(i_ass_elm_num) = ia_elm_id(i)
22         end if
23       end for
24       /* 整理获得的单元 */
25       if(i_ass_elm_num == 0)then
26         return FALSE
27       end if
28       sys_allocate_array(ia_elm_id, 1, i_ass_elm_num)
29       for(i = 1 to i_ass_elm_num)
30         ia_elm_id(i) = ia_ass_elm_temp(i)
31       end for
32       /* 释放内存 */
33       sys_free_array(ia_all_nd_id)
34       return i_ass_elm_num
35     end function
```

上述示例代码中主要使用了 3 个函数，首先使用 db_count_elems 获得了模型中单元的数量，之后通过 db_get_elem_ids 获得了模型中所有单元的 ID，之后通过 db_get_nodes_for_elems 得到了每个单元的对应的节点（此处示例中使用的模型是典型的船舶结构模型，因而单元的最多节点数为 4），之后对每个单元循环查找其所属的节点中是否有目标节点，如有则将该单元号记录，最终返回与目标节点相关的单元号数组。

其中使用了一些内置函数，sys_allocate_array 和 sys_free_array 用于给虚拟数组分配和释放空间；mth_array_search 用于查找指定的值在数组中的位置。

使用上述程序查询的图 3-2 红圈处（槽形横舱壁与底凳连接处）的单元连接情况，结果如图 3-3 所示。

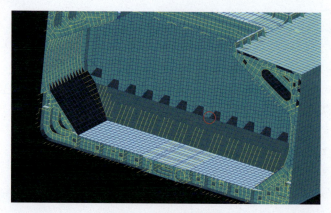

图3-2　欲检查的位置

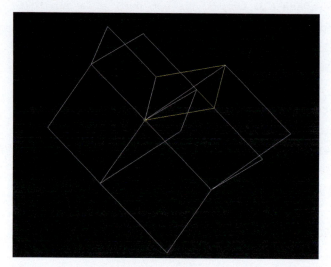

图3-3　使用上述程序查询得到的指定节点处的单元连接情况

（3）剖切视图

　　在模型操作过程中，经常需要从不同的角度查看模型，以检查建模的正确性或观察其中的某些细节，同时还要兼顾当前细节所在模型中的位置以方便做出判断。使用剖切视图可以较好地满足上述要求，以下示例程序便可生成不同方向的剖切视图。

```
1    function Cal_sec(r_posval, ori, node_id, r_dis, l_curgrp, ia_
elm_id, i_ass_elm_num)
2
```

```
3       real r_posval, r_dis
4       logical l_curgrp
5       integer node_id, ori, ia_elm_id(), i_ass_elm_num
6
7       /* 提取所有单元或当前组内单元 */
8       integer ia_eid(virtual), i_ele_cnt, cur_grp_id
9       if (l_curgrp) then
10          db_get_current_group_id(cur_grp_id)
11          db_count_elems_in_group (cur_grp_id, i_ele_cnt)
12          sys_allocate_array(ia_eid, 1, i_ele_cnt)
13          db_get_elem_ids_in_group(i_ele_cnt, cur_grp_id, ia_eid)
14      else
15          db_count_elems(i_ele_cnt)
16          sys_allocate_array(ia_eid, 1, i_ele_cnt)
17          db_get_elem_ids(i_ele_cnt, ia_eid)
18      end if
19      /* 初始化返回值 */
20      integer ia_ass_elm_temp(virtual)
21      i_ass_elm_num = 0
22      sys_allocate_array(ia_ass_elm_temp, 1, i_ele_cnt)
23      /* 确定 x/y/z 位置 */
24      real r_pos
25      if (node_id == 0) then
26          r_pos = r_posval
27      else
28          r_pos = opt_db.getNodeCoordComponent(node_id, ori)
29      end if
30      /* 求所有单元的形心坐标并判断 x/y/z 坐标是否在设定的范围内 */
31      integer ia_node_id(virtual), ia_ref_coords(virtual), ia_analy_
coords(virtual)
32      integer i, j, i_node_index
33      real ra_nodes_xyz(virtual)
34      sys_allocate_array(ia_node_id, 1, i_ele_cnt * 4)
35      sys_allocate_array(ia_ref_coords, 1, i_ele_cnt * 4)
36      sys_allocate_array(ia_analy_coords, 1, i_ele_cnt * 4)
37      sys_allocate_array(ra_nodes_xyz, 1, i_ele_cnt * 4, 1, 3)
38
```

```
39    logical l_have
40    real node_pos
41    db_get_nodes_for_elems(i_ele_cnt, 4, ia_eid, ia_node_id)
42    db_get_nodes(i_ele_cnt * 4, ia_node_id, ia_ref_coords, ia_
analy_coords, ra_nodes_xyz)
43    for (i = 1 to i_ele_cnt)
44       l_have = false
45       for (j = 1 to 4)
46          if (l_have) then
47             continue
48          end if
49          i_node_index = (i -1) * 4 +j
50          /* 确定单元 */
51          node_pos = ra_nodes_xyz(i_node_index, ori)
52          if (ia_node_id(i_node_index) != 0 && node_pos > (r_posr_
dis) && node_pos < (r_pos +r_dis)) then
53             i_ass_elm_num = i_ass_elm_num +1
54             ia_ass_elm_temp(i_ass_elm_num) = ia_eid(i)
55             l_have = true
56             continue
57          end if
58       end for
59    end for
60    /* 整理获得的单元 */
61    if(i_ass_elm_num == 0)then
62       return FALSE
63    end if
64    sys_allocate_array(ia_elm_id, 1, i_ass_elm_num)
65    for(i = 1 to i_ass_elm_num)
66       ia_elm_id(i) = ia_ass_elm_temp(i)
67    end for
68    /* 释放内存 */
69    sys_free_array(ia_eid)
70    sys_free_array(ia_ass_elm_temp)
71    sys_free_array(ia_node_id)
72    sys_free_array(ia_ref_coords)
73    sys_free_array(ia_analy_coords)
```

```
74    sys_free_array(ra_nodes_xyz)
75    return TRUE
76    end function
```

上述示例程序的主要输入参数有：r_posval 表示单个 *x/y/z* 位置值；ori 表示剖切方向：1 表示横剖面，2 表示纵剖面，3 表示水线面；node_id 表示剖面位置的参考节点，有节点号时使用节点位置，节点号为 0 时使用 r_posval 值；r_dis 表示剖切的厚度；l_curgrp 表示只对当前组剖切还是对整个模型剖切。输出参数有：ia_elm_id 表示得到的剖面模型的相关单元；i_ass_elm_num 表示相关单元的数量。

在上述示例程序中，主要使用了 4 个函数。最开始的判断是为了根据输入参数的要求提取当前组或整个模型中的单元，在整个模型中提取单元首先使用了 db_count_elems 函数获取模型中单元的总数，之后通过 db_get_elem_ids 得到了所有单元的 ID，之后再通过 db_get_nodes_for_elems 函数求取了相关单元的节点，之后通过 db_get_nodes 函数得到了相关节点的坐标，再之后便是根据单元节点坐标推出的形心坐标判断单元是否位于要求的范围内，如果在便将这些单元写入 ia_elm_id 数据中返回。

另外使用了一些其他的内置函数，db_get_current_group_id 用于获取当前组 ID；db_count_elems_in_group 用于获取指定组内的单元数量；db_get_elem_ids_in_group 用于获取指定组内的所有单元 ID，这些组操作函数将在"3.7 组操作"中介绍。sys_allocate_array 用于给虚拟数组分配空间；sys_free_array 用于释放给虚拟数组分配的空间。这些都是 PCL 的内置函数。

opt_db.getNodeCoordComponent 是一个自定义函数，用于获取节点的指定坐标分量。

图 3-4 即为使用上述示例程序通过指定节点得到的一个散货船的 *x* 方向的剖切视图。

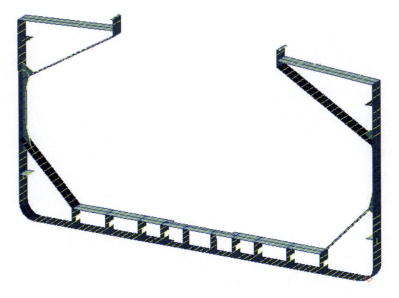

图3-4 *x*方向剖切视图

3.3 属性操作

属性相关的主要内容包括：单元属性值、属性应用单元范围、材料、型材剖面。主要操作有属性、材料和剖面的新建、修改、删除和查询操作。以下简述进行这些操作的常用函数。

3.3.1 属性操作的常用方法

给有限元赋属性是有限元建模过程中最耗时的工作之一，关于属性的操作也有很多。船舶结构建模中的属性操作涉及板单元属性、梁单元属性、梁单元的剖面形状、材料属性等，主要包括对属性自身的操作、对材料的操作、对一维单元剖面的操作。

属性中主要关注的要素有：单元类型、几何选项、凝聚选项、公式选项、层合选项、自由度选项、属性项和属性类型。

单元类型：这里的单元类型与"3.2 单元和节点操作"中所述的单元类型不同，这里的单元类型针对属性定义，主要考虑这类单元使用的力学模型，而前述的单元类型主要用于单元几何定义，是一种拓扑类型。常用的单元类型主要有（后面括号中的数字用于表示此类单元类型的代码）：质量点（1），弹簧（3），梁单元（11），拉压杆单元（18），三维梁单元（36），壳单元（51），薄壳单元（52），厚壳单元（53），板单元（54），承弯板单元（55），膜单元（57），承剪板单元（58），实体单元（71）。其中船舶结构分析中板使用壳单元（51），加强筋使用梁单元（11）。

几何选项：主要用于一维单元剖面几何相关的选项，用于指明梁是直的还是曲的，剖面是开式还是闭式，剖面是何种形状，剖面是定常的还是渐变的等。常用选项有（后面括号中的数字用于表示此几何选项的代码）：通用剖面（2），任意剖面（10），不适用（25），CBEAM（36），船舶结构分析中的加强筋通常使用通用剖面（2），板应为不适用（25）。

凝聚选项：凝聚是有限元计算时用于缩减自由度的方法，通过指定不同的选项类型，可以去除一些自由度以缩减求解规模。对于 0 维单元常用的凝聚选项有（后面括号中的数字用于表示此凝聚选项的代码）：质量点（18），弹簧（32）。对于一维单元常用的凝聚选项有：拉压杆（26），桁架（37），二维梁（41），三维梁（42），三维薄壁梁（49）。对于二维单元常用的凝聚选项有：膜（19），平面应变（21），平面应力（22），板（24），剪力板（27），壳（28），薄板（35），厚板（36）。对于三维单元的凝聚选项有：实体（30）。另有通用的凝聚选项：刚体（25），不适用（20）。船舶结构分析中的板通常使用薄板（35），加强筋一般使用三维梁（42）。

公式选项：用于指定计算时使用的单元公式。船舶结构分析中常用的有（后面括号中的数字用于表示此公式选项的代码）：标准公式（1），可变形体（2），假定应变（10），传导（11），对流（12），对流及辐射（13），常体积（14），常体积且假定应变（15），耦合（17），欧拉 - 伯努利假定（18），带剪切效应的欧拉 - 伯努利假定（19），不适用（28）。如无特殊情况一般选用（1）。

层合选项：层合材料类型描述。常用的有（后面括号中的数字用于表示此层合选项的代码）：各向同性（1），不适用（2），层合材料（3），等效剖面（4）。船舶结构以钢材为主，因而分析中通常使用（1）。

自由度选项：用于指定计算时适用的单元自由度集合。在船舶结构分析中常用的有（后面括号中的数字用于表示此自由度集合的代码）：x、y、z 三个方向的平动和转动自由度（分别使用 $1 \sim 6$ 表示），温度自由度（7），三个平动自由度（15），除 z 向转动自由度外的其他 5 个自由度集合（19），三个平动和三个转动的自由度集合（20），3 个转动自由度（21）。现在通常统一使用三个平动和三个转动的自由度集合（20）。

属性项：属性项用于定义单元的各类属性，如板厚、梁面积、剖面惯性矩等。对于梁单元常用的属性项有（后面括号中的数字用于表示此属性项的代码）：剖面积（1），剖面方向（6），绕剖面 y 轴的惯性矩（10），绕剖面 z 轴的续性矩（11），材料名称（13），剖面 ID（39），扭转常数（1026），梁的起始和终止节点释放的自由度（2047/2048），剖面惯性积（4026），非结构质量（4037），梁的起始和终止节点的偏心（4042/4043），y 向剪切刚度（4044），z 向剪切刚度（4045），剖面上四个应力输出点的 y 和 z 坐标（4047/4048/4050/4051/4053/4054/4056/4057）。对于板单元常用的属性项有：材料名称（13），方向角（20），板厚（36），非结构质量（4037），板参考面偏移（4111），膜材料名称（4112），弯曲材料名称（4113），剪切材料名称（4114），耦合材料名称（4115），板的 z_1 参考面（4118），板的 z_2 参考面（4119）。

属性类型：对应于属性项数组各属性项的数据类型。常用的有（后面括号中的数字用于表示此类属性类型的代码）：实数标量（1），实数向量（2），整数（3），字符串（4），材料名称（5），数组（6），场（7），节点号（8），坐标系号（9），剖面名称（11），剖面属性（12）。

（1）属性创建

属性的创建使用界面操作函数 elementprops_create 即可，使用这个函数创建一个属性的示例如下。

```
elementprops_create (                          @
    /* 属性名称 */   "plate20",    @
    /* 单元类型 */   51,           @
    /* 几何选项 */   25,           @
    /* 凝聚选项 */   35,           @
    /* 公式选项 */   1,            @
    /* 层合选项 */   1,            @
    /* 自由度选项 */ 20,           @
    /* 属性项 */     [13, 36, 4111],        @
    /* 属性类型 */   [5, 1, 1],        @
```

```
/* 属性值 */  ["m:steel", "20.0", "0.0"],      @
/* 施加区域 */    "Element 10 13")
```

这个示例函数创建了一个名为 plate20 的属性；单元类型为 51 号即壳单元；几何选项为 25 即不适用；凝聚选项为 35 即使用薄板（采用薄板理论计算，不考虑厚度方向上变形等）；公式选项为 1 即不做特殊考虑；层合选项为 1 即各向同性；自由度选项为 20 即不做自由度缩减；属性值分别设置属性项为材料名称（13）= m:steel（m: 表明其是一个材料，实际上的材料名称为 steel）、板厚（36）= 20.0、板参考面偏移（4111）= 0.0；属性施加在单元 10 和 13 上。

（2）属性修改

一般来说，对属性的修改经常是修改属性的名称，或者修改施加这个属性的单元，或修改某一个或几个属性项。

如果只是为了使属性名称规范化和一致化等原因而修改属性的名称，可以使用 db_modify_phys_prop_region_name 函数，例如使用这个函数将 plate20 属性名称修改为 plate21 可如下操作。

```
db_modify_phys_prop_region_name (                         @
  /* 属性名称 */    "plate20",    @
  /* 新名称 */  "plate21")
```

如果需要修改属性应用的单元，则可以使用 db_associate_element_to_region 函数。例如将 ID 为 1 的属性应用到单元号为 20 的单元可如下操作。

```
db_associate_element_to_region (                         @
  /* 单元   */  20,   @
  /* 属性 ID*/  1)
```

使用这个函数需要注意以下几点：

① 这个函数一次只能将一个单元应用到指定的属性，这对于较多单元需要修改来说可能不太方便，要么就得使用一个循环来处理，也可以使用后面介绍的 elementprops_modify 函数来一次修改多个单元。

② 这个函数是将指定的单元添加到指定的属性中，并不会删除属性原有的施加单元，如果需要删除属性原有的单元，需要使用后面介绍的 elementprops_modify 函数。

③ 这个函数中使用了属性 ID，这个 ID 号可以使用 db_get_all_region_ids 等方法得到，这些方法在后面的"属性查询"部分说明。

上面的属性修改函数都是针对特定需求的，只适用于特定场景。对于需要修改属性定义的多处，或是需要修改属性项的值等需求，这就需要用到函数 elementprops_modify，这个函数与属性定义的函数极为相似，可以修改在属性定义中定义的任意项（其实可能也就是一两处，如果太多还不如重新建一个来得方便）。例如想把上述定义的板厚修改的同时，把名称也做一致化修改，此时可以如下进行。

```
elementprops_modify (                                    @
    /* 属性名称 */    "plate20",        @
    /* 新名称 */  "plate21",      @
    /* 单元类型 */    51,     @
    /* 几何选项 */    25,     @
    /* 凝聚选项 */    35,     @
    /* 公式选项 */    1,      @
    /* 层合选项 */    1,      @
    /* 自由度选项 */  20,     @
    /* 属性项 */  [36],       @
    /* 属性类型 */    [1],        @
    /* 属性值 */  ["21.0"],       @
    /* 施加区域 */    "Element 10 13")
```

这就可以一次将板厚值修改为 21.0，同时将属性名称修改为 plate21。这个函数不是使用属性 ID，而是使用属性名称来表示要修改的属性。这个函数功能虽然强大，但同时也有一些不便之处，这个函数的参数列表中的所有参考均为输入参数，也就是说，即使只是修改其中的一项或两项，也必须把这所有的参数全填齐了（不需要改的填上原来的），为了填上这些项，还得使用如 db_get_region_definition 函数（将在"属性查询"部分说明）来找到这个属性原来的各项值。但好在"属性项""属性类型""属性值"这三个数组并不需要将原有的属性参数都写上，只写上需要修改或添加的即可。

（3）属性删除

删除一个属性的方法是使用 elementprops_delete 函数，例如要删除名为 plate20 的属性，只需如下编写即可，这个函数是可以一次性删除多个属性的。

```
elementprops_delete (                                    @
    /* 属性名称 */    ["plate20"])
```

（4）属性查询

需要对模型中一个或多个属性及其某个属性项进行查询的场景很多，比如统计分析（如重量等）需要或是如上述修改属性的函数需要等。查询这些属性值可以使用 db_get_prop_value 函数，例如查询 ID 为 1 属性的厚度值（属性类型号为 36），操作如下所示。

```
INTEGER mat_id, data_type, int_val, coord_id, node_id, fld_id
REAL  real_val(1)
```

```
STRING  char_val[1]
db_get_prop_value (                              @
    /* 属性 ID*/    1,          @
    /* 属性项 */    36,         @
    /* 材料 ID*/    mat_id,      @
    /* 数据类型 */ data_type,    @
    /* 整型值 */    int_val,     @
    /* 实型值 */    real_val,    @
    /* 字符串值 */ char_val,    @
    /* 坐标系 ID*/ coord_id,    @
    /* 节点 ID*/    node_id,     @
    /* 场 ID*/fld_id)
```

这个函数的列表中前 2 项是输入参数，其余的为输出参数，但这些输出参数并不是总有效，比如现在查询的是板厚，那么"材料 ID/ 整型值 / 字符串值 / 坐标系 ID/ 节点 ID/ 场 ID"就是无效的。哪个是有效的，在调用这个函数前我们肯定已经很清楚了，另外"数据类型"这个参数也会告诉我们。这里还是有几个问题：

① 两个输入参数从哪来？要查询的属性项可以确定，那么属性 ID 如何得到？

② 有的时候，想查询属性施加到哪些单元上了，这个函数没有提供。

对于第 1 个问题，可以使用 db_get_all_region_ids 函数得到整个模型中所有的属性 ID。对于第 2 个问题，可以使用 ep_get_app_reg_str 或 db_get_elements_in_region 函数得到。

先说第 1 个问题，使用 db_get_all_region_ids 查询模型中所有属性 ID 号的方法如下。

```
integer regIds(virtual)
sys_allocate_array (regIds, 1, 5)
db_get_all_region_ids (                    @
    /* 属性总数 */    5,     @
    /* 属性 ID 数组 */ regIds)
```

执行完成上述函数后，模型中所有属性的 ID 将存到 regIds 中，但这里的"属性总数"参数是一个输入参数，也就是说得先知道模型中一共有多少个属性，同时这个总数也需要用来对"属性 ID 数组"分配大小时参考。这个属性数量可以通过 db_count_region_ids 函数得出，如下所示函数执行后会将模型中属性总数写入 regCount 中。

```
integer regCount
db_count_region_ids (                           @
    /* 属性总数 */    regCount)
```

问题又来了，ID 有了，想用 db_get_prop_value 函数查某个属性值，总得知道它名字是什么，这个属性是板的还是梁的吧。那就需要用 db_get_region_definition 这个函数了，这个函数可以根据 ID 得到名称以及一些总体的属性信息，通过这些属性信息和名称可以做一个筛选，得出想要的目标属性。下面的例子查询了一个 ID 为 1 的属性的定义项。

```
string strPropName[virtual]
integer gener_elem_type, dof_set_flag, condense_flag, geom_flag
integer form_flag, lam_flag, layer_count, material_id, material_lin
integer material_dir
db_get_region_definition (                        @
    /*属性ID*/  1,       @
    /*属性名称 */  strPropName,         @
    /*单元类型 */  gener_elem_type,          @
    /*自由度选项 */dof_set_flag,          @
    /*凝聚选项 */  condense_flag,          @
    /*几何选项 */  geom_flag,      @
    /*公式选项 */  form_flag,        @
    /*层合选项 */  lam_flag,        @
    /*空 */ layer_count,     @
    /*材料ID*/  material_id,    @
    /*材料线性代码 */     material_lin,       @
    /*材料方向 */    material_dir)
```

这个函数除"属性 ID"外，参数列表中其余的均为输出参数。这些参数涵盖了属性定义的大部分，但没有属性应用的单元（其实除了属性定义时提供的参数外，还赠送了"材料线性代码"和"材料方向"两项，这两项将在后面的材料部分说明）。属性应用的单元需要通过 ep_get_app_reg_str 得出，例如下面这样查询 ID 为 1 的属性应用的单元。

```
string app_region[virtual]
ep_get_app_reg_str (                              @
    /*属性数 */ 1,      @
    /*属性ID*/ [1],        @
    /*属性应用单元列表 */ app_region)
```

ep_get_app_reg_str 这个函数顺便也解决了上述第 2 个问题，但这个函数得出的单元列表是一个字符串，如果想得到一个 ID 的数组，可以用这个字符串解析出来，也可以尝试函数 db_get_elements_in_region，这个函数查询一个 ID 为 1 的属性的应用单元

ID 数组如下所示。

```
integer elementIds(4)
db_get_elements_in_region (                              @
    /* 单元数 */   4,     @
    /* 属性 ID*/  1,      @
    /* 单元 ID*/  elementIds)
```

使用 db_get_elements_in_region 函数直接得出单元 ID 数组是有代价的，那就是需要先知道这个属性应用的单元数量，这个数量还需要像下面这样使用 db_count_elements_in_region 查询（函数执行后可将属性 ID 为 1 的属性应用的单元数量写入 elementCount）。

```
integer elementCount
db_count_elements_in_region (                            @
    /* 属性 ID*/  1,      @
    /* 单元数 */   elementCount)
```

问题好像都解决了，但事情好像并不是很完美。因为不少时候问题可能是反着的，知道的是单元，要查的是这个单元的属性，比如对一块板架，现在有了其对应的单元 ID，要求其重量重心等信息。如果要按上面那样先得出整个模型的所有属性 ID，再遍历属性得到其关联的单元数组，再在数组中查找这个单元是不是在里面，好像并不那么舒服，好在只用一个函数也可以解决这个问题，那就是 db_get_region_for_elements，这个函数可以查询指定单元所在的属性 ID，就像下面这样可以查得单元 1 和 2 所在的属性的 ID 号。

```
integer regionIds(2)
db_get_region_for_elements (                             @
    /* 单元数 */   2,     @
    /* 单元 ID*/  [1, 2],     @
    /* 属性 ID*/  regionIds)
```

需要说明的是，这个函数中前两个参数是输入的，"属性 ID"输出的，它是一个长度与"单元 ID"一致的数组，对应元素为相应单元所属属性的 ID 号，如果单元没有赋属性，则为 0，通过此也可以判断未赋属性的单元。

这个属性查询的过程有点麻烦，再来总结一下，首先使用一个没有输入参数的函数 db_count_region_ids 得到模型中属性的总数，再用这个属性总数作为输入参数通过 db_get_all_region_ids 函数得到模型中所有属性的 ID，再将属性 ID 传递给 db_get_region_definition 函数，获取各个属性的名称、单元类型等信息，对这些信息根据需求进行过滤得到需要的属性 ID，再用这些属性 ID 通过 db_get_prop_value 函数得到需要的属性项值，或通过 ep_get_app_reg_str 函数得到属性应用的单元号（也可以通过 db_ count_elements_in_region 和 db_get_elements_in_region 得到），用程序表示如下所示。

```
db_count_region_ids (                                    @
    /* 属性总数 */    regCount)
sys_allocate_array (regIds, 1, regCount)
db_get_all_region_ids (                                  @
    /* 属性总数 */    regCount,      @
    /* 属性 ID 数组 */  regIds)


for (i = 1 to regCount)
    db_get_region_definition (                           @
        /* 属性 ID*/  regIds(i),     @
        /* 属性名称 */  strPropName,    @
        /* 单元类型 */  gener_elem_type,   @
        /* 其他参数 */....)
    if (需要筛选的条件) then
        db_get_prop_value (                              @
            /* 属性 ID*/  regIds(i),    @
            /* 属性项 */  36,     @
            /* 其他参数 */....)


        db_count_elements_in_region (                    @
            /* 属性 ID*/  regIds(i),    @
            /* 单元数 */  elementCount)
        sys_allocate_array(elementIds, 1, elementCount)
        db_get_elements_in_region (                      @
            /* 单元数 */  elementCount,    @
            /* 属性 ID*/  regIds(i),    @
            /* 单元 ID*/  elementIds)


        ... 进行处理的逻辑 ...


    end if
end for
```

》》 3.3.2 材料操作的常用方法

材料是属性定义的一个数据项，但前文在属性定义时只使用材料的名称或 ID，并未对材料自身的属性有太多涉及，下面介绍材料相关的操作方法。其实关于材料的各类操作和参数远比下面介绍的要复杂，但对于船舶结构分析，一般常用的仅是钢材，这就简单得多。如果需要用到其他更为复杂的材料定义和操作需要，可以参考 Patran 的帮助文档。

材料的要素主要有：材料类别、材料类型、材料线性、材料方向性以及各类材料性能参数。

材料类别：指材料是各向同性或是各向异性的。主要有（后面括号中的数字用于表示此材料类别的代码）：各向同性（1），三维 / 二维正交各向异性（2/5）、三维 / 二维各向异性（3/4）。

材料类型：用于评估材料性能的模型。主要有（后面括号中的数字用于表示此材料类型的代码）：均质材料（0）、层合材料（1）、复合材料（2）、Halpin-Tsai 材料（3）、短纤维复合材料（4）等。

材料线性：指材料是否为线性材料。常用的类型有（后面括号中的数字用于表示此材料线性类型的代码）：不适用（0），线弹性材料（1），非线性弹性材料（2），弹塑性材料（3）。

材料方向性：各向同性材料的材料性能在各方向都是相同的，而非各向同性材料则不一定，因而需要指明其是否具有方向性（不是材料方向坐标系）。常用的有（后面括号中的数字用于表示此材料方向性的代码）：不适用（0），各向同性（1），正交各向异性（2），各向异性（3）。

材料性能参数：材料的性能参数有很多，在船舶结构分析中常用的有（后面括号中的数字用于表示此材料性能参数的代码）：弹性模量（2），泊松比（5），剪切模量（8），密度（16），热膨胀系数（24），拉伸应力限（99），压缩应力限（100），剪切应力限（101）。

（1）材料创建

创建材料可以使用 Patran 的界面操作函数 material.create，但由于这个函数考虑了各种材料的创建可能性，有多达 31 个参数，而且没有默认参数，使用起来感觉并不太好。以下介绍使用两个简单的数据库内部函数来实现建立一个材料的方法，首先使用 db_create_material 函数建立一种材料（其中没有材料性能参数），再使用 db_create_matl_prop_value 函数给这个材料添加性能参数。

使用 db_create_material 函数创建一种材料的方法如下。

```
integer material_id
db_create_material (                    @
   /* 材料名称 */    "steel",        @
   /* 材料描述 */    "steel material",    @
   /* 材料类别 */    1,        @
   /* 材料线性 */    1,        @
   /* 材料方向性 */  1,        @
```

```
/* 材料类型 */    0,       @
/* 材料 ID*/ material_id)
```

上述这个示例只是创建了一个名为 steel 的各向同性（"材料类别"为 1）均质（"材料类型"为 0）线弹性（"材料线性"为 1）材料，但并没有设置材料的各个属性值，下面使用 db_create_matl_prop_value 函数来向这个材料添加材料性能参数。下面的示例给其添加了 3 个材料性能参数，分别是钢材常用的（这是在 t-mm-s 单位制下的，因而弹性模量的单位为 MPa）：弹性模量（2）=210000，泊松比（5）=0.3，密度（16）=7.85e-9。

```
db_create_matl_prop_value (                    @
    /* 材料 ID*/ 3,    @
    /* 材料性能参数项 */ [2,5,16],       @
    /* 场 ID*/ [0,0,0],       @
    /* 材料性能参数值 */ [210000,0.3,7.85e-9],        @
    /* 材料数据项数 */ 3)
```

（2）材料修改

就船舶结构分析而言，对材料的修改一般就是修改材料的性能参数或者修改材料名称。修改材料的性能参数使用 db_modify_matl_prop_value 函数，将 ID 为 1 的材料的泊松比修改为 0.33 的示例如下。

```
db_modify_matl_prop_value(                    @
    /* 材料 ID*/ 3,    @
    /* 材料性能参数项 */ [5],       @
    /* 场 ID*/ [0],       @
    /* 材料性能参数值 */ [0.33],        @
    /* 材料数据项数 */ 1)
```

将名称为"steel"的材料修改为名称为"AH32"的示例如下。

```
db_modify_material_name (                    @
    /* 材料名称 */    "steel",       @
    /* 新材料名称 */  "AH32")
```

与其他的数据库内部函数类似，使用上述函数需要材料的 ID，这可以通过函数 db_get_prop_value 或 db_get_next_material_name 得到，这些函数将在"材料查询"部分介绍。

（3）材料删除

删除材料可以通过指定材料名称由 db_delete_material 函数完成，如下所示。

```
db_delete_material(                              @
   /* 材料名称 */      "AH32")
```

（4）材料查询

材料查询的主要函数是 db_get_matl_prop_value，这个函数通过材料 ID 查询其中所有的材料性能参数数据项的值，下面这个例子查询了 ID 为 3 的材料的所有性能参数数据项的值。

```
integer word_ids(3), field_ids(3)
real word_values(3)
db_get_matl_prop_value (                              @
   /* 材料 ID*/   3,      @
   /* 材料性能参数项 */   word_ids,    @
   /* 场 ID*/    field_ids,    @
   /* 材料性能参数值 */   word_values)
```

这个函数的参数列表中，除"材料 ID"为输入参数外，其余三项均为输出参数。这三个输出参数均为数组，长度一致，三个数组中的元素是一一对应的，表示相应的材料性能参数项。数组的长度是这个材料中材料性能参数的项数，是需要事先给定的，可以通过 db_get_matl_prop_value_count 函数得到（如果想偷懒，也可以将这个数据赋一个较长的长度，函数仍可以正确执行，只是超出实际数据项的元素都会被设为 0），示例如下。

```
db_get_matl_prop_value_count (                              @
   /* 材料 ID*/   3,      @
   /* 材料性能参数项数 *//valueCount)
```

上面多次讲到材料的 ID，各个查询及修改函数也都以这个参数为输入参数，获得材料 ID 有两种方式，一是在"属性查询"介绍过的 db_get_prop_value 函数中可以直接得到，二是使用 db_get_next_material_name 函数。

db_get_next_material_name 是一个材料迭代器，使用之前需要先使用 db_get_all_material_names 函数生成材料迭代器，每次执行一次循环都会获取一个材料的信息，直到函数返回一个非 0 值，表示所有材料已遍历完成，如下所示。

```
integer matId, matCat, matLin, matDir, matType
string matName[31]
db_get_all_material_names()
while(db_get_next_material_name(                              @
   /* 材料名称 */     matName,                              @
```

```
     /* 材料 ID*/  matId,                            @
     /* 材料类别 */   matCat,                          @
     /* 材料线性 */   matLin,                          @
     /* 材料方向性 */ matDir,                          @
     /* 材料类型 */   matType) == 0 )
  ...
end while
```

》》 3.3.3　型材剖面操作的常用方法

梁单元的属性一般是使用型材剖面代入，由 Nastran 来计算剖面的各类属性。型材剖面的主要要素有：剖面形状和剖面尺寸。

剖面形状：Nastran 的 MSCBML0 剖面库中有二十多种不同的剖面形状，在船舶结构分析中常用的剖面形状有（后面括号中的数字用于表示此剖面在软件内的名称）：扁钢（BAR），角钢（L），T 型材（T）。这个库中并没有球扁钢，一般是将球扁钢等效为角钢后建模。

剖面尺寸：剖面尺寸根据不同的剖面形状而不同。对于上述三种型材，其剖面尺寸为，扁钢：厚度、高度。角钢 /T 型材：面板宽度、剖面高度（包括腹板高度和面板厚度）、面板厚度、腹板厚度。注意这个顺序，在定义时是使用一个实型数组一起将这些数据写入，在实型数组中的各个数据应按上述顺序填写，在查询和修改时的顺序也是一样的。

（1）剖面创建

创建一个剖面可以使用 beam_section_create 函数，例如使用这个函数创建一个 150×20 扁钢如下所示。

```
beam_section_create (                              @
    /* 剖面名称 */ "FB150X20",          @
    /* 剖面形状 */ "BAR",       @
    /* 剖面尺寸 */ ["20", "150"])
```

注意到这个函数对于剖面尺寸使用的是字符串数组，而非实型数组，是因为这个函数是一个界面操作函数。

（2）剖面修改

修改剖面包括修改剖面的名称、尺寸定义，这都可以通过 beam_section_modify 函数完成，下面这个示例将上述扁钢剖面修改为角钢 L300×15+100×20，相应的名称也做了修改。

```
beam_section_modify (                              @
```

```
/* 剖面名称 */  "FB150X20",            @
/* 新剖面名称 */  "L300X15+100X20",     @
/* 剖面形状 */  "L",              @
/* 剖面尺寸 */  ["100", "300", "20", "15"])
```

（3）剖面删除

删除一个或多个剖面可以使用 beam_section_delete 函数，例如可以像下面这样删除名为 L300×15+100×20 的剖面。

```
beam_section_delete (                        @
    /* 剖面名称 */  ["L300X15+100X20"])
```

（4）剖面查询

剖面查询主要也是两部分，一是查名称，二是查尺寸定义。

查名称可以使用函数 db_get_beam_section，查询一个 ID 为 2 的剖面的名称如下所示。

```
integer size_count, flag
string shape_str[virtual], sec_name[virtual]
db_get_beam_section(                    @
    /* 剖面ID*/  2,    @
    /* 剖面形状 */    shape_str,        @
    /* 剖面名称 */    sec_name,        @
    /* 剖面尺寸数据项数 */  size_count,        @
    /* 标记 */    flag)
```

可以看到，这个函数不但输出了剖面的名称，还输出了剖面形状以及剖面尺寸数据的项数，尤其是剖面尺寸数据的项数，在查询剖面尺寸数据时还需要使用。

查剖面的尺寸定义可以使用 bl_get_std_beam_section_data 函数，仍然是 ID 为 2 的剖面，查询其各尺寸定义数据按下例进行。

```
integer data_types(2), field_ids(2)
real values(2)
bl_get_std_beam_section_data(                    @
    /* 剖面ID*/  1,    @
    /* 剖面尺寸数据项数 */  2,    @
    /* 数据类型 */    data_types,        @
    /* 数据值 */  values,        @
    /* 场ID*/    field_ids)
```

在这个例子中，输入参数"剖面尺寸数据项数"是根据 db_get_beam_section 函数得到的，而输出参数的"数据类型""数据值"和"场 ID"是三个等长度的数组，数组中各元素一一对应，表示尺寸定义中的各项尺寸数据，三个数组的长度在使用前分配，大小即为剖面尺寸数据项数。输出参数"数据类型"是一个整型数组，数组中的 3 表示该数据项的值是存储在"数据值"数组中的相应元素，数组中的 7 表示该数据项的值是存储在"场 ID"数组中的相应元素。

可以看到，不论是修改剖面还是查询剖面都需要提供剖面 ID 作为输入参数，剖面 ID 可以从 db_get_prop_value 函数提取"剖面 ID"属性项（数据项代码为 39），也可以从 db_get_next_beam_section_id 函数得到，前者前面已经介绍了，下面介绍一下后一种方式。

db_get_next_beam_section_id 并不能直接使用，这个函数是从一个剖面 ID 的迭代器中取值的，因而在使用这个函数之前需要先使用 db_get_all_beam_section_ids 函数生成这个迭代器，就像下面这样。每次执行一次循环都会将一个剖面 ID 写入 beam_section_id 中，直到函数返回一个非 0 值，表示所有剖面已遍历完成。

```
integer beam_section_id
db_get_all_beam_section_ids()
while (db_get_next_beam_section_id(beam_section_id) == 0)
    …
end while
```

需要注意的是，不可以在上述循环中使用剖面的修改函数，否则迭代器将不能正常工作。

》 3.3.4　综合示例

（1）计算船体梁剖面积

船体梁剖面积是决定船体梁强度的一个重要参数，在建立有限元舱段模型之前，在设计图纸中即可计算出船体梁剖面积，在建立舱段有限元模型时，通过有限元模型再次计算船体梁剖面积可以用来检查模型建立的准确度。以下示例程序用来计算出船体梁的剖面积。

```
1      function Cal_sec(ia_eid, ra_plane_normal, ra_plane_pt)
2
3       integer ia_eid()
4       real ra_plane_normal(), ra_plane_pt()
5       real r_area = 0
6       integer i_ele_cnt, i
7       i_ele_cnt = sys_array_hbound(ia_eid, 1)
```

```
8
9       /* 计算剖面积 */
10      real ra_area(virtual)
11      sys_allocate_array(ra_area, 1, i_ele_cnt)
12      for (i = 1 to i_ele_cnt)
13          ra_area(i) = sec_caltion_area.Cal_ele_sec(ia_eid(i), ra_
plane_normal, ra_plane_pt)
14          r_area += ra_area(i)
15      end for
16
17      sys_free_array(ra_area)
18      return r_area
19      end function
20
21      function Cal_ele_sec(i_eid, ra_plane_normal, ra_plane_pt)
22      integer i_eid
23      real ra_plane_normal(), ra_plane_pt(), r_area
24
25      /* 获取单元相关节点 */
26      integer ia_eid(1), ia_node_id(4), i_node_cnt
27      ia_eid(1) = i_eid
28      db_get_nodes_for_elems(1, 4, ia_eid, ia_node_id)
29      if (ia_node_id(4) == 0) then
30          i_node_cnt = 3
31      else
32          i_node_cnt = 4
33      end if
34
35      /* 获取单元所有节点的坐标值 */
36      real ra_node_coord1(3), ra_node_coord2(3), ra_node_coord3(3),
ra_node_coord4(3)
37      integer i_conden, i_nodof, i_config, i_coordf, ia_spcf(6), i_
status
38      string str_type[10]
39      db_node(ia_node_id(1), ra_node_coord1, i_conden, str_type, i_
nodof, @
40              i_config, i_coordf, ia_spcf, i_status)
```

```
41      db_node(ia_node_id(2), ra_node_coord2, i_conden, str_type, i_
nodof, @
42             i_config, i_coordf, ia_spcf, i_status)
43      db_node(ia_node_id(3), ra_node_coord3, i_conden, str_type, i_
nodof, @
44             i_config, i_coordf, ia_spcf, i_status)
45      if (i_node_cnt == 4) then
46         db_node(ia_node_id(4), ra_node_coord4, i_conden, str_type,
i_nodof, @
47                i_config, i_coordf, ia_spcf, i_status)
48      end if
49
50      /* 获取单元板厚 */
51      integer ia_region_id(1), mat_id, data_type, int_val, coord_id,
node_id, fld_id
52      real real_val(3), r_ele_thk
53      string char_val[31]
54      db_get_region_for_elements(1, ia_eid, ia_region_id)
55      db_get_prop_value(ia_region_id(1), 36, mat_id, data_type, int_
val, real_val, char_val,@
56             coord_id, node_id, fld_id)
57      r_ele_thk = real_val(1)
58
59      /* 计算单元所有边线与指定平面的交点 */
60      real ra_intersection_pt(4, 3), ra_intersection_pt_temp(3)
61      integer i_check(4)
62      i_check(1) = opt_geo.Line_plane_intersection(ra_plane_normal,
ra_plane_pt, ra_node_coord1, ra_node_coord2, ra_intersection_pt_temp)
63      opt_arr.fillRa(ra_intersection_pt_temp, 1, ra_intersection_pt)
64      i_check(2) = opt_geo.Line_plane_intersection(ra_plane_normal,
ra_plane_pt, ra_node_coord2, ra_node_coord3, ra_intersection_pt_temp)
65      opt_arr.fillRa(ra_intersection_pt_temp, 2, ra_intersection_pt)
66      if (i_node_cnt == 4) then
67         i_check(3) = opt_geo.Line_plane_intersection(ra_plane_
normal, ra_plane_pt, ra_node_coord3, ra_node_coord4, ra_intersection_
pt_temp)
68         opt_arr.fillRa(ra_intersection_pt_temp, 3, ra_intersection_pt)
```

```
69        i_check(4) = opt_geo.Line_plane_intersection(ra_plane_
normal, ra_plane_pt, ra_node_coord4, ra_node_coord1, ra_intersection_
pt_temp)
70        opt_arr.fillRa(ra_intersection_pt_temp, 4, ra_intersection_pt)
71    else
72        i_check(3) = opt_geo.Line_plane_intersection(ra_plane_
normal, ra_plane_pt, ra_node_coord3, ra_node_coord1, ra_intersection_
pt_temp)
73        opt_arr.fillRa(ra_intersection_pt_temp, 3, ra_intersection_pt)
74    end if
75    if (i_check(1) +i_check(2) +i_check(3) +i_check(4) == 0) then
76        r_area = 0
77        return r_area
78    end if
79
80    /* 计算两交点间的距离 */
81    real ra_pt1(3), ra_pt2(3)
82    integer i = 1
83    while (i_check(i) == 0)
84        if (i < 4) then
85            i += 1
86        else
87            r_area = 0
88            return r_area
89        end if
90    end while
91    opt_arr.getRaFrom2dRa(ra_intersection_pt, i, ra_pt1)
92    i = i + 1
93    while (i_check(i) == 0)
94        if (i < 4) then
95            i += 1
96        else
97            r_area = 0
98            return r_area
99        end if
100    end while
```

```
101      opt_arr.getRaFrom2dRa(ra_intersection_pt, i, ra_pt2)

102

103      /* 计算并返回面积 */

104      r_area = opt_geo.Pt_dis(ra_pt1, ra_pt2) * r_ele_thk

105      return r_area

106    end function
```

上述示例程序计算了在指定剖面位置处指定剖面方向剖切出的板单元的剖面积。其中定义了两个函数：Cal_sec 和 Cal_ele_sec，其中 Cal_sec 为主函数，在其中对每个单元循环调用 Cal_ele_sec 函数来计算每个单元在指定剖面上的剖面积，之后再将所有单元剖面积相加，得出单元总的剖面积。其中 Cal_sec 函数的三个参数分别表示参与剖面积计算的单元、剖面方向（可以是横剖面，也可以是纵剖或水平剖面）、剖面上的任一点，计算完成后，这个函数除了返回一个剖面面积值，还会将剖面所有单元的面积值写入一个文本文件中。Cal_ele_sec 函数的三个参数与 Cal_sec 基本相同，只是第一个参数换成了一个单元，而不是单元数组，计算完成后返回这个单元与指定的剖面相交的剖面积。

Cal_ele_sec 函数中主要使用了 2 个函数，首先使用 db_get_region_for_elements 得到与指定单元相关的属性 ID，之后通过 db_get_prop_value 函数得到了相应属性的板厚，再之后通过计算得到单元与指定剖面相交的长度，最后相乘得出了一个单元在指定剖面上的剖面积。

另外，使用了一些内置函数：sys_array_hbound、sys_allocate_array、sys_free_array 分别用于查询数组的最大索引、分配数组空间、释放数组空间；text_open/text_write/text_close 分别用于打开 / 写入 / 关闭文本文件；db_get_nodes_for_elems 用于获取单元相关的节点；db_node 用于获取节点的坐标。

为了方便，也使用了一些自定义的函数，为便于理解，将这些函数的功能列于下：opt_geo.Line_plane_intersection 用于计算一个平面与两个点间连线的交点；opt_arr.fillRa 用于将一维数组中所有数转化入指定下标的二维数组中存储；opt_arr.getRaFrom2dRa 用于从一个二维实型数组中提取出一个一维实型数组；opt_geo.Pt_dis 用于计算两点之间的距离。

（2）属性重命名

由于各种原因，可能是建模初期时对于属性的名称没有进行周全的考虑，也可能是多人对模型进行修改导致属性的命名有各种方式，亦或是设计更改或计算不满足要求而频繁修改属性值等情况，使得无法通过属性名称判断属性的真实数值，给后续模型操作和使用带来不便。以下示例程序通过查找每个属性中的值将其主要信息反映至属性名称上，以解决上述问题。

```
1    function renameprop()
```

```
2
3        /* 查找模型中所有属性 */
4        integer iPropCnt, iaPropId(virtual)
5        db_count_region_ids(iPropCnt)
6        if (iPropCnt == 0) then      /* 模型中无属性 */
7            return false
8        end if
9        sys_allocate_array(iaPropId, 1, iPropCnt)
10       db_get_all_region_ids(iPropCnt, iaPropId)
11       /* 逐个读取属性定义并修改名称 */
12       integer i
13       string propOldName[31], propNewName[31]
14       integer gener_elem_type, dof_set_flag, condense_flag, geom_
flag, form_flag, lam_flag, layer_count
15       integer material_id, material_lin, material_dir, data_type,
integer_val, coord_id, node_id, field_id
16       integer category_id, linearity_code, directionality_code,
material_type, data_exists, nrec, nbr, propOldNameId
17       real real_values(3)
18       string character_val[31], matName[31], sectName[31], mat_
description[31], shape_str[31]
19       for (i = 1 to iPropCnt)
20           /* 获取属性名称和类型 */
21           db_get_region_definition(iaPropId(i), propOldName, gener_
elem_type, dof_set_flag, condense_flag, geom_flag, @
22                   form_flag, lam_flag, layer_count, material_id,
material_lin, material_dir)
23           /* 获取材料名称 */
24           db_get_material(material_id, matName, category_id,
linearity_code, directionality_code, mat_description, @
25                   material_type, data_exists)
26           if (gener_elem_type > 50 && gener_elem_type < 60) then
27               /* 获取板厚 */
28               db_get_prop_value(iaPropId(i), 36, material_id, data_
type, integer_val, real_values, character_val, @
29                       coord_id, node_id, field_id)
30           /* 修改属性名称 */
```

```
31          propNewName = str_from_real(real_values(1)) // "_" //
matName
32          if (opt_db.haveSameGrpName(propNewName, propOldNameId))
then
33              propNewName = propNewName // "_" // str_from_
integer(iaPropId(i))
34          end if
35          db_modify_phys_prop_region_name(propOldName, propNewName)
36      else if (gener_elem_type == 11) then
37          /* 获取剖面形状名称 */
38          db_get_prop_value(iaPropId(i), 39, material_id, data_
type, integer_val, real_values, character_val, @
39                  coord_id, node_id, field_id)
40          if (data_type == 12 || data_type == 11) then
41              sectName = "NO"
42              db_get_beam_section(integer_val, shape_str, sectName,
nrec, nbr)
43          end if
44          /* 修改属性名称 */
45          propNewName = sectName // "_" // matName
46          if (opt_db.haveSameGrpName(propNewName, propOldNameId))
then
47              propNewName = propNewName // "_" // str_from_
integer(iaPropId(i))
48              opt_text.replaceStr(propNewName, "|", "X")
49              opt_text.replaceStr(propNewName, "*", "X")
50          end if
51          db_modify_phys_prop_region_name(propOldName, propNewName)
52      end if
53  end for
54  end function
```

  上述示例程序主要使用了 7 个函数，首先通过 db_count_region_ids 函数得到了模型中属性的总数，之后通过 db_get_all_region_ids 函数得到了所有属性的 ID，之后在一个对所有属性进行的循环中分别通过 db_get_region_definition、db_get_material、db_get_prop_value、db_get_beam_section 函数得到的一个属性的名称与类型、材料、板厚、剖面形状和剖面方向，之后再通过 db_modify_phys_prop_region_name 函数将上述信息合并设为属性名称。

另外，上述程序还使用了一些其他的内置函数：sys_allocate_array 用于分配数组空间，str_from_real 用于将实型值转换为字符串型。

在上述示例程序中，使用了一些自定义函数，为便于理解，将这些函数的功能列于下：opt_db.haveSameGrpName 用于判断模型中是否存在指定属性名；opt_text.replaceStr 用于替换字符串中的所有某一字符为另一字符（不区分大小写）。

使用上述示例程序对模型中的属性修改前后如图 3-5 所示。

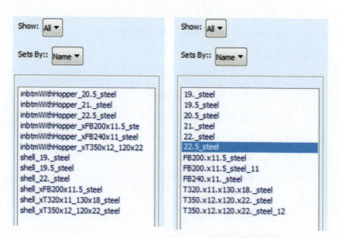

图3-5　使用示例程序修改属性前后

（3）型材重命名

在有限元模型计算的过程中，不可避免地会出现不满足要求的情况，此时一般常用修改板厚及骨材尺寸的方式来使结构满足要求，这个调整尝试的操作可能是十分频繁的，有时在骨材剖面尺寸调整后没有及时修改骨材的名称，导致骨材的名称与其实际尺寸是不一致的。另外在使用 BDF 文件导入一个模型时其中的剖面名称会变为 sect.xx 这样的形式，这些给后续模型操作和检查造成了不便，下面的示例程序根据剖面的尺寸更新剖面的名称以使其名称与尺寸保持一致。

```
function renameSectName()
    integer beam_section_id, nrec, nbr, retVal, data_types(virtual),
field_ids(virtual)
    real rvalues(virtual)
    string shape_str[64], sec_name[64], strValues[31](virtual),
strValue[31](virtual)
    string sec_names[64](virtual), secNewNames[64](virtual), shape_
strs[64](virtual)
    integer beamSectionCount, beam_section_ids(virtual), i, j
```

```
beamSectionCount = renamesect_cal.get_beam_section_count()
sys_allocate_array(beam_section_ids, 1, beamSectionCount)
sys_allocate_array(sec_names, 1, beamSectionCount)
sys_allocate_array(secNewNames, 1, beamSectionCount)
sys_allocate_array(shape_strs, 1, beamSectionCount)
sys_allocate_array(strValues, 1, beamSectionCount, 1, 4)
i = 0
db_get_all_beam_section_ids()
while (db_get_next_beam_section_id(beam_section_id) == 0)
    i = i + 1
    /* 记录原剖面名称和类型 */
    retVal = db_get_beam_section(beam_section_id, shape_str, sec_
name, nrec, nbr)
    sec_names(i) = sec_name
    shape_strs(i) = shape_str
    /* 记录新剖面名称 */
    if (retVal == 0) then
        sys_allocate_array(data_types, 1, nrec)
        sys_allocate_array(rvalues, 1, nrec)
        sys_allocate_array(field_ids, 1, nrec)
        bl_get_std_beam_section_data(beam_section_id, nrec, data_
types, rvalues, field_ids)
        if (str_equal(shape_str, "BAR")) then
            secNewNames(i) = "FB" // str_from_real(rvalues(2)) //
"x" // str_from_real(rvalues(1))
        else if (str_equal(shape_str, "T") || str_equal(shape_str,
"L")) then
            secNewNames(i) = shape_str // str_from_real(rvalues(2))
// "x" // @
            str_from_real(rvalues(4)) // "x" // str_from_
real(rvalues(1)) // "x" // @
            str_from_real(rvalues(3))
        end if
        /* 记录剖面尺寸 */
        for (j = 1 to nrec)
            strValues(i, j) = str_from_real(rvalues(j))
        end for
```

```
        end if
    end while
    /* 修改剖面名称 */
    for (i = 1 to beamSectionCount)
        if (str_equal(sec_names(i), secNewNames(i))) then
            continue
        end if
        if (renamesect_cal.haveDupSectName(secNewNames(i))) then
            secNewNames(i) = secNewNames(i) // "_ID" // @
                str_from_integer(beam_section_ids(i))
        end if
        opt_arr.getStraFrom2dStra(strValues, i, strValue)
        dump sec_names(i), secNewNames(i), shape_strs(i), strValue
        beam_section_modify(sec_names(i), secNewNames(i), shape_
strs(i), strValue)
        sys_free_array(strValue)
    end for

    sys_free_array(strValues)
    sys_free_array(rvalues)
    sys_free_array(sec_names)
    sys_free_array(secNewNames)
    sys_free_array(shape_strs)
 end function
```

renameSectName 函数主要使用了 5 个函数，首先使用 db_get_all_beam_section_ids 初始化了一个剖面 ID 迭代器，然后在一个循环中使用 db_get_next_beam_section_id 获取了剖面 ID，使用 db_get_beam_section 函数得到了剖面的形状、名称和数据项数，使用 bl_get_std_beam_section_data 函数获得了剖面的尺寸数据，之后根据这些剖面数据使用 beam_section_modify 函数更新了剖面名称。

上述示例程序中使用了一些其他的内置函数，sys_allocate_array/sys_free_array 用于分配 / 释放数组空间，str_from_real/str_from_integer 用于将实型 / 整型数据转换为字符串型，str_equal 用于判断两个字符串是否相同。

另外，在上述示例程序中也使用了一些自定义函数：renamesect_cal.get_beam_section_count 用于获取模型中型材剖面的数量，renamesect_cal.haveDupSectName 用于判断模型中是否存在指定的型材剖面名称，opt_arr.getStraFrom2dStra 用于从一个二维字符串数组中根据第一维索引提取字符串型。

使用上述示例程序修改一个模型的型材剖面效果如图 3-6 所示。

图3-6 使用示例程序修改剖面名称前后

（4）壳单元偏移重置

板单元默认情况下是以下上表面（Z1/Z2 面）作为提取单元应力的位置，如图 3-7 所示。船舶结构规范中一般要求评估板的中面应力，因而可以通过设置单元属性中的 $Z1$ 或 $Z2$ 面为中面，在结果中得到中面应力，但这需要在定义单元属性时将相应的值设为 0，这个操作较为繁琐且容易漏掉。下面的示例程序将遍历所有的板单元属性，将板的 $Z1$ 参考面（属性数据项代码 4118）设为 0。

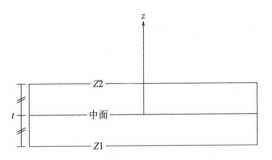

图3-7 板单元默认的 $Z1$/$Z2$ 位置

```
1    function shell_prop_modify()
2       integer i_cnt_reg, i_elm_type, i_reg_id(virtual), i_reg_ids(1),
mat_id
3       integer dof_set_flag, condense_flag, geom_flag, form_flag, lam_
flag, layer_count ,@
4          mat_lin, mat_dir
5       integer i, k = 0
6       string set_name[50], str_elm[virtual]
7
8       /* 获取属性区域 ID*/
9       db_count_region_ids(i_cnt_reg)
10
11      /* 判断属性区域个数是否为 0*/
```

```
12    if(i_cnt_reg == 0)then
13      dump "there no region, please check!"
14      return 0
15    end if
16
17    sys_allocate_array(i_reg_id, 1, i_cnt_reg)
18    db_get_all_region_ids(i_cnt_reg, i_reg_id)
19
20    for(i = 1 to i_cnt_reg)
21        db_get_region_definition(i_reg_id(i), set_name, i_elm_type,
dof_set_flag, condense_flag,@
22                    geom_flag, form_flag, lam_flag, layer_count,
mat_id, @
23                    mat_lin, mat_dir)
24        /* 判断是否为板属性 */
25        if(i_elm_type == 51)then
26          i_reg_ids(1) = i_reg_id(i)
27          ep_get_app_reg_str(1, i_reg_ids, str_elm)
28          /* 修改属性 */
29          elementprops_modify(set_name, set_name, i_elm_type, geom_
flag, condense_flag, form_flag, @
30                    lam_flag, dof_set_flag, [4118], [1], ["0.0"], str_
elm)
31          k += 1
32        end if
33      end for
34    sys_free_array(i_reg_id)
35    dump str_from_integer(k) // " shell properties have been
modified!"
36  end function
```

上述示例程序主要使用了 6 个函数，首先使用了 db_count_region_ids 获得了模型中属性的总数，之后通过 db_get_all_region_ids 函数得到了所有属性的 ID，之后在一个循环中通过 db_get_region_definition 获得了每个属性的定义并筛选出板属性，通过 ep_get_app_reg_str 函数得到每个属性施加的单元，再通过 db_get_prop_value 获得了板厚值，最后通过 elementprops_modify 函数修改了板的 Z1 面为 0.0。

另外，在这个程序中使用了 sys_allocate_array 和 sys_free_array 两个内置函数分配和释放数组空间。

（5）自动化赋属性

赋属性是有限元建模中最为繁琐且易出错的步骤之一，这个过程的主要工作有两部分，一是在图纸中查找属性的值和范围，二是需要在 Patran 程序中输入这些信息。如果可以寻找一种自动化的方式进行赋属性，无疑可以节省很多工作量，下面的示例程序试图通过一种从文本文件中读取属性的值和范围的方法免去手工逐个打开 Patran 界面并输入属性值和选择范围的工作。

```
1     function setProp(str_file)
2      string str_file[]
3
4      integer i_chan_read, iTemp(1), iaElms(virtual), iElmCnt
5      real rTemp(7)
6      string strTemp[32](5), strPropName[31]
7      text_open(str_file, "OR", 0, 0, i_chan_read)
8      while (text_read(i_chan_read, "%A%,%A%,%A%,%A%,%A%,%F%,%F%,%F%,
%F%,%F%,%F%,%F%", @
9              iTemp, rTemp, strTemp) != -1)
10        if (str_equal(str_strip_trail(str_strip_lead(strTemp(3))),
"#")) then
11          addprop_cal.getElmsInGrp(strTemp(1), rTemp(2), rTemp(3),
rTemp(4), @
12                  rTemp(5), rTemp(6), rTemp(7), true, iaElms,
iElmCnt)
13          if (iElmCnt > 0) then
14            strPropName = strTemp(1) // "_" // str_from_
real(rTemp(1)) // "_" // strTemp(2)
15            addprop_cal.Create_Prop(strPropName, iaElms,
strTemp(2), "", "", "", @
16                      rTemp(1), true)
17          end if
18        else
19          addprop_cal.getElmsInGrp(strTemp(1), rTemp(2), rTemp(3),
rTemp(4), @
20                  rTemp(5), rTemp(6), rTemp(7), false, iaElms,
iElmCnt)
21          if (iElmCnt > 0) then
22            strPropName = strTemp(1) // "_" // strTemp(3) // "_"
```

```
// strTemp(2)
23              strTemp(4) = "<" // strTemp(4) // ">"
24              strTemp(5) = "<" // strTemp(5) // ">"
25              addprop_cal.Create_Prop(strPropName, iaElms,
strTemp(2), strTemp(3), @
26                                  strTemp(4), strTemp(5), 0.,
false)
27          end if
28        end if
29      end while
30      text_close(i_chan_read, "")
31    end function
32
33    /* 查找指定组内指定范围内的单元 */
34    function getElmsInGrp(grpName, x1, x2, y1, y2, z1, z2, isPlate,
iaElms, iElmCntInReg)
35      string grpName[]
36      real x1, x2, y1, y2, z1, z2
37      integer iaElms(), iElmCntInReg
38      logical isPlate
39      /* 查找组内单元 */
40      integer grp_id, iElmCntInGrp, iaElmIdInGrp(virtual)
41      db_get_group_id(grpName, grp_id)
42      db_count_elems_in_group (grp_id, iElmCntInGrp)
43      sys_allocate_array(iaElmIdInGrp, 1, iElmCntInGrp)
44      db_get_elem_ids_in_group(iElmCntInGrp, grp_id, iaElmIdInGrp)
45      /* 对组内单元筛选指定范围内的 */
46      integer i, elmCnt, iElmIdInReg(virtual), ia_eid_temp(1), i_
node_count, ia_node_ids(virtual)
47      real ra_centre(virtual),cx, cy, cz
48      string strElm[31]
49      sys_allocate_array(iElmIdInReg, 1, iElmCntInGrp)
50      iElmCntInReg = 0
51      for (i = 1 to iElmCntInGrp)
52          ia_eid_temp(1) = iaElmIdInGrp(i)
53          db_get_node_ass_elem(1, ia_eid_temp, i_node_count, ia_
node_ids)
```

```
54          if ((isPlate && (i_node_count == 3 || i_node_count == 4))
|| @
55          (isPlate == false && (i_node_count == 2))) then
56          strElm = "Elm " // str_from_integer(iaElmIdInGrp(i))
57          fem_geom_elem_location(strElm, ra_centre, elmCnt)
58          cx = ra_centre(1, 1); cy = ra_centre(1, 2); cz = ra_
centre(1, 3)
59          if ((cx-x1)*(cx-x2)<0 && (cy-y1)*(cy-y2)<0 && (cz-
z1)*(cz-z2)<0) then
60              iElmCntInReg += 1
61              iElmIdInReg(iElmCntInReg) = iaElmIdInGrp(i)
62          end if
63      end if
64      sys_free_array(ra_centre)
65   end for
66   if (iElmCntInReg > 0) then
67      sys_allocate_array(iaElms, 1, iElmCntInReg)
68      for (i = 1 to iElmCntInReg)
69          iaElms(i) = iElmIdInReg(i)
70      end for
71   end if
72   sys_free_array(iaElmIdInGrp)
73   end function
74
75   /* 根据名称和单元生成属性 */
76   function Create_Prop(strPropName, iaElmId, strMat, strProfile,
strOri, strOffset, rThk, isPlate)
77      string strPropName[], strMat[], strProfile[], strOri[],
strOffset[]
78      integer iaElmId()
79      real rThk
80      logical isPlate
81
82      string strElmId[virtual], strPltInf[31](3), strBeamInf[31](4)
83      integer elmCnt, propId, i
84      /* 已有属性直接添加单元 */
85      propId = addprop_cal.getPropId(strPropName)
```

```
86      if (propId > 0) then
87          elmCnt = sys_array_hbound(iaElmId, 1)
88          for (i = 1 to elmCnt)
89              db_associate_element_to_region(iaElmId(i), propId)
90          end for
91          return
92      end if
93      /* 新建属性 */
94      opt_arr.elmIds2Str(iaElmId, strElmId)
95      if (isPlate) then
96          strPltInf(1) = "m:" // strMat; strPltInf(2) = str_from_
real(rThk)
97          strPltInf(3) = "0";
98          elementprops_create(strPropName, 51, 25, 35, 1, 1, 20, @
99                      [13, 36, 4118], [5, 1, 1], strPltInf, strElmId)
100     else
101         strBeamInf(1) = strProfile; strBeamInf(2) = "m:" //
strMat; @
102         strBeamInf(3) = strOri; strBeamInf(4) = strOffset;
103         elementprops_create(strPropName, 11, 2, 42, 1, 1, 20, @
104                     [39, 13, 6, 4042], [11, 5, 2, 2], strBeamInf,
strElmId)
105     end if
106     end function
107
108     /* 根据名称查询属性 ID*/
109     function getPropId(grpName)
110     string grpName[]
111
112     integer iPropCnt, iaPropId(virtual), gener_elem_type, dof_set_
flag, condense_flag, i, propId
113     integer geom_flag, form_flag, lam_flag, layer_count, material_
id, material_lin, material_dir
114     string strPropName[virtual]
115     db_count_region_ids(iPropCnt)
116     if (iPropCnt == 0) then
117         return 0
```

```
118    end if
119    sys_allocate_array(iaPropId, 1, iPropCnt)
120    db_get_all_region_ids(iPropCnt, iaPropId)
121    propId = 0
122    for (i = 1 to iPropCnt)
123       db_get_region_definition(iaPropId(i), strPropName, gener_
elem_type, dof_set_flag, @
124              condense_flag, geom_flag, form_flag, lam_flag,
layer_count, material_id, @
125              material_lin, material_dir)
126       if (str_equal(grpName, strPropName)) then
127          propId = iaPropId(i)
128       end if
129       sys_free_string(strPropName)
130    end for
131    return propId
132 end function
```

　　上述示例程序中定义了 4 个函数：setProp、getElmsInGrp、Create_Prop、getPropId。其中 setProp 为主函数，用于读取属性定义的文本文件并根据定义对指定的单元赋属性，赋属性的操作由 Create_Prop 函数执行，getElmsInGrp 用于获取一个组里指定范围内的单元，getPropId 用于根据属性名称查找属性 ID。

　　Create_Prop 函数依次读取指定文件中的每一行（文件格式如下），通过"剖面"项是否为 # 判断该行定义的是筋的属性还是板的属性，并使用 getElmsInGrp 函数相应地提取指定组及范围内的板或筋单元，之后通过 Create_Prop 函数将相应的单元加入相应的属性中。

组名 , 材料 , 剖面（板填 #）, 方向 , 偏移 , 厚度 ,x0,x1,y0,y1,z0,z1

　　Create_Prop 函数是用于生成属性的主要函数。首先通过 getPropId 查询该名称（包含组、材料、板厚、剖面信息）的属性是否在模型中已存在，如果已存在则使用 db_associate_element_to_region 函数将符合要求的单元添加到相应属性中；如果不存在该名称的属性，则使用 elementprops_create 函数新建一个板 / 筋的属性，并将相应的单元加入。

　　getPropId 函数用于根据属性名称查找相应的属性 ID，如无则返回 0。首先通过 db_count_region_ids 函数得到模型中的属性总数，再通过 db_get_all_region_ids 函数得到所有的属性 ID，之后通过 db_get_region_definition 函数获取每个属性的名称并与给定的属性名称比对，得到指定名称的属性 ID。

在上述示例程序中，也使用了一些其他的内置函数：text_open/text_read/text_close 用于打开 / 读取 / 关闭文本文件；sys_allocate_array/sys_free_array 用于为数组分配或释放空间；str_equal 用于对比两个字符串是否相同；str_strip_trail 用于将字符串尾的空白字符删除；str_from_real 用于将实型数据转换为字符串；sys_free_string 用于释放字符串的空间；db_get_group_id 用于根据组名获取组 ID；db_count_elems_in_group/db_get_elem_ids_in_group 用于查询组内的单元数量 /ID；db_get_node_ass_elem 用于获取单元的节点；fem_geom_elem_location 用于查询单元的中心坐标。

另外，示例程序也使用了 2 个自定义的函数：opt_text.replaceStr 用于替换字符串中的所有某一字符为另一字符（不区分大小写）；opt_arr.elmIds2Str 用于转换单元 ID 数组为单元列表字符串。

例如使用下述的属性定义文件给甲板赋属性，可得到如图 3-8 所示的属性定义。

```
deck,AH32,#,,,20.0,44000.0,47400.0,-8700.0,8700.0,20000,25000
deck,AH32,#,,,22.0,57600.0,117100.0,-22000.0,22000.0,20000,25000
deck,AH32,#,,,22.0,50800.0,57600.0,-7900.0,7900.0,20000,25000
deck,AH32,#,,,23.0,44000.0,47400.0,8700.0,21870.0,20000,25000
deck,AH32,#,,,23.0,47400.0,50800.0,-21993.0,21954.0,20000,25000
deck,AH32,#,,,23.0,50800.0,57600.0,7900.0,22000.0,20000,25000
deck,AH32,#,,,23.0,44000.0,47400.0,-21954.0,-8700.0,20000,25000
deck,AH32,#,,,23.0,50800.0,57600.0,-22000.0,-7900.0,20000,25000
```

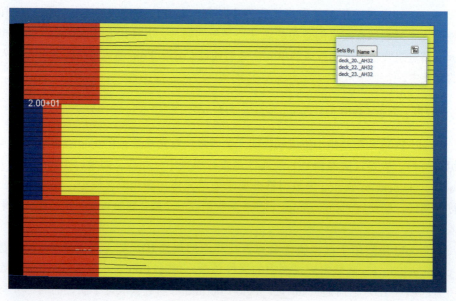

图3-8　属性定义示例

3.4 载荷/位移边界条件操作

创建载荷和位移边界条件使用的函数都是相同的。实际上载荷也就是力的边界条件，但习惯上一般还是称力的边界条件为载荷，称位移边界条件为边界条件。

载荷主要分为静力标量载荷、静力矢量载荷、动力标量载荷和动力矢量载荷，不同的类型，其使用的数据项也不同。

关于载荷/位移边界条件的操作主要有新建、更改、删除和查询。以下简述进行这些操作的常用函数。

载荷/位移边界条件的要素一般有：载荷类型、载荷类别、载荷种类、应用范围、载荷值。

载荷类型：表示是何种载荷/位移边界条件。主要有（后面括号中的是其在程序中的类型表示，逗号后的数字是使用数据库内部函数时使用的代码）：位移（Displacement，6），集中力（Force，7），分布压力（Pressure，8），温度（Temperature，9），惯性载荷（Inertial Load，10），初位移（Initial Displacement，11），初速度（Initial Velocity，12），加速度（Acceleration，14），分布载荷（Distributed Load，34），在船舶结构分析中前3个最为常用。

载荷类别：表示载荷/边界条件是应用于单元或节点的。主要有（后面括号中的是其在程序中的类型表示，逗号后的数字是使用数据库内部函数时使用的代码）：基于节点的载荷（Nodal，1），基于单元的常载荷（Element Uniform，2），基于单元的变载荷（Element Variable，3）。

载荷种类：表示载荷/位移边界条件是静态或动态。程序中表示为（后面括号中的数字是使用数据库内部函数时使用的代码）：Static（1）和Time Dependent（2）。

应用范围：表示载荷/位移边界条件施加到哪些单元或几何上去。使用中还会使用"应用范围类型"和"应用单元类型"来进行更准确的区分，"应用范围类型"中使用Geometry（0）和FEM（1）表示表示载荷/位移边界条件施加到几何上还是有限元对象上（括号中的数字是使用数据库内部函数时使用的代码）；"应用单元类型"分别使用1D（1）、2D（2）、3D（3）表示载荷/边界条件应用的单元类型是一维/二维/三维单元（括号中的数字是使用数据库内部函数时使用的代码）。

载荷值：对于不同的载荷/位移边界条件和类型，载荷值是不同的。对于压力载荷，一般是一个标量，表示垂直于施加面的压力值，但对于船舶结构分析中常用的二维面单元，由于单元有上表面、下表面和侧边，因而需使用三个值表示这类压力（程序中使用按前述的顺序形成的数组表示）；对于施加到节点上的位移边界条件，需要指定节点的6个自由度上的位移约束值，是一个矢量；对于施加到节点上的集中力，需要指定6个自由度方向上的力，也是一个矢量。另外在具体施加方法上，可以直接使用标量或矢量值来表示上述载荷/边界条件的值，也可以使用标量场/矢量场来表示（计算前Patran会将这些场换算成具体的数值施加上去）。

3.4.1 载荷/位移边界条件操作的常用方法

（1）创建载荷/位移边界条件

载荷/位移边界条件常用界面函数 loadsbcs_create2 创建，例如使用这个函数创建一个施加在 2D 单元 1～25 上名为 pre1 的静压力载荷，压力值使用场 f:field_ps 计算的位移边界条件如下所示。

```
loadsbcs_create2 (                              @
    /* 名称 */      "pre1",         @
    /* 类型 */      "Pressure",         @
    /* 类别 */      "Element Uniform",         @
    /* 单元类型 */   "2D",         @
    /* 载荷种类 */    "Static",         @
    /* 应用范围 */    ["Element 1:25"],         @
    /* 应用范围类型 */    "FEM",         @
    /* 参考坐标系 */  "Coord 0",         @
    /* 缩放因子 */    "1.",         @
    /* 静载荷值 */    ["f:field_ps","",""],         @
    /* 动载荷值 */    ["","",""])
```

其中，"参考坐标系"是载荷/位移边界条件计算时所在的坐标系，缩放因子是指载荷/位移边界条件施加时在载荷值上缩放的比例，通常情况下直接将载荷值设为实际值，此时缩放因子设为 1 即可。

（2）修改载荷/位移边界条件

修改载荷/位移边界条件常用界面函数 loadsbcs_modify2 进行，这个函数可以修改在载荷/位移边界条件定义时设定的所有参数。例如对上面定义的载荷进行修改，修改名称为 load_ps，修改应用范围为单元 1 2 5 6，修改静载荷值为 3.5。

```
loadsbcs_modify2 (                              @
    /* 名称 */      "pre1",         @
    /* 新名称 */    "load_ps",     @
    /* 类型 */      "Pressure",         @
    /* 类别 */      "Element Uniform",         @
    /* 单元类型 */   "2D",         @
    /* 载荷种类 */    "Static",         @
    /* 应用范围 */    ["Element 1 2 5 6"],         @
    /* 应用范围类型 */    "FEM",         @
    /* 参考坐标系 */  "",         @
```

```
/* 缩放因子 */    "1.",      @
/* 静载荷值 */    ["3.5", "", ""],       @
/* 动载荷值 */    ["", "", ""])
```

另外，如果仅仅是修改名称，则没有必要大费周章地使用上面这个有 12 个参数的函数，因为这些值即使不需要修改，也必须填上，这无疑不够友好。此时可以使用 db_modify_lbc_name 函数，像下面这样，就清爽多了。

```
db_modify_lbc_name (                          @
    /* 名称 */   "pre1",        @
    /* 新名称 */  "load_ps")
```

（3）删除载荷 / 位移边界条件

删除一个载荷 / 位移边界条件常用 loadsbcs_delete 函数进行，如下所示。

```
loadsbcs_delete (                       @
    /* 名称 */    "load_ps")
```

（4）查询载荷 / 位移边界条件

载荷 / 位移边界条件查询的主要需求可能是查载荷值、载荷类型以及载荷的应用范围。

查询载荷应用范围可以使用 lbc_get_one_app_reg_str 函数，这个函数可用来查询指定载荷 / 位移边界条件应用到了哪些对象上，如下例为查找 ID 为 1 的载荷 / 边界条件的应用范围。

```
string app_reg[virtual]
lbc_get_one_app_reg_str (                              @
    /*ID*/  1,      @
    /* 应用区域 */   "1",        @
    /* 输出相关有限元素 */1,      @
    /* 应用范围 */   app_reg)
```

这个函数的前三个参数均为输入参数，最后一个为输出参数。参数"应用区域"是指输出哪个应用区域的应用范围，这里的应用区域对于船舶结构分析中常用的压力、集中力及位移边界条件都只有一个，对于接触等载荷才会有主从等多个应用区域，因而通常此处使用"1"即可。另外，在施加载荷 / 位移边界条件的时候，应用范围可以是几何，也可以是单元 / 节点，如果将参数"输出相关有限元素"设为 1，则不论原始的应用范围是什么，都会附加输出转化为单元 / 节点的应用范围，如果将这个参数设为 0，则只会输出原始施加的应用范围。

查询载荷类型可以使用 db_get_lbc_new 函数，这个函数是用于获取载荷 / 位移边界条件的基本信息的，基本与定义载荷时输入的信息类似，例如查询 ID 为 1 的载荷的基本信息如下所示。

```
string load_name[31]
integer application_type, load_type, target_elem_dim(3), dyn_flag,
cid_flag
integer geo_fem(3), app_reg_couple, app_reg_order, equiv_flag, acid_
mod
real scale_factor
db_get_lbc_new(                              @
    /*ID*/   1,          @
    /* 名称 */     load_name,      @
    /* 类别 */     application_type,        @
    /* 类型 */     load_type,      @
    /* 应用单元类型 */     target_elem_dim,      @
    /* 是否动载 */   dyn_flag,       @
    /* 坐标系 */ cid_flag,       @
    /* 缩放因子 */   scale_factor,       @
    /* 应用范围类型 */   geo_fem,        @
    /* 多应用区域耦合 */ app_reg_couple,      @
    /* 多应用区域顺序 */ app_reg_order,      @
    /* 节点合并 */    equiv_flag,        @
    /* 是否需要修改分析坐标系 */  acid_mod)
```

　　需要注意的是，这里的"应用单元类型""应用范围类型""多应用区域耦合""多应用区域顺序"和"节点合并"五个参数均是考虑了有多个应用区域的情况的，因而"应用单元类型""应用范围类型"是一个有 3 个元素的数组，分别表示 3 个应用区域的应用单元 / 范围类型。对于船舶结构分析所常用的集中力、压力和位移而言，只需要使用一个应用区域，因而仅数组的第一个元素有值，其余 2 个应为 0；同样，如果不是接触有多个应用区域的情况，是不需要考虑这些输出参数的。

　　查询载荷值根据载荷值的类型不同而有不同的函数，查询静标量载荷值使用 db_get_next_fem_ss_by_id，查询静矢量载荷值使用 db_get_next_fem_sv_by_id，查询动标量载荷值使用 db_get_next_fem_ds_by_id，查询动矢量载荷值使用 db_get_next_fem_dv_by_id，这些都可以从这些函数名称中第 5 段的 ss/sv/ds/dv 看出。另外，这个名称中第 3 段是 next，即这些都是迭代器，根据惯例在使用前还必须使用相应的迭代器初始化函数，上面这些分别对应的迭代器初始化函数是 db_get_all_fem_ss_by_id，db_get_all_fem_sv_by_id，db_get_all_fem_ds_by_id，db_get_all_fem_dv_by_id。这些函数的用法都是一样的，举个例子，在船舶结构分析中最常用的是静标量载荷的获取，下面示例查询载荷 ID 为 3 的载荷。

```
integer load_id, i_ent_type, i_ent_id, i_sub_ent_id, i_nd_pos, i_reg_
type, i_status
real r_ld_val, r_sca_fac
db_get_all_fem_ss_by_id(3)
repeat
    i_status = db_get_next_fem_ss_by_id (          @
        /* 载荷子类型 ID*/    load_id,          @
        /* 应用范围类型 */     i_ent_type,        @
        /* 应用范围 */        i_ent_id,          @
        /* 应用范围子对象 ID*/   i_sub_ent_id,      @
        /* 载荷值 */          r_ld_val,          @
        /* 缩放因子 */         r_sca_fac,         @
        /* 节点 */           i_nd_pos,          @
        /* 区域数 */          i_reg_type)
until(i_status != 0)
```

　　需要注意的是，db_get_all_fem_ss_by_id 生成的迭代器是针对一个载荷/边界条件的，db_get_next_fem_ss_by_id 函数迭代的是这个载荷/边界条件的各个子载荷。子载荷针对不同的载荷类型而不同，可以理解为载荷的分量，例如船舶结构分析中常用的压力载荷中有 3 个子载荷（后面括号中的数值表示其在软件中的代码）：顶面压力（1），底面压力（2），侧边压力（3）。位移有 2 个子载荷：平动位移矢量（1），转动位移矢量（2）。集中力有 2 个子载荷：力矢量（1），力矩矢量（2）。另外，温度载荷中只有 1 代表温度。惯性载荷有 3 个子载荷：平动加速度矢量（1），转动速度矢量（2），转动加速度矢量（3）。加速度中有 2 个子载荷：平动加速度（1），转动加速度（2）。

　　db_get_next_fem_ss_by_id 函数中的所有参数均为输出参数。其中的"应用范围类型"参数与 loadsbcs_modify2 函数中的不同，在那里只是指明了是有限元素还是几何，这里的更为细致（后面括号中的数值表示其在软件中的代码）：节点（123），单元（124），单元的面（153），单元的边（154）。为了配合它这么细致的类型划分，又多输出了个参数"应用范围子对象 ID"，用来表示是单元的哪个面/边。另外，"节点"参数用于非定常载荷，说明当前载荷值针对的节点（并非节点 ID，而是单元的第几个节点）。也就是说，对于非定常载荷，db_get_next_fem_ss_by_id 这个函数会对一个单元的每个节点都执行一次；而对于定常载荷，每个单元只执行一次。

　　如果想遍历模型中所有的载荷/边界条件，这个 ID 可以用 db_get_next_lbc_name 函数得到。不出所料，这又是一个迭代器，它需要先由函数 db_get_all_lbc_names 生成迭代器后再使用，这个函数不仅能得到 ID，还能得到名称。下面是一个示例。

```
INTEGER lbc_id
STRING  lbc_name[31]
INTEGER lbc_type
db_get_all_lbc_names()
while (db_get_next_lbc_name(                            @
/*ID*/      lbc_id,           @
/* 名称 */   lbc_name,         @
/* 类型 */   lbc_type) == 0)
    ...
end while
```

另外，如果知道某个工况名称，还可以通过 db_get_lbc_id 函数得到 ID，像下面这样可以得到一个名为 fix 的载荷 / 位移边界条件的 ID。

```
integer lbcId
db_get_lbc_id(                              @
    /* 名称 */    "fix",       @
    /*ID*/  lbcId)
```

至此为止，已经可以顺利地查到模型中任何载荷 / 位移边界条件的应用范围和载荷值了。回顾一下，过程是这样的：先使用 db_get_all_lbc_names 和 db_get_next_lbc_name 函数获得每个载荷的名称、ID 和载荷类型，之后借助这个 ID 通过 db_get_lbc_new 函数查得这个载荷的基本信息，对基本信息进行判断后，再使用 db_get_all_fem_ss_by_id 和 db_get_next_fem_ss_by_id 函数得到需要的载荷 / 位移边界条件的载荷值，最后通过 lbc_get_one_app_reg_str 函数可以得到载荷的应用范围。

≫ 3.4.2 综合示例（压力提取）

由于很多结构的压力是与其所处位置有关系的，如海水压力、货油压力等，在有限元模型中这些压力通常是通过表达式或 PCL 函数添加的。在按照船舶结构规范进行诸如屈曲评估等计算时，需要使用单元上的压力，此时需要将单元上的压力提取出来，当然可以通过计算单元的位置之后，再代入压力值计算表达式求出，也可以通过下例所述直接查询面单元上的压力值。

```
1    function get_pre(ia_eid, str_ld_cs, ra_pre_val)
2        integer ia_eid()
3        string str_ld_cs[]
4        real ra_pre_val()
5
6        integer i_elm_num, i_ld_num, i
```

```
7         integer i_ld_cs_id, ia_ld_id(100), i_ent_id, i_sub_ent_id,
i_ld_cs_type, i_ld_type, i_ent_type
8         integer i_app_type, i_elm_dim(3), i_coord_id, i_dyn_flag,
ia_ld_pri(100)
9         integer i_ld_var_id, i_nd_pos, i_reg_type, i_err_pre, i_sort
10        real r_eval_pt, r_ld_val, r_sca_fac
11        string str_ld_cs_desc[100], str_dyn_cs_name[100], str_ld_
name[100]
12        integer geo_fem(3), app_reg_couple, app_reg_order, equiv_
flag, acid_mod
13
14        /* 得到 LOAD CASE ID 和其中的 LOAD ID*/
15        i_elm_num = sys_array_hbound(ia_eid, 1)
16        sys_allocate_array(ra_pre_val, 1, i_elm_num, 1, 2)
17        db_get_load_case(str_ld_cs, i_ld_cs_id, i_ld_cs_type, str_
ld_cs_desc,@
18                i_ld_num, ia_ld_id, str_dyn_cs_name, r_eval_pt,
ia_ld_pri)
19        /* 得到各载荷下的压力 */
20        for(i = 1 to i_ld_num)
21          db_get_lbc_new(ia_ld_id(i), str_ld_name,i_app_type,i_ld_
type,i_elm_dim, @
22                i_dyn_flag,i_coord_id, r_sca_fac, geo_fem,
app_reg_couple, @
23                app_reg_order, equiv_flag, acid_mod)
24        if(i_ld_type != 8)then
25          continue
26        end if
27        /* 得到单元的压力 */
28        db_get_all_fem_ss_by_id(ia_ld_id(i))
29        repeat
30          i_err_pre = db_get_next_fem_ss_by_id(i_ld_var_id, i_
ent_type, i_ent_id, @
31                i_sub_ent_id, r_ld_val, r_sca_
fac, @
32                i_nd_pos, i_reg_type)
33          i_sort = mth_array_search(ia_eid, i_ent_id, false)
```

```
34              if(i_sort != 0)then
35                  if(i_ld_var_id == 1)then
36                      ra_pre_val(i_sort, 1) += r_ld_val*r_sca_fac
37                  else if(i_ld_var_id == 2)then
38                          ra_pre_val(i_sort, 2) += r_ld_val*r_sca_
fac
39                  end if
40              end if
41          until(i_err_pre != 0)
42      end for
43   end function
```

这个示例程序的参数列表中前两个是输入参数，表示要查询的单元号和工况名称，最后一个输出参数表示指定单元上正反面压力值的数组。

在这个函数中主要使用了 3 个函数，首先使用 db_get_load_case 函数（这个函数将在"3.6.1 工况操作的常用方法"中介绍）得到指定工况下的所有载荷，之后在一个循环中通过 db_get_lbc_new 函数得到载荷 / 位移边界条件的基本信息，判断其为压力载荷（载荷类型 =8），使用 db_get_all_fem_ss_by_id 函数生成该压力载荷的迭代器，之后在一个循环中通过 db_get_next_fem_ss_by_id 函数得到该压力载荷相关的所有单元的顶面和底面压力值，再挑选出指定单元的压力值写入 ra_pre_val 数组中。

在这个程序中，使用了其他的一些内置函数，sys_array_hbound 用于获取数组的最大索引号，sys_allocate_array 用于为数组分配空间，mth_array_search 用于从一个数组中查找相应值的索引。

3.5　场操作

3.5.1　场操作的常用方法

场可以是连续的或离散的，可用于材料定义、载荷定义、属性定义等多种场景。场的要素主要有：场类型、场值类型、定义方法、外插方法、坐标系类型、自变量、场函数等。

场类型，常用的类型有（后面括号中的是在程序中的类型表示，数字是使用数据库内部函数时使用的代码）：空间场（Spatial，0），非空间场（Non-Spatial，2），材料场（Material，1），时间场（Time Dependent）。

场值类型，指场的结果的类型，常用的类型有：实标量场（Scalar），向量场（Vector），复标量场（Complex Scalar）。

定义方法，常用的类型有：PCL 函数定义（Function），表格定义（Table）。

外插方法，对表格定义的场在设定变量范围之外的数值如何处理：使用最近值（1），使用线性外插（2），代表直接设 0（3）。

坐标系类型，指场在什么类型的坐标系中定义，常用的类型有：直角 / 球 / 柱坐标系（Real），参数坐标系（Parametric）。对于使用参数坐标系的情况，还需要设定一个参考的几何对象。

自变量，对于直角坐标系，自变量使用 $x/y/z$ 分别表示的三个坐标；对于柱坐标系使用 $R/T/P$ 表示径向 / 周向 / 轴向；对于球坐标系，使用 $R/T/P$ 表示径向 / 方位角 / 极角；对于参数坐标系，使用 C1/C2/C3 表示参变量（线类型几何使用 1 个，面类型几何使用 2 个，体类型几何使用 3 个）；$T/e/er$ 分别表示材料场的温度 / 应变 / 应变率；$t/T/f/N/u/v/UD$ 分别表示非空间场的时间 / 温度 / 频率 / 次数 / 位移 / 速度 / 自定义变量。

场函数，是一个函数表达式，在表达式中自变量前应加 ` （与波浪号同键的符号）来表示。

（1）创建场

创建场有多种方法可以使用，这里介绍两种最典型和常用的。fields_create 函数是一个界面操作函数，可用于创建各种类型的场，例如使用这个函数创建一个名为 Ps 的空间标量场来表示静水压力，如下所示。

```
fields_create (                                @
    /* 场名 */      "Ps",        @
    /* 场类型 */     "Spatial",       @
    /* 外插方法 */     1,          @
    /* 场值类型 */      "Scalar",        @
    /* 坐标系类型 */    "Real",         @
    /* 坐标系 */     "Coord 0",       @
    /* 几何对象 */     "",        @
    /* 定义方法 */     "Function",         @
    /* 自变量数量 */    1,         @
    /* 自变量 1*/"",        @
    /* 自变量 2*/"",         @
    /* 自变量 3*/"Z",           @
    /* 场函数 1*/"1e-5*`Z",          @
    /* 场函数 2*/"",         @
    /* 场函数 3*/"",         @
    /* 使用空间参数表 */  FALSE,          @
    /* 自变量 1 值 */  [0.],          @
    /* 自变量 2 值 */  [0.],          @
    /* 自变量 3 值 */  [0.],          @
    /* 场结果值 */      [[[0.]]])
```

使用这个函数有以下几点需要说明：

① 除非空间场外，其他场的自变量必须按顺序填写，例如示例中直角坐标系的空间场，只使用了自变量 Z，则自变量 Z 填在自变量 3 的位置，自变量 1 和 2 的位置为空。

② 场函数 1/2/3 分别对应坐标系的三个分量，对于标量场，则填写在场函数 1 的位置。

③ 自变量 1/2/3 的值和场结果值仅针对表格定义的场适用。场结果值应在三个自变量的所有组合上给出。对于三个自变量的情况，场结果值是一个三维数组，第一维对应第 1 个自变量，第三维对应第 3 个自变量。例如 x、y、z 三个自变量各有 2 个值，则因变量的值列表应为 [[[111,112][121,122]][[211,212][221,222]]]（其中三个数字组合 211 表示第 1 个自变量取第 2 个值，第 2 个自变量取第 1 个值，第 3 个自变量取第 1 个值时的因变量值）。

另外，对于在加载时经常会用的基于有限元素的离散场，可以使用函数 fields_create_dfem 创建，如下例创建了一个名为 Pre 的标量场，用于单元 1、2 上分别施加 10 和 20 的压力（若要将压力真正加上去，在创建完成这个场后，还必须使用 loadsbcs_create2 等载荷创建函数施加上去）。

```
fields_create_dfem (                              @
    /* 场名 */      "Pre",        @
    /* 施加对象类型 */    "Element",        @
    /* 场值类型 */     "Scalar",        @
    /* 施加对象数量 */    2,         @
    /* 施加对象 */    ["Elem 1", "Elem 2"],        @
    /* 值 */    ["10.", "20."])
```

另外，这里的施加对象，除了可以是示例中的 Element，还可以是 Node。

（2）修改场

与创建场相对应，此处也介绍两个相应的修改场的函数。fields_modify 是一个通用的修改场的函数。下面示例对上面创建的 Ps 场的场函数进行了修改。

```
fields_modify (                              @
    /* 场名 */      "Ps",        @
    /* 新场名 */    "Ps",        @
    /* 场变量类型 */    "Spatial",        @
    /* 外插方法 */    1,        @
    /* 场类型 */    "Scalar",        @
    /* 坐标系类型 */    "Real",        @
    /* 坐标系 */    "Coord 0",        @
    /* 几何对象 */    "",        @
```

```
/* 定义方法 */     "Function",     @
/* 自变量数量 */  2,      @
/* 自变量 1*/"",      @
/* 自变量 2*/"Y",     @
/* 自变量 3*/"Z",     @
/* 场函数 1*/"1e-5*' Z+Y",       @
/* 场函数 2*/"",      @
/* 场函数 3*/"",      @
/* 使用空间参数表 */  FALSE,      @
/* 自变量 1 值 */  [0.],      @
/* 自变量 2 值 */  [0.],      @
/* 自变量 3 值 */  [0.],      @
/* 场结果值 */  [[[0.]]])
```

这个场修改函数参数列表中的所有参数均为输入参数。但需要注意的是，场修改有一些限制，比如不可以将场类型由矢量场改为标量场或反之等，只能修改场名和场函数的定义等。

另外，对于上述 fields_create_dfem 函数创建的场，可以使用 fields_modify_dfem 函数修改，将上述 Pre 的施加对象添加 1 个，如下所示。

```
fields_modify_dfem(                    @
    /* 场名 */   "Pre",      @
    /* 新场名 */ "Pre",      @
    /* 施加对象类型 */    "Element",       @
    /* 场类型 */ "Scalar",      @
    /* 施加对象数量 */    3,      @
    /* 施加对象 */    ["Elem 1", "Elem 2", "Elem 3"],       @
    /* 值 */   ["10.", "20.", "30."])
```

（3）删除场

删除一个场可以使用 fields_delete 函数，例如删除一个名为 Pre 的场，如下所示。

```
fields_delete (                    @
    /* 场数量 */ 1,      @
    /* 场名 */   ["Pre "])
```

（4）查询场

对于 PCL 函数定义的场，可以使用 db_get_field_function 查询其场函数的定义；对于表格定义的离散场，可以使用 db_get_field_table 查询。

如下所示查询了 ID 为 3 的场的函数定义，这是一个使用 PCL 函数定义的场。

```
string func_1[virtual], func_2[virtual], func_3[virtual]
db_get_field_function(                        @
    /*场 ID*/    3,       @
    /*场函数 1 长度 */   10,      @
    /*场函数 2 长度 */    0,      @
    /*场函数 3 长度 */    0,      @
    /*场函数 1*/func_1,              @
    /*场函数 2*/func_2,              @
    /*场函数 3*/func_3)
```

如下所示查询了 ID 为 3 的离散场的详细值。

```
real var_1_values(2), var_2_values(2), var_3_values(2)
real field_values(8)
db_get_field_table(                        @
    /*场 ID*/   3,      @
    /*自变量数量 */  3,      @
    /*自变量 1 值数量 */  2,      @
    /*自变量 2 值数量 */  2,      @
    /*自变量 3 值数量 */  2,      @
    /*自变量 1 值 */  var_1_values,      @
    /*自变量 2 值 */  var_2_values,      @
    /*自变量 3 值 */  var_3_values,      @
    /*场结果值 */    field_values)
```

上述两个函数都用到了输入参数"场 ID"，查询 PCL 函数定义的场还用到了"场函数 1/2/3 长度"，而查询表格定义的离散场还用到了"自变量 1/2/3 值数量"。其中，"场 ID"可由 db_get_field_id 或 db_get_next_field_name 函数得到；"场函数 1/2/3 长度"以及"自变量 1/2/3 值数量"可由 db_get_field 函数得到（实际上在使用过程中，场函数长度并不需要精确地给出，即使给一个稍长的值也是没有影响的），以下分别介绍。

值得一提的是，使用 db_get_field_table 函数得出的场结果值，是一个将原始定义的多维数组展平的一维数组，若想还原回去，还得借助"自变量 1/2/3 值数量"进行。

场 ID 可以通过迭代器得到，也可以通过名称得到。通过名称得到可以使用 db_get_field_id 函数，如下所示查询了名为 Pre 的场的 ID 并写入 fieldId。

```
db_get_field_id(                            @
    /*场名称 */ "Pre",      @
    /*场 ID*/    fieldId)
```

使用迭代器可查询模型中一种场类型的所有场的ID和名称。db_get_all_field_names用于初始化指定类型的场迭代器，db_get_next_field_name用于遍历该类型的所有的场。如下所示使用db_get_all_field_names初始化了一个空间场（类型代码为0）迭代器，并在一个循环中使用db_get_next_field_name函数得到了模型中所有空间场的ID和名称。

```
integer field_id
string field_name[31]
db_get_all_field_names(0)
while (db_get_next_field_name (                        @
    /*场ID*/    field_id,        @
    /*场名称*/   field_name) == 0)
    ...
end while
```

上面查询了场ID，对于场函数的长度以及场的一些其他信息（这些信息有助于进行过滤，得出符合要求的场），可以使用db_get_field函数查询，如下所示查询了ID为3的场的基本信息。

```
db_get_field(                         @
    /*场ID*/    3,        @
    /*场名*/     field_name,         @
    /*场类型*/   field_var,     @
    /*场值类型*/     field_dim,        @
    /*几何类型*/   geom_type,     @
    /*几何对象*/   geom_id,        @
    /*外插方法*/    extrap_opt,        @
    /*坐标系类型*/ data_type,        @
    /*坐标系ID*/   coord_id,        @
    /*定义方法*/    field_type,        @
    /*自变量数量*/ num_vars,        @
    /*自变量1*/var_type_1,        @
    /*自变量2*/var_type_2,        @
    /*自变量3*/var_type_3,        @
    /*场函数1长度*/   func_1_size,        @
    /*场函数2长度*/   func_2_size,        @
    /*场函数3长度*/   func_3_size,        @
    /*使用空间参数表*/ lin_def,        @
    /*自变量1值数量*/ num_var_1,        @
```

```
/* 自变量 2 值数量 */  num_var_2,     @
/* 自变量 3 值数量 */  num_var_3)
```

对于场的查询相对于载荷及属性的查询要简单一些，总结一下，首先通过 db_get_field_id 和 db_get_field 函数构造一类场的迭代器，获得该类场的所有 ID、名称、自变量值数量以及场函数长度等基本信息。如果是 PCL 函数场，则通过 db_get_field_function 函数得到具体的场函数定义；如果是表格定义的离散场，则通过 db_get_field_table 函数得到具体的表格定义。

》》3.5.2　综合示例（载荷加载）

在进行全船有限元结构分析时，舷外波浪水压力一般需要通过外部的水动力软件进行求解，得出后再施加到结构有限元模型上，水动力软件计算出的波浪压力结果是针对每个单元的，一般可以输出或转换为文本文件。但外壳上的单元众多，且一般全船结构计算会有多个工况，如果每个工况进行分别加载会稍显繁琐，下面的示例程序可以自动加载所有工况的外壳波浪水压力。

```
1    function Create_wavePre(filePath)
2      string filePath[]
3
4      integer nStatus, i_chan, elmsCnt, ints(1), i, elmsItems(virtual)
5      string strData1[virtual], strData2[virtual], load_name[virtual]
6      string elms[15](virtual), vals[15](virtual), staticLoads[31]
(3), chars[31](2)
7      string elmsLists[virtual](1), elmsList[virtual]
8      real reals(1)
9
10     nStatus = text_open(filePath, "RO", 0, 0, i_chan)
11     if(nStatus != 0) then
12       write(" 文件有问题，不能打开 ")
13       return nStatus
14     end if
15     while (text_read(i_chan, "%A%,%A%", ints, reals, chars) == 0)
16       strData1 = str_strip_trail(str_strip_lead(chars(1)))
17       strData2 = str_strip_trail(str_strip_lead(chars(2)))
18       if (str_length(strData1) == 0 || str_length(strData2) == 0)
then
19         continue
```

```
20          end if
21          if (str_substr(strData1, 1, 1) == "#") then /* 标题行 */
22            load_name = str_substr(strData1, 2, str_length(strData1) -1)
23            elmsCnt = str_to_integer(strData2)
24            sys_allocate_array(elms, 1, elmsCnt)
25            sys_allocate_array(vals, 1, elmsCnt)
26            sys_allocate_array(elmsItems, 1, elmsCnt, 1, 6)
27            i = 0
28          else  /* 载荷行 */
29            i = i +1
30            elms(i) = "Elem " // strData1
31            vals(i) = strData2
32            elmsItems(i, 1) = 4; elmsItems(i, 2) = 2
33            elmsItems(i, 3) = str_to_integer(strData1)
34            if (i == elmsCnt) then
35              fields_create_dfem(load_name, "Element", "Scalar",
elmsCnt, elms, vals)
36              staticLoads(1) = "f:" // load_name
37              lp_picklist_string_creator_v(elmsItems, elmsCnt, 1,
elmsList)
38              sys_allocate_string(elmsLists, str_length(elmsList))
39              elmsLists(1) = elmsList
40              loadsbcs_create2(load_name, "Pressure", "Element
Uniform", "2D",@
41                              "Static", elmsLists, "FEM", "", "1.",
staticLoads, ["", "", ""] )
42            end if
43          end if
44        end while
45
46      sys_free_string(strData1)
47      sys_free_string(strData2)
48      sys_free_array(elms)
49      sys_free_array(vals)
50      sys_free_string(load_name)
51      sys_free_string(elmsList)
52      sys_free_string(elmsLists)
```

```
53        text_close(i_chan, "")
54    end function
```

上述示例程序中使用了一个输入文件，其每个工况的格式如下，如有多个重复即可。

```
#LOADNAME，单元数
施加单元，压力值
施加单元，压力值
...
```

上述示例程序主要使用了 2 个函数，在读取文本文件的循环中，如果发现一个工况读取完成，会通过 fields_create_dfem 函数生成一个基于单元的标量场，之后通过 loadsbcs_create2 函数将上述场生成一个压力载荷。

另外，在上述示例程序中使用了一些其他的内部函数，text_open/text_read/text_close 用于打开 / 读取 / 关闭文本文件，str_strip_trail/str_strip_lead 用于去除字符串尾 / 首的空白字符，str_length 用于获取字符串长度，str_substr 用于截取字符串的子串，str_to_integer 用于将字符串型转换为整型，sys_allocate_array/sys_free_array 用于分配 / 释放数组空间，sys_allocate_string/sys_free_string 用于分配 / 释放字符串空间，lp_picklist_string_creator_v 用于将 ID 数组转换为字符串。

图 3-9 为使用上述程序将船舶外部海水压力加载至有限元模型。

图3-9　全船外部水压力

3.6　工况操作

》 3.6.1　工况操作的常用方法

工况是一组载荷 / 位移边界条件的集合。本节主要介绍船舶结构分析中最常用的静力工况。工况的要素主要有：工况类型、工况中的载荷 / 位移边界条件、当前工况、比例系数。

工况类型，指工况是静工况还是动工况（括号中的是程序内部使用的类型名称），包括：静力工况（Static）、基于时间的工况（Time Dependent）。

工况中的载荷 / 位移边界条件，指加入该工况中的载荷以及位移边界条件，工况与载荷 / 位移边界条件是多对多的关系。

当前工况，与 Patran 界面操作相同，在同一时刻会有一个当前工况，相关的操作都会默认施加在这个工况上，比如新增一个载荷，会默认添加至当前工况。

比例系数，比例系数分工况比例系数和载荷比例系数（针对各载荷 / 位移边界条件），最终比例系数是工况比例系数和载荷比例系数的乘积。

（1）创建工况

创建工况可以使用 loadcase_create2 函数，这是一个 Patran 界面函数，创建一个名为 a1 的静力工况的示例如下，这个工况中有三个载荷 / 位移边界条件："fix"，"force"，"pre"，这三个载荷 / 位移边界条件都需要使用 loadsbcs_create2 等函数事先创建。

```
loadcase_create2(                    @
    /* 工况名称 */  "a1",         @
    /* 工况类型 */      "Static",      @
    /* 工况说明 */      "test load case",      @
    /* 工况比例系数 */    1.,      @
    /* 载荷 / 位移边界条件 */    ["fix", "force", "pre"],      @
    /* 优先级 */  [0, 0, 0],    @
    /* 载荷比例系数 */    [1., 1., 1.],    @
    /* 动载工况名称 */  "",    @
    /* 动载参数 */    0.,    @
    /* 设为当前工况 */    TRUE)
```

另外，上述示例函数中有一些需要说明的内容：

① "优先级"与"载荷 / 位移边界条件"数组中元素对应，用于指定相应的优先级，默认为 0，也可以指定为不超过数组长度的整数。

② 如果指定了"动载工况名称"和"动载参数"，可以生成在指定的动载工况中参数取为"动载参数"时的静载工况。

（2）修改工况

工况的修改可以使用 loadcase_modify2 函数，将上面的工况 a1 中的"force"载荷 / 位移边界条件删除的示例如下。

```
loadcase_modify2(                    @
    /* 工况名称 */  "a1",      @
    /* 新工况名称 */      "a1",      @
```

```
/* 工况类型 */      "Static",      @
/* 工况描述 */      "test desc",      @
/* 总体比例系数 */   1.,      @
/* 载荷 / 位移边界条件 */    ["fix", "force"],      @
/* 优先级 */  [0, 0, 0],      @
/* 比例系数 */  [1., 1., 1.],      @
/* 动载工况名称 */  "",      @
/* 动载参数 */  0.,      @
/* 设为当前工况 */  FALSE)
```

（3）删除工况

删除一个工况可以使用 loadcase_delete 函数，删除名为 a1 的工况的示例如下。

```
loadcase_delete (                    @
    /* 工况名称 */  "a1",      @
    /* 删除相关载荷 / 位移边界条件 */   FALSE)
```

（4）查询工况

工况的查询主要是查询工况包含的载荷 / 位移边界条件，可以使用 db_get_load_case2 查询。查询名为"Default"的工况的载荷 / 位移边界条件如下所示。

```
integer lcId, lc_type, lbcCnt, lbc(3), pri(3)
real ratio, lbc_ratio(3), dlPara
string lc_desc[200], dlName[31]
db_get_load_case2 (                    @
    /* 工况名称 */  "Default",   @
    /* 工况 ID*/   lcId,   @
    /* 工况比例系数 */   ratio,   @
    /* 工况类型 */   lc_type,      @
    /* 工况说明 */   lc_desc,      @
    /* 载荷 / 位移边界条件数 */ lbcCnt,      @
    /* 载荷 / 位移边界条件 */  lbc,      @
    /* 载荷比例系数 */  lbc_ratio,   @
    /* 优先级 */ pri,   @
    /* 动载工况名称 */  dlName,      @
    /* 动载参数 */  dlPara)
```

这个函数可以使用工况名称查询出工况的基本信息，除了所包含的载荷 / 位移边界条件外，还包括工况 ID、工况名称、比例系数、优先级等信息。

如果需要遍历整个模型中所有的工况，可以使用 db_get_all_load_case_names 函数生成迭代器，并使用 db_get_next_load_case_name 函数迭代得出所有工况的名称，如下所示。

```
string lcName[31]
integer i_status
db_get_all_load_case_names()
repeat
    i_status = db_get_next_load_case_name(                @
    /* 工况名称 */    lcName)
    ...
until(i_status != 0)
```

另外，也可以根据工况名称查询工况 ID，或根据工况 ID 查询工况名称，这些函数在查询结果时是否有用，在结果数据处理部分我们还会讲到。根据工况名称查询 ID，可以使用 db_get_load_case_id 函数，如下的示例函数将获取名为 LC1 的工况的 ID。

```
integer id
db_get_load_case_id (                         @
    /* 工况名称 */  "LC1",       @
    /* 工况 ID*/   id)
```

根据工况 ID 查询工况名称可以使用 db_get_load_case_title 函数，如下函数将 ID 为 2 的工况名称写入 title 中。

```
string title[virtual]
db_get_load_case_title(                         @
    /* 工况 ID*/ 2,       @
    /* 工况名称 */    title)
```

≫ 3.6.2　综合示例（批量创建载荷工况）

船舶结构模型的载荷一般是通过其他软件计算完成或根据规范公式计算得出的，因而在 Patran 中加载需要完成的工作即为找出需要加载的单元并添加需要加载的公式，如果工况较多则加载起来较为繁琐，下面的示例程序在完成模型结构分组的基础上，根据文本文件中对于各结构定义的载荷公式批量创建基于二维单元压力场的载荷工况。

```
1    function create_lbc(filename)
2        string filename[]
3
```

```
4       integer nStatus, i_chan, ints(1)
5       string chars[500](2), strData1[500], strData2[500],
load_case_name[80], lbc_name[31](1)
6       string strFldExp[500], strFldName[32], strField[32](3),
strLoadName[32]
7       string strGroup[32], str_ele[virtual], stra_ele[10000](1)
8       real reals(1)
9       nStatus = text_open(filename, "RO", 0, 0, i_chan)
10      if(nStatus != 0) then
11          write(" 文件有问题，不能打开 ")
12          return nStatus
13      end if
14      while (text_read(i_chan, "%A%,%A%", ints, reals, chars) == 0)
15          strData1 = str_strip_trail(str_strip_lead(chars(1)))
16          strData2 = str_strip_trail(str_strip_lead(chars(2)))
17          if (str_length(strData1) == 0 || str_length(strData2) == 0)
then
18              continue
19          end if
20          if (str_equal(strData1, "#LCNAME")) then
21              load_case_name = strData2
22              loadcase_create2(load_case_name, "Static", "", 1.0, [""],
[0], [0.0], "", 0.0, TRUE)
23          else
24              strGroup = strData1; strFldExp = strData2
25              strFldName = "fl" // "_" // strGroup // "_" // load_case_name
26              strLoadName = "ld" // "_" // strGroup // "_" //
load_case_name
27              fields_create( strFldName, "Spatial", 1, "Scalar", "Real",
"Coord 0", "", "Function",@
28                              3, "X", "Y", "Z", strFldExp, "", "", FALSE,
[0.], [0.], [0.], [[[0.]]] )
29              opt_db.get_elms_in_group(strGroup, str_ele)
30              strField(1) = "f:"//strFldName
31              stra_ele(1) = str_ele
32              loadsbcs_create2(strLoadName, "Pressure", "Element
```

```
Uniform", "2D",@
33                       "Static", stra_ele, "FEM", "", "1.",
strField, ["", "", ""] )
34          sys_allocate_string(str_ele, 10000)
35       end if
36    end while
37    text_close(i_chan, "")
38  end function
```

上述示例程序中使用的输入文件为文本文件，格式如下。

```
#LCNAME，工况名 1
载荷 1 相关组，载荷 1 场表达式
载荷 2 相关组，载荷 2 场表达式
....
若有多个工况，重复上述定义
```

上述示例程序主要在一个循环中使用了 loadcase_create2 函数，用于创建工况。

在上述示例程序中使用了一些其他的内部函数：text_open/text_read/text_close 用于打开 / 读取 / 关闭文本文件；str_strip_trail/str_strip_lead 用于去除字符串尾 / 首的空白字符；str_length 用于获取字符串长度；str_equal 用于判断两个字符串相同；sys_allocate_array/sys_free_array 用于分配 / 释放数组空间；sys_allocate_string/sys_free_string 用于分配 / 释放字符串空间。

另外，还使用了一个自定义函数 opt_db.get_elms_in_group，用于获取指定组名内的单元字符串。

3.7 组操作

Patran 中的组主要有三个要素：组名、组 ID 号以及组中的元素。组名即是在 Patran 界面中看到的组名。组 ID 是 Patran 数据库内部使用的组的唯一标识号，对于组中元素的查询一般都将用到组 ID，而不是组名。组中的元素可以有点线面等几何元素，也可以有节点单元等有限单元元素。

3.7.1 组操作的常用方法

关于组的操作主要有新建组、修改组、删除组、向组中添加 / 删除元素、将整个组复制 / 移动、重命名组、查询组中的元素以及切换当前组等。以下简述进行部分操作的常用函数。

（1）新建组

使用 ga_group_create 函数可新建一个空组，如新建一个名为 Deck 的空组示例如下，但这只是一个空组，如需向其中添加元素还要使用 ga_group_entity_add 函数。

```
ga_group_create(                            @
    /* 组名 */    "Deck")
```

（2）修改组

对组的修改主要有：向组中添加元素、从组中删除元素、重命名组以及将组设为当前组。

向组中添加元素（包括节点、单元、几何等）使用 ga_group_entity_add 函数，如将节点 21 以及单元 12 和 17 添加到了组 Deck 中，如下所示。

```
ga_group_entity_add(                        @
    /* 组名 */    "Deck",        @
    /* 元素列表 */    "Node 21 Elm 12 17")
```

从组中删除元素有两种情况，一种是仅将指定的元素从组中删除，但不从模型中删除；另一种是将这些元素从模型中也同时删除。针对前一种情况，可以使用 ga_group_entity_remove 和 ga_group_clear 函数，后一种情况可以使用 ga_group_members_delete 函数。

使用 ga_group_entity_remove 函数从组 Deck 中移除节点 21，如下所示。

```
ga_group_entity_remove(                         @
    /* 组名 */    "Deck",        @
    /* 元素列表 */    " Node 21")
```

使用 ga_group_clear 函数清空 Deck 组内所有的元素，如下所示。

```
ga_group_clear(                            @
    /* 组名 */    "Deck")
```

使用 ga_group_members_delete 函数将组内所有元素删除（从模型中删除），如下所示。

```
ga_group_members_delete(                        @
    /* 组名 */    "Deck")
```

重命名一个组可以使用 ga_group_rename 函数，如将组名为 Deck 的组修改为 inbottom，如下所示。

```
ga_group_rename(                            @
```

```
/* 组名 */    "Deck",         @
/* 新组名 */  "inbottom")
```

ga_group_current_set 函数可以将指定组设为当前组，示例如下。

```
ga_group_current_set(                         @
    /* 组名 */    "Deck")
```

（3）删除组

➤ ga_group_delete

这个函数的功能是删除指定组，示例如下。

```
ga_group_delete(                      @
    /* 组名 */    "Deck")
```

上述示例函数将名为 Deck 的组删除，但并不会将组所关联的元素删除。

（4）查询组

查询组的一般操作是查询组内的单元有哪些，节点有哪些，组的名称是什么，当前组是哪个，等等。

查询组的内单元的函数是 db_get_elem_ids_in_group，查询组内节点的函数是 db_get_all_node_ids_in_group，分别如下所示。

查询 ID 为 2 的组内单元的 ID，如下所示。

```
integer elmIds(18)
db_get_elem_ids_in_group(                          @
    /* 单元数 */   18,    @
    /* 组 ID*/     2,    @
    /* 单元 ID*/   elmIds)
```

查询 ID 为 2 的组内节点的 ID，如下所示。

```
integer nodeIds(18)
db_get_all_node_ids_in_group(                          @
    /* 节点数 */   18,    @
    /* 组 ID*/     2,    @
    /* 节点 ID*/   nodeIds)
```

这些函数，需要提供组内的单元 / 节点数、组 ID 作为输入。单元 / 节点数需分别使用下面的 db_count_elems_in_group 和 db_count_nodes_in_group 函数得到，组 ID 可以使用 db_get_group_id 函数得到，以下分述之。

使用 db_count_elems_in_group 函数查询 ID 为 2 的组内的单元总数。

```
integer elmCount
db_count_elems_in_group(                          @
    /* 组 ID*/   2,       @
    /* 组内单元数 */   elmCount)
```

使用 db_count_nodes_in_group 函数查询 ID 为 2 的组内的节点总数。

```
integer nodeCount
db_count_nodes_in_group(                          @
    /* 组 ID*/   2,       @
    /* 组内节点数 */   nodeCount)
```

组 ID 可以根据指定的组名称通过 db_get_group_id 函数得到，也可以使用 db_get_current_group_id 函数直接得到当前组的 ID。

使用 db_get_current_group_id 函数查询当前组的 ID，示例如下。

```
integer groupId
db_get_current_group_id(                          @
    /* 组 ID*/   groupId)
```

使用 db_get_group_id 函数查找组名为 Deck 的组 ID，如下所示，如果组不存在，组 ID 变量中会反馈为 0。

```
integer groupId
db_get_group_id(                          @
    /* 组名 */   "Deck",   @
    /* 组 ID*/   groupId)
```

但这个函数中必须指定组的名称，组的名称可以通过直接指定方式得到，也可以通过 ga_group_groups_get 函数遍历模型中所有组的名称。

```
string groupList[31](2)
ga_group_groups_get(                          @
    /* 组名 */   groupList)
```

上述函数将模型中所有的组名写入 groupList 中，但这个数组的长度必须事先指定，长度即为模型中所有组的数量，这可以通过如下所示的 ga_group_ngroups_get 函数得到。

```
integer groupCount
ga_group_ngroups_get(                          @
    /* 组总数 */   groupCount)
```

除了上述的一些查询操作，有时可能希望对当前视图中显示的组进行某种操作，此时可以使用 ga_viewport_groups_get 函数查询当前视图中有哪些组。

```
string groupList[31](2)
ga_viewport_groups_get(                              @
    /* 视图名称 */      "",        @
    /* 组名列表 */     groupList)
```

由于 Patran 中可以有多个视图窗口，因而这个函数中有一个"视图名称"的输入参数用于指定需要获取哪个视图中的组，Patran 中默认的视图名称一般是 default_viewport。更多时候，需要获取的是当前视图的，对于当前视图，名称可以省略为空字符串。

另外，与上面同样的问题，这个函数需要提供一个已分配了长度的数组用于接受组的名称，这个长度（当前视图中组数量）可以通过 ga_viewport_ngroups_get 函数得到，如下所示。

```
integer groupCount
ga_viewport_ngroups_get(                              @
    /* 视图名称 */      "",        @
    /* 组数 */     groupCount)
```

（5）显示/隐藏组

组的显隐操作在实际使用过程中十分有用，用于在使用时展示特定的信息。显示组可以使用 ga_viewport_group_post 和 uil_viewport_post_groups.posted_groups 函数，前者用于在视图中增加显示一个组，后者用于一次性指定需要显示的多个组。隐藏组可以使用 ga_viewport_group_unpost 和 ga_viewport_group_unpost_all 函数，前者用于隐藏一个组，后者用于隐藏所有组，一般在需要清空当前视图窗口并重新添加显示组时使用。

ga_viewport_group_pos 函数增加显示 Deck 组。

```
ga_viewport_group_post(                              @
    /* 视图名称 */      "",        @
    /* 组名称 */  "Deck")
```

uil_viewport_post_groups.posted_groups 函数同时显示 Deck 和 inbottom 组。

```
uil_viewport_post_groups.posted_groups(                              @
    /*""*/ "",        @
    /* 组数 */    2,       @
    /* 组名 */     ["Deck", "inbottom"])
```

ga_viewport_group_unpost 隐藏 Deck 组。

```
ga_viewport_group_unpost(                              @
    /* 视图名称 */  "",        @
    /* 组名称 */  "Deck")
```

ga_viewport_group_unpost_all 函数隐藏所有组。

```
ga_viewport_group_unpost_all(                          @
    /* 视图名称 */    "")
```

》 3.7.2 综合示例

（1）生成分组图片

在编写计算报告时，经常需要在报告文档中插入结构的应力云图等结果图片。在船舶舱段等结构分析时，由于船舶各类结构众多，包括甲板、外壳、内壳、横框架、横舱壁、内底板等，且各类结构间相互遮盖。为了方便察看，一般在每个结果图片中仅显示一个结构的应力云图，因而需要每次在视图窗口中显示一个结构后再提取其应力云图，手工操作十分繁琐。下述示例程序将上述过程自动化，首先将需要提取结果图片的所有组显示在当前视图窗口中，设置好显示的结果类型和视图的角度后，程序将每次显示一个组，并将图片截取保存。

```
1    Function Create_images()
2       string group_list[31](virtual)
3       integer I, i_grp_count
4       ga_viewport_ngroups_get("", i_grp_count)
5       sys_allocate_array(group_list, 1, i_grp_count)
6       ga_viewport_groups_get("", group_list)
7
8       string stra_grp_cur[31](1)
9       for(I = 1 to i_grp_count)
10          stra_grp_cur(1) = group_list(i)
11          uil_viewport_post_groups.posted_groups( "default_viewport",
1, stra_grp_cur)
12          gu_fit_view( )
13          gm_write_image( "JPEG", group_list(i) // ".jpg", "Overwrite",
0., 0., 1., 1., 75, "Viewport" )
14       end for
15       sys_free_array(group_list)
16    end function
```

在上述示例中，主要使用了 4 个函数，首先使用了 ga_viewport_ngroups_get 函数获取了当前视图窗口中组的数量，再使用 ga_viewport_groups_get 函数获取了当前视图窗口中所有的组名，之后在一个循环中通过 uil_viewport_post_groups.posted_groups 函数在当前视图窗口中逐个显示每个组，并通过 gm_write_image 函数将当前视图窗口中显示的内容保存至图片文件。

另外，程序中使用了一些其他的内置函数：sys_allocate_array/ sys_free_array 用于分配 / 释放数组空间；gu_fit_view 用于将当前视图中显示的内容缩放以适合窗口；gm_write_image 用于将当前视图保存为图片，在"3.8.1 视图操作的方法和常用函数"部分会有详细说明。

（2）筛选空组

有时由于临时建模的需要，模型中会多出不少没有任何单元的组，虽然这些组的存在并不会导致模型出错，但在后续操作时会由于组太多以及组名称的解释而造成困扰，因而有必要在建模进行一段时间后对没有单元的组进行清理。以下示例代码可以帮助查找并删除没有单元的组。

```
1    function Get_NoElmGrp(stra_grp_noelm, i_grp_num_noelm)
2     string  stra_grp_noelm[]()
3     integer i_grp_num_noelm
4
5     string  stra_grp_lab[64](virtual)
6     integer i_all_grp_num, i, cur_grp_id, i_ele_cnt
7     ga_group_ngroups_get(i_all_grp_num)
8     sys_allocate_array(stra_grp_lab, 1, i_all_grp_num)
9     ga_group_groups_get(stra_grp_lab)
10    i_grp_num_noelm = 0
11    sys_allocate_array(stra_grp_noelm, 1, i_all_grp_num)
12    for (i = 1 to i_all_grp_num)
13        db_get_group_id (stra_grp_lab(i), cur_grp_id)
14        db_count_elems_in_group (cur_grp_id, i_ele_cnt)
15        if (i_ele_cnt == 0) then
16            i_grp_num_noelm += 1
17            stra_grp_noelm(i_grp_num_noelm) = stra_grp_lab(i)
18        end if
19     end for
20     sys_free_array(stra_grp_noelm)
21    end function
```

示例程序中主要使用了 5 个函数，首先使用 ga_group_ngroups_get 函数获取了模型中组的总数，再使用 ga_group_groups_get 函数获取了模型中所有的组名，之后在一个循环中通过 db_get_group_id 函数获取了各个组名对应的组 ID，进而通过函数 db_count_elems_in_group 获取了这个组内的单元数量，之后若判断该组内单元数量为 0 则使用函数 ga_group_delete 函数删除这个组。

（3）生成剖面组

在船舶结构有限元建模时，有时需要将舱段或全船模型沿纵向划分为多个切片段以方便观察，使用手工创建十分繁琐。以下的示例程序可将上述过程自动化，生成 iGrpCnt 个组，每个组中心位置在 rs_x 处并前后延伸 r_dis 的距离，组名为 strs_grpName，其中 rs_x、r_dis、strs_grpName 均为数组，每个中有 iGrpCnt 个元素。

```
1     function createXGrp(iGrpCnt, rs_x, r_dis, strs_grpName)
2          integer iGrpCnt
3          real rs_x(), r_dis
4          string strs_grpName[]()
5
6          integer ia_elm_id(virtual), i, j, elmsItems(virtual), i_
ass_elm_num = 0
7          string str_elm_format[50], str_elm[virtual]
8          for (i = 1 to iGrpCnt)
9             dis_sec_cal.Cal_sec(rs_x(i), 1, 0, r_dis, True, ia_elm_
id, i_ass_elm_num)
10            sys_allocate_array(elmsItems, 1, i_ass_elm_num, 1, 6)
11            for (j = 1 to i_ass_elm_num)
12               elmsItems(j, 1) = 4; elmsItems(j, 2) = 2
13               elmsItems(j, 3) = ia_elm_id(j)
14            end for
15            lp_picklist_string_creator_v(elmsItems, i_ass_elm_num,
1, str_elm)
16            ga_group_create(strs_grpName(i))
17            ga_group_entity_add(strs_grpName(i), str_elm)
18            sys_free_array(ia_elm_id)
19            dump strs_grpName(i) // "---OK!"
20            sys_free_array(elmsItems)
21            sys_free_string(str_elm)
22         end for
23      end function
```

在上述示例代码生成切片组的循环中，主要使用了 2 个函数，首先使用 ga_group_create 函数创建了一个指定名称的组，之后通过 ga_group_entity_add 函数向这个新生成的组中添加了单元。

在示例程序中也使用了一些其他的内置函数：lp_picklist_string_creator_v 用于根据 ID 数据创建字符串；sys_allocate_array/sys_free_array 用于分配 / 释放数组空间；sys_free_string 用于释放字符串空间。另外，也使用了一个自定义函数 dis_sec_cal.Cal_sec，用于查询在指定范围内的单元 ID。

使用上述示例程序对一个舱段模型创建的横剖面组如图 3-10 所示。

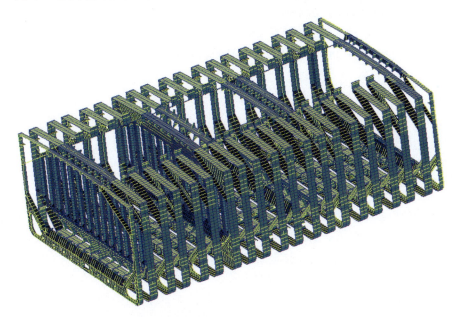

图3-10　使用示例程序创建的横剖面组

3.8　视图操作

3.8.1　视图操作的方法和常用函数

关于视图的要素和操作有很多，这里主要介绍在视图窗口中绘制图形、将视图窗口中显示的内容截图以及调整视图的视角。

（1）图形绘制

在 Patran 的视图中可以绘制直线、文字、箭头以及标记等。绘制这些内容的方式基本是相同的，需要先使用 gm_segment_create 函数创建一个 ID，之后再利用这个 ID 使用 gm_draw_xx 函数创建直线、文本、标记等图形，最后通过 gm_segment_flush 函数将这些图形输出到屏幕上。以下分别介绍上述三类函数。

gm_segment_create 函数用于创建一个图形 ID。

```
integer id
gm_segment_create(                              @
    /*图形 ID*/ id)
```

创建了图形 ID 后，在这个图形 ID 下可以容纳多个诸如直线、文字、箭头等图元，图元的创建方法主要有：使用 gm_draw_line 绘制直线，使用 gm_draw_text 绘制直线文本，使用 gm_draw_marker 绘制标记，使用 gm_draw_arrow 和 gm_draw_result_arrow 绘制箭头等，下面示例最常用的绘制直线和文字。

使用函数 gm_draw_line 绘制从原点至 [10.0, 0.0, 0.0] 位置的直线，如下所示。

```
gm_draw_line (                                  @
    /*图形 ID*/ 1,      @
    /*颜色 */    1,       @
    /*起点 */    [0.0, 0.0, 0.0],      @
    /*终点 */    [10.0, 0.0, 0.0])
```

这里的颜色指的是在 Patran 当前色板中的颜色索引，0 ～ 15 表示 16 种颜色。在 Patran 默认的色板中依次表示黑、红、绿、黄、蓝、洋红、青、白、橙、淡黄、深绿、绿、深蓝、亮蓝、浅洋红、粉红。当然这个当前色板是可以修改的，如果色板修改了，那么与 Patran 中其他元素一样，这里创建的图元的颜色也会改变。

下面的示例使用 gm_draw_text 函数在视图中总体坐标系的 [0.0, 0.0, 0.0] 的位置处写出 TEXT 四个字母。

```
gm_draw_text (                                  @
        /*图形 ID*/    1,       @
        /*颜色 */ 1,      @
        /*位置 */ [0.0, 0.0, 0.0],      @
        /*文本 */  "TEXT")
```

这里的位置是指文本的左下角位置，另外文本的方向会随视图转动而转动。

在绘制完成后，使用 gm_segment_flush 函数将本次创建的图形输出到视图中。这个函数没有参数，不再展示示例。

（2）图片截图

gm_write_image 函数可将当前视图窗口截图保存，并可指定图片格式及尺寸，示例如下。

```
gm_write_image(                                 @
```

```
/* 图片格式 */    "JPEG",        @
/* 图片名称 */    "T04.jpg",     @
/* 命名方式 */    "Overwrite",       @
/*x 向起点 */0.0,      @
/*y 向起点 */0.0,      @
/* 图像宽度 */    1.0,     @
/* 图像高度 */    1.0,     @
/* 图像质量 */    75,      @
/* 图像来源 */    "Viewport")
```

图片格式除了示例中的 JPEG，还可以是 PNG、BMP、TIFF 等。

命名方式用于指定若目录中有同名文件如何处理，Overwrite 表示直接覆盖，Increment 表示在名称后加序号。

x/y 向起点以及图像宽度 / 高度指输出的图片的左下角和右上角的位置，0.0 表示最左 / 下，1.0 表示最右 / 上。

图像质量指输出图下的质量要求，仅对 JPEG 这种压缩图片格式有效，是 $0 \sim 100$ 之间的数，数值越大表示要求质量越高。

图像来源指图像来自视图窗口还是 xy 图形窗口，Viewport 表示当前视图窗口，XY Window 表示当前 xy 图形窗口。

（3）视图调整

视图调整主要介绍一下最为常用的视角调整、视图缩放和背景颜色，另外顺带介绍一下色板和色谱。

使用 ga_view_aa_set 函数将标准视角视图绕总体坐标系的 y 轴旋转 –180 度示例如下。

```
ga_view_aa_set(                        @
   /*x 轴旋转角 */  0.0,        @
   /*y 轴旋转角 */  -180.0,         @
   /*z 轴旋转角 */  0.0)
```

标准视角视图是指从 z 轴正向向负向看的一个视图，在视图中，x 轴水平向右，y 轴竖直向上，也就是进入 Patran 后的默认视角。函数中的三个参数分别表示绕总体坐标系的 x/y/z 轴旋转的角度。

ga_view_zoom_set 函数用于缩放视图，示例如下。

```
ga_view_zoom_set (                       @
   /* 缩放系数 */   1.0)
```

需要注意的是，这里的缩放系数是模型中的实际尺寸与屏幕分辨率的一个比值，此值越大，模型在屏幕上越小。

default_vp_background 函数可用于设置默认的背景颜色，在使用 Patran 默认色板的情况下，将默认背景设置为纯黑色，如下所示。

```
default_vp_background(                                    @
    /* 颜色 1 */  0,          @
    /* 颜色 2 */  0,          @
    /* 渲染模式 */   5,          @
    /* 渲染选项 1 */  1,          @
    /* 渲染选项 2 */  0)
```

使用上述函数有如下几点需要说明：

① 颜色是指 Patran 当前色板中的颜色索引。

② 渲染模式表示颜色的伸展方向，主要有：水平（1），垂直（2），对角（3），从视图角点向外扩散（4），中心向外扩散（5）。当渲染模式为 4 时，渲染选项 1 向外扩散时的角点，1 表示左下角，2 表示右下角，3 表示左上角，4 表示右上角。当渲染模式为 1～3 时，渲染选项 2 表示颜色 1 和 2 在水平/垂直/对角渲染模式下的排列方式，1 表示颜色 1 在中间，颜色 2 在两边；0 表示颜色 1 在上/左，颜色 2 在右/下。

上面多次提到 Patran 的色板，这个色板提供了一个色彩空间，用于在其他需要使用颜色的地方引用，色板可以通过 Patran 软件界面 Display→Color Palette 菜单查看。除了可以使用 Patran 提供的色板外，也可以使用 ga_lookup_create 函数自定义一个色板以满足有些有标准化要求的云图颜色等要求，如下所示。

```
ga_lookup_create(                                    @
    /* 色板名称 */     "CT2",          @
    /* 颜色数 */  16,      @
    /* 各色 RGB 值 */  [[0, 0.5, 1][0, 0.75, 1][0, 1, 1][0.25, 1, 0.75]
[0.5, 1, 0.5][0.75, 1, 0.25][1, 1, 0][1, 0.75, 0][1, 0.5, 0][1, 0.25,
0][1, 0, 0][0.75, 0, 0][0.5, 0, 0][0.4, 0, 0.4][0.6, 0.2, 0.6][0.8,
0.4, 0.8]])
```

上述这个示例创建了一个名为 CT2 的 16 色的色板，这个色板中的颜色是按照从冷到暖的顺序排列的，"各色 RGB 值"是一个二维数组，其中每个一维数组表示一种颜色的 RGB 值，每个分量取值范围为 0～1。

使用这个函数应该注意的是，如果使用上述函数创建了色板并使用 ga_lookup_current_set("CT2") 函数将其设为当前色板后，整个软件所有与颜色有关的设置的索引全部会更新到这个色板上，包括视图窗口背景色、模型中各类型单元等图形元素显示的颜色、使用各类云图显示出的色谱等均会将其使用的颜色 ID 对应到新的色板上，会引起这些方面的色彩变化。

›› 3.8.2 综合示例（生成肋位标尺）

在船舶结构有限元建模和赋属性的过程中，图纸上纵向位置的标注通常是以肋位作为标尺的，在模型中没有这些信息，但这种定位是频繁的，因而如果能将肋位标尺画在模型上，将会给建模工作带来很大的便利，以下示例程序将通过读取肋位定义的文本文件将肋位标尺绘制在模型视图窗口中。

```
1    function Create_frruler(filePath)
2      string filePath[]
3
4      integer segId, iTemp(1), i_chan_fr
5      real rFrPos(1), startPos(3), endPos(3), rulerZ
6      real tickBegPos(3), tickEndPos(3), texPos(3), minX, maxX
7      string strFrName[32](1)
8
9      rulerZ = -50.0
10     minX = 500000.0; maxX = -100000.0
11     startPos(2) = 0.0; startPos(3) = rulerZ; endPos(2) = 0.0;
endPos(3) = rulerZ
12     tickBegPos(2) = 0.0; tickBegPos(3) = 0.0; tickEndPos(2) = 0.0
13     texPos(2) = 0.0; texPos(3) = rulerZ -50.0
14
15     gm_segment_create(segId)
16     text_open(filePath, "OR", 0, 0, i_chan_fr)
17     while (text_read(i_chan_fr, "%A%,%F%", iTemp, rFrPos,
strFrName) != -1)
18         if (str_length(strFrName(1)) > 1) then
19             if (minX > rFrPos) then
20                 minX = rFrPos
21             end if
22             if (maxX < rFrPos) then
23                 maxX = rFrPos
24             end if
25             tickBegPos(1) = rFrPos; tickEndPos(1) = rFrPos;
tickEndPos(3) = rulerZ
26             gm_draw_line (segId, 1, tickBegPos, tickEndPos)
27             texPos(1) = rFrPos
28             gm_draw_text (1, 1,  texPos, strFrName(1))
```

```
29          end if
30      end while
31      text_close(i_chan_fr, "")
32      startPos(1) = minX; endPos(1) = maxX
33      gm_draw_line(segId, 1, startPos, endPos)
34      gm_segment_flush()
35   end function
```

上述示例程序中读取的文件每行的格式如下，每一行定义一个肋位标记。

肋位名称，模型中 x 坐标

上述示例程序主要使用了 3 个函数，首先使用 gm_segment_create 创建了一个图形 ID，之后在一个循环中根据读取文件中每一行的肋位定义，通过 gm_draw_line 和 gm_draw_text 函数在相应位置绘制了刻度线和肋位文字，最后通过 gm_draw_line 函数绘制了一根轴线。

示例程序也使用了一些其他的内置函数，text_open/text_read/text_close 用于打开 / 读取 / 关闭一个文本文件，str_length 用于查询字符串的长度。

图 3-11 是使用上述程序生成的肋位标尺。

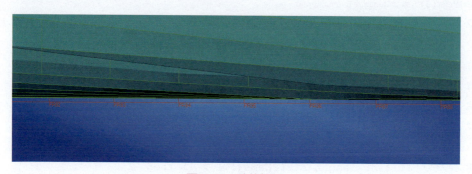

图3-11　肋位标尺

3.9　自定义数据操作

>> 3.9.1　自定义数据读写的方法

Patran 的 DB 中预留了用于用户写入自定义数据的表，方便用户添加一些与模型有关的其他数据，可以通过一组 PCL 函数写入 / 读取 / 删除一些自定义的数据。

自定义数据存储在一个表中，每条数据记录都有一个用作唯一标识的数据 ID，为方便分类使用，每条记录还有一个自定义的数据类型（是这条记录的类型，不是指记录中数据的类型）可用于给每条记录进行分组。为了方便使用，每条记录还有一个可以自定义的数据标签，这个数据标签也是可以唯一标识一条记录的，即使在不同的数据类型中，数据标签也不可重复。

（1）写入自定义数据

使用 db_create_client_data 函数可以将一组数据写入数据库中，以下示例将一个船的船长、船宽、型深三个数据写入数据库中，三个数据存储在实型数组中，这三个数据的含义存储在字符串数组中。

```
integer id, label
label = 1002
db_create_client_data(                          @
    /*数据 ID*/   id,      @
    /*数据标签 */    label,    @
    /*数据类型 */    1,      @
    /*逻辑型数据数 */  0,      @
    /*整型数据数 */   0,      @
    /*实型数据数 */   3,      @
    /*字符串数据数 */   3,      @
    /*字符串最大长度 */  31,      @
    /*逻辑型数据 */   [TRUE],        @
    /*整型数据 */    [1],        @
    /*实型数据 */    [285.0, 46.0, 24.8],     @
    /*字符串数据 */   ["LBP","B", "D"])
```

数据名称和数据 ID 都能唯一标识一条记录，区别在于 ID 是数据库内部赋予的，而数据标签是可以指定的。虽然数据标签可以任意指定，但考虑到有可能指定的数据名称与已有的重复的情况，因而数据名称不可以使用常数值来指定，而必须使用一个变量来指定。如果指定的数据标签与已有的重复，则会写入失败，因而有必要在写入前确定这个标签是否可用，如果没有特殊需求，可以使用函数 db_get_next_client_entity_label，这个函数会给出一个现在可用的数据标签，一般是在现在最大的数据标签之上加 1，如下所示。

```
integer label
db_get_next_client_entity_label(                          @
    /*数据标签 */    label)
```

（2）读取自定义数据

读取一条记录可以使用 db_get_all_client_data 函数，例如读取 ID 为 4 的一条记录可如下操作。

```
logical logical_data(1)
integer integer_data(1)
real real_data(3)
string string_data[31](3)
db_get_all_client_data(                        @
    /* 数据 ID*/  4,        @
    /* 逻辑型数据数 */    1,          @
    /* 整型数据数 */  1,        @
    /* 实型数据数 */  3,        @
    /* 字符串数据数 */    3,          @
    /* 字符串最大长度 */  31,          @
    /* 逻辑型数据 */  logical_data,      @
    /* 整型数据 */   integer_data,      @
    /* 实型数据 */   real_data,        @
    /* 字符串数据 */  string_data)
```

在使用这个函数时必须先提供这个记录中存储的各类数据的尺寸以及数据 ID，这可以通过 db_get_client_data 函数得到。

```
integer id,type, max_string_length
integer num_logicals,num_integers,num_reals,num_strings
db_get_client_data(                       @
    /* 数据标签 */   1002,      @
    /* 数据 ID*/ id,    @
    /* 数据类型 */   type,      @
    /* 逻辑型数据数 */   num_logicals,      @
    /* 整型数据数 */ num_integers,      @
    /* 实型数据数 */ num_reals,    @
    /* 字符串数据数 */   num_strings,      @
    /* 字符串最大长度 */  max_string_length)
```

db_get_client_data 函数的输入数据是数据标签，如果数据记录很少，数据标签可以在写入的时候记录下来，如果较多，则可以使用 db_get_client_labels_by_type 函数查询一类数据记录中的所有数据标签。

```
integer labels(10)
db_get_client_labels_by_type(                          @
```

```
/* 数据类型 */    1,      @
/* 数据标签 */    labels)
```

这个函数在使用时需要提供一个已分配尺寸的数据标签数组，这个尺寸也就是此类数据记录的数量，可以通过 db_count_client_labels_by_type 函数得到。

```
integer labelCnt
db_count_client_labels_by_type(                                    @
    /* 数据类型 */    1,      @
    /* 数据记录数 */  labelCnt)
```

（3）删除自定义数据

删除自定义数据可以使用函数 db_delete_client_data，如下所示。

```
db_delete_client_data
db_delete_client_data (                                            @
    /* 数据标签 */    1001)
```

≫ 3.9.2   综合示例（使用肋位表示法建模）

船舶结构的纵向定位一般是用肋位表示的，但在 Patran 中并没有定义肋位表的功能，因而在建模时必须将肋位转化为纵向坐标，这可不太方便。下面的示例程序借助自定义数据，可以将肋位表写入数据库中，以便在建模时可以直接使用肋位进行建模。

```
1    function importFrTab(foreFr, fs)
2       real foreFr(), fs()
3
4       integer fsCnt, id, label_foreFr, label_ts, fr0Index(1), i
5       $ 插入最小肋位
6       opt_arr.insertRealArr(foreFr, 1, -100.0)
7       opt_arr.insertRealArr(fs, 1, 0.0)
8       $ 插入 0 肋位
9       for (i = 1 to sys_array_hbound(foreFr, 1))
10        if (foreFr(i) == 0) then
11           fr0Index(1) = i
12           break
13        else if (foreFr(i) > 0) then
14           fr0Index(1) = i
15           opt_arr.insertRealArr(foreFr, i, 0.0)
```

```
16          opt_arr.insertRealArr(fs, i, fs(i))
17          break
18       end if
19     end for
20     $ 写入肋位表
21     label_fs=201; label_foreFr = 202
22     fsCnt = sys_array_hbound(foreFr, 1)
23     db_create_client_data(id,label_fs,21,0,0,fsCnt,0,31,[TRUE],[1
],fs,[""])
24     db_create_client_data(id,label_foreFr,21,0,1,fsCnt,0,31,[TRUE],
fr0Index,foreFr,[""])
25   end function
```

　　上面示例中的 **importFrTab** 函数有两个输入参数，是两个等长的实型数组，分别对应于肋距变化处的肋位和肋距，其中肋距指相应的肋距变化处向后一段的肋距。为了方便后续肋位的计算，在写入肋位表数据之前在上述两个数组中对应增加了两个肋位信息，一个是一个极小的肋位 –100，一个是 0 肋位。在完成这些之后，使用 **db_create_client_data** 函数将上述肋位表数据写入了模型数据库中，数据标签分别为 201 和 202。

　　上述示例程序也使用了一个其他的内置函数 sys_array_hbound，用于获取数组的最大索引。另外，示例程序还使用了一个自定义函数 opt_arr.insertRealArr，用于在一个实型数组的指定位置插入一个指定数值。

　　上述程序仅是将肋位表写入了模型数据库，若要能直接使用肋位表示法，还必须再定义一个肋位表示法的解析函数，如下所示。

```
1    function fr(frNo)
2        real frNo
3
4        $ 读取肋位表
5        integer id_fs, id_foreFr, type, max_string_length, num_logicals,
num_integers
6        integer num_reals, num_strings, integer_data(1)
7        logical logical_data(1)
8        real foreFr(virtual), fs(virtual)
9        string string_data[31](1)
10       db_get_client_data(201, id_fs, type, num_logicals, num_integers,
num_reals, num_strings, @
11             max_string_length)
```

```
12      sys_allocate_array(fs, 1, num_reals)
13      db_get_all_client_data(id_fs, num_logicals, num_integers, num_
reals, num_strings, @
14          max_string_length, logical_data, integer_data, fs, string_
data)
15      db_get_client_data(202, id_foreFr, type, num_logicals, num_
integers, num_reals, num_strings, @
16              max_string_length)
17      sys_allocate_array(foreFr, 1, num_reals)
18      db_get_all_client_data(id_foreFr, num_logicals, num_integers,
num_reals, num_strings, @
19          max_string_length, logical_data, integer_data, foreFr,
string_data)
20      $ 计算肋位 x 坐标
21      integer i, fr0Index
22      real x
23      fr0Index = integer_data(1)
24      x = 0.0
25      if (frNo == 0.0) then
26          x = 0.0
27      else if (frNo > 0) then
28          i = fr0Index +1
29          while (frNo > foreFr(i))
30              x = x +(foreFr(i) -foreFr(i -1))*fs(i)
31              i = i +1
32          end while
33      else
34          i = fr0Index -1
35          while (frNo < foreFr(i))
36              x = x +(foreFr(i) -foreFr(i -1))*fs(i)
37              i = i -1
38          end while
39      end if
40      x = x +(foreFr(i) -frNo)*fs(i)
41      return x
42   end function
```

上面的肋位解析函数可以将传入的肋位参数转化为 x 坐标值并返回。这个肋位解析函数首先使用 db_get_client_data 函数读取了 201/202 两项数据的基本信息，之后通过 db_get_all_client_data 函数将上述两个肋位信息表读取出来，之后再根据这个肋位信息表计算出指定肋位的 x 坐标。

完成上述两项工作后，在 Patran 界面中可以使用"fr(82.0)+200"这样的形式来表示一个纵向位置，如图 3-12 所示，Patran 会自动调用上述定义的 fr 函数来解析这个表达式。

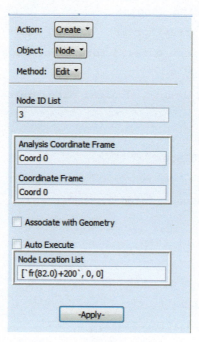

图3-12　使用肋位表达式

第4章
Patran界面和
功能菜单开发

不同于其他具有集成开发环境的程序开发，PCL 开发的界面和菜单没有一个完整方便的可视化界面来生成，多数情况下需要使用 PCL 代码来生成界面，并使用特定格式的文本文件来生成菜单和工具条。

这种方式初看起来相当麻烦，好在 Patran 二次开发的控件本身并不复杂，开发一段时间并积累了一些常用的控件设计代码后，再进行控件设计会觉得也还是可以接受的。

4.1　界面开发

4.1.1　界面开发过程

Patran 的界面是通过编写一个界面类来实现的。界面类中通过对界面元素及布局的描述函数来生成界面。如下为一个简单的界面，用于筛选并显示边长小于指定值的单元。

```
#include "..\include\appforms.p"

class dis_gui
  classwide widget form, text_desc, dbx_dis, btn_app, btn_cancel
  classwide real r_y

  /* 界面初始化函数 */
  function init()
    string str_help[100] = "1、用于查找单元最大边长小于指定值的单元并将其他单
元消隐 "
```

```
/* 创建界面框架 */
form = ui_form_create(        @
/*  call back  */    "",       @
/*  x  */     FORM_X_LOC, @
/*  y  */     FORM_Y_LOC, @
/*  position  */    "UL",    @
/*  width  */    FORM_WID_SML,  @
/*  height  */    0,      @
/*  界面标题  */     " 小单元筛选 ", @
/*  unused  */     "")


r_y = FORM_T_MARGIN
/* 创建静态文本框 */
text_desc = ui_text_create(       @
/*  父界面  */     form,    @
/*  回调函数 */     "",        @
/*  x 位置  */    FORM_L_MARGIN, @
/*  y 位置  */    r_y,      @
/*  宽度  */    FORM_WID_SML,  @
/*  文本框行数 */    5,       @
/*  文本框名称  */     " 使用说明 ",   @
/*  文本框内容  */    str_help,    @
/*  是否可编辑 */     FALSE,   @
/*  是否有水平滚动条  */    TRUE)


r_y += LABEL_HGT * 6 +2 * INTER_WIDGET_SPACE
/* 创建数据编辑框 */
dbx_dis = ui_databox_create(       @
/*  父界面  */ form,      @
/*  回调函数 */ "",        @
/*  x 位置 */ UNFRAMED_L_MARGIN,    @
/*  y 位置 */ r_y,      @
/*  标题长度 */ 0,        @
/*  数据编辑框长度 */ DBOX_WID_SINGLE * 0.92, @
/*  标题 */ " 最大边长 :",    @
/*  数据框内默认值 */ "",          @
/*  标题位于数据框之上 */ TRUE,      @
/*  数据类型 */ "STRING",       @
```

```
/*  最大数据数量 */  1)

r_y += DBOX_HGT_LABOVE +INTER_WIDGET_SPACE
/*创建"应用"按键 */
btn_app = ui_button_create(          @
/*  父界面 */    form,         @
/*  回调函数 */    "On_App",       @
/*  x 位置 */    BUTTON_HALF_X_LOC1,     @
/*  Y 位置 */    r_y,         @
/*  按键宽度  */    BUTTON_WID_HALF,     @
/*  按键高度  */    0,        @
/*  按键文字  */    "应用 ",       @
/*  unused  */    TRUE,       @
/*默认高亮 */    FALSE)

/* 创建"取消"按键 */
btn_cancel = ui_button_create(          @
/*  父界面 */        form,      @
/*  回调函数 */      "On_Cancel",    @
/*  x 位置 */        BUTTON_HALF_X_LOC2,  @
/*  Y 位置 */        r_y,      @
/*  按键宽度  */      BUTTON_WID_HALF,    @
/*  按键高度  */      0,      @
/*  按键文字 */      "取消",      @
/*  unused  */      TRUE,      @
/*默认高亮 */        FALSE)

r_y += BUTTON_DEFAULT_HGT +INTER_WIDGET_SPACE
/*重新设置框架高度 */
ui_wid_set(form, "HEIGHT", r_y)

end function

/* 显示界面 */
function display()
  ui_form_display("dis_gui")
end function
/*执行 display 函数 */
```

```
function show()
  ui_exec_function("dis_gui", "display")
end function


/* 点击按键 btn_app 后的回调函数 */
function On_App()
  ...
end function


/* 点击按键 btn_cancel 后的回调函数，删除界面 */
function On_Cancel()
  ui_form_delete("dis_gui")
end function


end class
```

鉴于此处用于示例界面的生成，上述代码中并没有列出回调函数的具体过程。

上面的示例程序生成了一个具有一个编辑框和两个按键的界面，虽然简单，但足以证明问题，多数其他更复杂的界面只是在 init 函数中添加了更多的控件而已，示例程序生成的界面如图 4-1 所示。

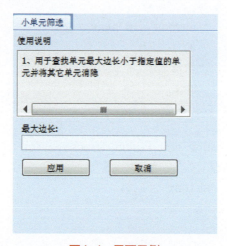

图4-1　界面示例

编写界面类时应注意以下几项：

① 文件开头须有包含语句：#include "..\include\appforms.p"，这是 PCL 的头文件，其中定义了界面控件的一些常数。如上例中创建界面框架 ui_form_create 函数中的参数 FORM_X_LOC、FORM_Y_LOC、FORM_WID_SML，创建静态文本框 ui_text_create

函数中的参数 FORM_L_MARGIN 等，均在该头文件中定义。

② 界面中的所有控件变量需要在类内最开始处定义为 classwide widget 类型，这种变量是界面元素，包括 FORM（界面框架）、按键、编辑框等。其中 classwide 是作用域定义符，表示全类作用域，可前置于任何类型前，但其定义位置也必须在类中所有函数外，类内最开始处；widget 是类型定义符，表示控件类型。

③ 一个界面类代码大致可分为三部分：界面生成部分、界面显示部分、回调函数部分。生成部分由函数 init 完成，在其中使用内置 ui_*xxx*_create 函数创建界面控件元素；显示部分使用 display 和 show 两个函数，在 display 函数中使用内置 ui_form_display 函数显示界面，在 show 函数中使用内置 ui_exec_function 函数执行上述 display 函数；很多界面生成函数中都有一个"回调函数"参数，表示相应控件的动作发生后将调用的函数名称，其中定义着具体的业务逻辑，这些都是由开发者自己定义的，但不同控件的回调函数传入的参数是不同的。

4.1.2　常用界面控件类型

以上示例制作了一个简单界面，界面控件只使用了静态文本框、数据编辑框和按键，Patran 中的界面控件远不止这三种，以下介绍常用的一些界面控件类型。

（1）LABEL 和 Labelicon

LABEL 是一个文本标签，但一般的控件都带有一个标签，因而单独使用的情况不多，生成一个文本标签使用函数为 ui_label_create(父控件 , 回调函数 , *x* 位置 , *y* 位置 , 标签内容)。

另有一种图片标签（Labelicon），可用于展示一个示意图，生成函数为 ui_labelicon_create(父控件 , 回调函数 , *x* 位置 , *y* 位置 , 图片名称)，如图 4-2 所示的 Patran 软件中检查单元 Jacobian Ratio 界面中这个图片即使用的图片标签。

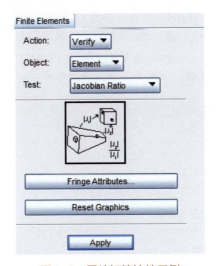

图4-2　图片标签控件示例

（2）BUTTON 和 Buttonicon

BUTTON 是按键，基本每个界面都会使用，用于执行功能，上面示例中的"应用"按键即是一例。创建函数为 ui_button_create(父控件，回调函数，x 位置，y 位置，宽度，高度，按键显示的名称，空，是否默认高亮)。

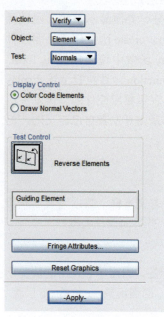

另有一种图片按键，即按键上面不是文本，而是一个图片，但两者的功能是相同的。创建函数为 ui_buttonicon_create(父控件，回调函数，x 位置，y 位置，显示图片文件名)。如图 4-3 所示的 Patran 软件中检查单元法向界面中的这个图片即为图片按键。

（3）DATABOX 和 Selectdatabox

DATABOX 是数据编辑框，可以接受用户的输入，如上面示例中的"最大边长"控件即是数据编辑框。其生成函数是 ui_databox_create(父控件，回调函数，x 位置，y 位置，标签长度，编辑框长度，标签，初始值，标签是否在编辑框之上，数据类型，最大数据数量)。其中的数据类型可以是"INTEGER""REAL"或"STRING"。

Selectdatabox 是数据选择框，用于接受用户在图形交互界面选择点线面体等几何元素及节点和单元，这种控件在实际中使用十分频繁，其生成函数是 ui_selectdatabox_create(父控件，回调函数，x 位置，y 位置，标签长度，数据框长度，标签，初始值，标签是否位于数据框上方，数据框接受的数据类型，提示信息)。其中"数据框接受的数据类型"可以接受很多种对象类型，主要有：ANY（任意对象类型）、FEM（节点、单元）、NODE（节点）、ELEMENT（单元）、GEOMETRY（几何，包括线、面、体、平面、矢量）、POINT（点）、CURVE（线）、SURFACE（面）、VECTOR（矢量）、SOLID（体）、FRAME（坐标系），其他的对象类型可以参考 Patran 的帮助手册。以下为一个可供选择单元的选择编辑框示例。

图4-3　按键与图片按键示例

```
sel_dbx = ui_selectdatabox_create(        @
    /* 父控件  */   sel_frm,      @
    /* 回调函数 */   "",          @
    /* x 位置  */   FRAME_L_MARGIN,  @
    /* y 位置  */   SDBOX_Y_LOC1_LABOVE,    @
    /* 标签长度 */   0,               @
    /* 编辑框长度 */   DBOX_WID_SINGLE * 0.92,@
    /* 标签 */   "选择单元:",         @
    /* 初始值 */   "",
```

```
/*  标签是否在编辑框之上   */   true,      @
/*  数据类型 */    "ELEMENT",    @
/*  提示信息    */    "")
```

上述代码生成的选择数据框如图4-4界面中"选择单元"控件所示。在焦点位于该控件内时，将自动激活 Patran 的选择类型过滤条，辅助选择相应的对象。

（4）TEXT

TEXT 是文本框，如上面示例中的"使用说明"，主要用来展示一些说明性文字，但其中的内容也可以设置为可编辑。创建函数为 ui_text_create(父控件,回调函数,x位置,y位置,控件宽度,行数,标签,显示文本,是否可编辑,是否有水平滚动条)。

（5）Listbox

Listbox 是列表框，用于显示多项数据，例如属性列表、组列表、材料列表、剖面形状列表等，在开发中也较为常用，其创建函数是 ui_listbox_create(父控件,回调函数,x位置,y位置,控件宽度,行数,标签,选择方式,列表项是否需要排序)。其中回调函数在用户选择发生变化时触发，详细内容会在后面说明。

图4-4　数据选择框控件示例

选择方式可以是"BROWSE""EXTEND""MULTIPLE""SINGLE"，分别表示滚动单选（可以使用鼠标滚轮改变单选列表项）、扩展多选（可以连续多选，也可以单击单选）、多选（多次单选）、单选。

下面为生成一个 LISTBOX 的代码片段示例。

```
list_grp = ui_listbox_create(         @
/*  父控件  */        form,    @
/*  回调函数 */       "On_List_Grp",   @
/*  x 位置  */        FORM_L_MARGIN,   @
/*  y 位置  */        r_y,    @
/*  控件宽度 */        LBOX_WID_SINGLE,  @
/*  行数   */         15,         @
/*  标签   */        " 无单元组 ",@
/* 选择方式 */        "EXTEND",       @
/* 是否需要排序  */        TRUE)
```

图4-5 列表框控件示例

上述代码生成的控件如图 4-5 中的"无单元组"控件所示。

除了创建列表外，列表使用时还需要向其中添加列表项，这需要使用函数 ui_listbox_items_create (列表框名称，列表项名称，列表项显示内容，列表项数，返回的列表项控件数组)。其中"列表项名称"是程序传递数据需要用到的，而"列表项显示内容"是显示在控件上的内容，这两者一般相同，如果需要显示与程序内部不同的内容，也可以设为不同的内容。"返回的列表项控件数组"是程序的返回值，会生成一个控件对象数组，存放每个列表项，一般不需要，可以使用 WIDGET_NULL 作为实参。

另外列表框应能接受用户的选择，这需要使用列表框创建函数中指定的回调函数来处理，这个回调函数的形参有两个，第一个是选中项的个数，第二个是所有选中项的名称组成的数组。

当需要删除列表项时，使用函数 ui_listbox_items_delete(列表框名称)，这个函数会将列表框中的所有列表项全部删除，如果只想删除部分列表项，需要在调用上述函数后再次调用 ui_listbox_items_create 函数，将剩余列表项再加入列表中。

上述示例界面的功能主要是查找组内没有单元的组。"查找"按键的功能是查找模型中没有单元的组，回调函数为下面的 On_App 函数；"删除"按键的功能是将列表中选中的组删除，回调函数为下面的 On_Del 函数；在列表控件的选项发生变化时定义了回调函数 On_List_Grp，在这个函数中将当前选中的列表项放入了一个全局变量数组中，以供删除时的 On_Del 函数使用。

```
/* 查找按键回调函数 */
  function On_App()
    string stra_grp_noelm[64](virtual)
    integer i_grp_num_noelm = 0
    noelmgrp_cal.Get_NoElmGrp(stra_grp_noelm, i_grp_num_noelm)
    ui_listbox_items_delete(list_grp)
    ui_listbox_items_create(list_grp, stra_grp_noelm, stra_grp_noelm,
i_grp_num_noelm, WIDGET_NULL)
    sys_free_array(stra_grp_noelm)
    return TRUE
  end function
/* 删除按键回调函数 */
```

```
function On_Del()
  integer i_grp_post_num, i
  i_grp_post_num = opt_text.getLenOfStrArr(gstra_sel_grp)
  if (i_grp_post_num < 1) then
      return TRUE
  end if
  for (i = 1 to i_grp_post_num)
      ga_group_delete(gstra_sel_grp(i))
  end for
  return TRUE
end function
/* 列表选择变化回调函数 */
function On_List_Grp(i_sel, stra_sel)
  integer i_sel
  string stra_sel[]()
  opt_text.compressStr(stra_sel, gstra_sel_grp)
end function
```

（6）Optionmenu

Optionmenu 是选项菜单，在 Patran 界面中很常用，例如创建几何等界面中的 create、object、method 等下拉选择控件，创建选项菜单使用函数 ui_optionmenu_create(父控件 , 回调函数 , x 位置 , y 位置 , 标签长度 , 标签文字 , 标签是否位于控件上方)，回调函数有一个字符串参数，表示当前选中的下拉列表项。但通过这个函数只能创建一个空的选项菜单，还需要通过函数 ui_item_create(父控件 , 选项名称 , 选项显示文字 , 是否显示复选框) 在选项菜单中添加菜单选项，这里的父控件即选项菜单控件名称。创建一个选项菜单并添加选项的示例代码片段如下。

```
string str_act[16](3, 2) = ["x", "x", "y", "y", "z", "z"]
integer i
opt_xyz = ui_optionmenu_create(            @
    /*  父控件  */      form,            @
    /*  回调函数 */      "On_xyz",   @
    /*  x 位置  */      FORM_L_MARGIN,@
    /*  y 位置  */      r_y,             @
    /*  标签长度 */      AOM_MENU_LABEL_LEN,  @
    /*  标签文字 */      " 方向 :",          @
    /*  标签是否位于控件上方    */        FALSE)
```

```
    for(i = 1 to 3)
        item_act_id(i) = ui_item_create(              @
        /* 父控件 */      opt_xyz,        @
        /* 选项名称  */    str_act(i, 1),@
        /* 选项显示文字  */     str_act(i, 2),@
        /* 是否显示复选框    */      false)
    end for

...


/* opt_xyz 选项菜单的回调函数 */
  function On_xyz(str_val)
    string str_val[]
    switch(str_val)
            case("x")
                g_ori = 1
            case("y")
                g_ori = 2
            DEFAULT
                g_ori = 3
        end switch
  end function
```

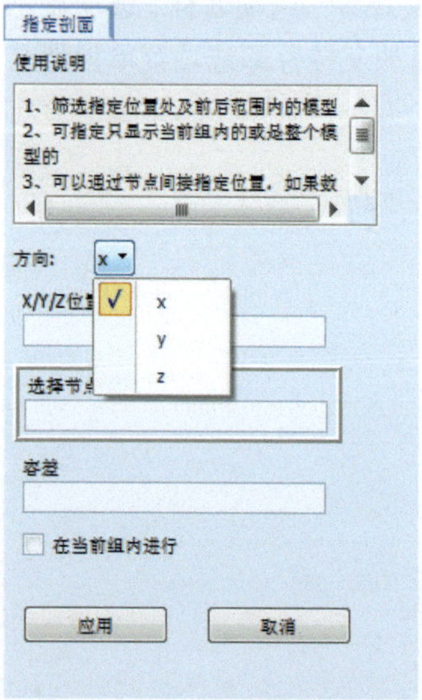

图4-6　选项菜单控件示例

上述代码会生成图4-6所示的"方向"选项菜单，选中一个选项会调用 On_xyz 回调函数并修改 g_ori 全局变量为指定的值。

（7）SWITCH

SWITCH 是单选按键，即在一组中选中一个，各个选项之间是互斥的。创建 SWITCH 的函数是 ui_switch_create(父控件，回调函数，x 位置，y 位置，列数，控件标签，是否必选 1 个)。回调函数有两个字符串参数，第一个参数表示的是选中状态发生变化的 item 的名称，第二个参数使用"ON"和"OFF"表示该 item 是被选中还是被去选，由于是单选按键，因而一个 item 的选中必伴随着另一个的去选（第一次在所有 item 均未选中的情况下的选择除外）。这时一个操作会调用两次回调函数：第一次传入回调函数的参数是去选的 item 名

称和 "OFF"；第二次传入回调函数的参数是新选中的 item 名称和 "ON"。一般情况下，只需要对选中项进行操作，此时可通过回调函数第二个参数为 "ON" 的特征进行判断。

与 Optionmenu 控件相同，SWITCH 控件创建后也需要使用 ui_item_create 函数创建选项。

另外，通常会使用一个组框将 SWITCH 单选按键包围起来表示这些个选项是一组的。组框可以使用 ui_frame_create(父控件 , 回调函数 , x 位置 , y 位置 , 宽度 , 高度 , 标签) 函数创建。如将上面 Optionmenu 示例中的 "方向" 控件使用 SWITCH 控件表示，代码如下。

```
string str_act[16](3, 2) = ["x", "x", "y", "y", "z", "z"]
integer i
/* 创建 SWITCH */
opt_xyz = ui_switch_create(                    @
/* 父控件      */      frm_xyz,                 @
/* 回调函数     */      "switch_cb",          @
/* x 位置      */      2*FRAME_L_MARGIN,        @
/* y 位置      */      r_y,                     @
/* 列数   */        3,                          @
/* 标签      */        "",                      @
/* 是否必选一个    */      TRUE )
for(i = 1 to 3)
    item_act_id(i) = ui_item_create(           @
    /* 父控件     */      opt_xyz,     @
    /* 选项名称     */      str_act(i, 1),@
    /* 选项显示文字    */      str_act(i, 2),@
    /* 是否显示复选框   */      false)
end for


function switch_cb(name, status)
  STRING name[],status[]
  ....
end function
```

上述代码生成的界面如图 4-7 所示的 "方向" 框内的控件。

（8）Toggle

Toggle 是复选框，有选中和未选中两种状态。使用 ui_toggle_create(父控件 , 回调函数 , x 位置 , y 位置 , 标签) 函数创建。其中回调函数有一个参数，参数表示是否选中的布尔值。下面的代码片段是一个示例。

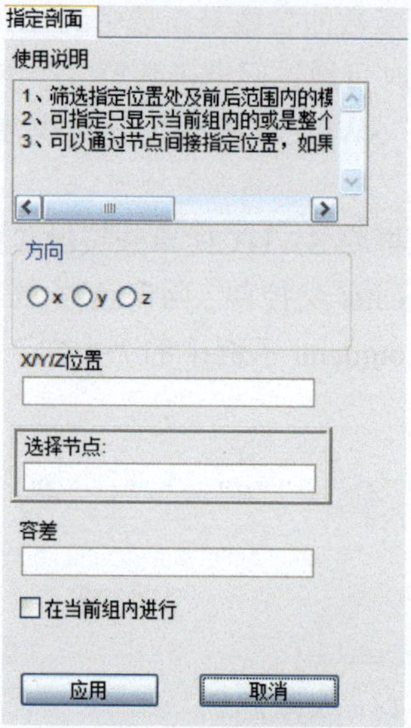

图4-7　单选按键控件示例

```
tgl_x = ui_toggle_create (              @
    /* 父控件 */        form,          @
    /* 回调函数 */       "On_Tglx",          @
    /* x位置 */        BUTTON_HALF_X_LOC1, @
    /* Y位置 */         r_y,           @
    /* 标签 */        "X向不限制 ")
    r_y += DBOX_HGT_LABOVE +INTER_WIDGET_SPACE
...
    tgl_y = ui_toggle_create (            @
    /* 父控件 */        form,          @
    /* 回调函数 */        "On_Tgly",          @
    /* x位置 */        BUTTON_HALF_X_LOC1, @
    /* Y位置 */         r_y,           @
    /* 标签 */        "Y向不限制 ")
...
    function On_Tgly(l_y)
      logical l_y
      gl_y = l_y
    end function
...
  end function
```

上述代码片段生成如图 4-8 中的"Y 向不限制"等五个复选框，选中一个复选框后会调用相应的回调函数并修改指定的全局变量的值。

（9）其他控件

除了上述介绍的控件外，Patran 中还有不少其他类型的控件，以下简要说明。

Spread 是表格控件，创建函数是 ui_spread_create(父控件，回调函数，x 位置，y 位置，宽度，高度，行标签长度，显示列数，总列数，总行数，总层数，列标签，行标签，表格标签，层标签，层值数据框标签，选择方式)。表格控件一般使用较少，Patran 中表格创建场的界面使用的是表格控件，如图 4-9 所示。

Tree 是树状图控件，创建函数是 ui_tree_create(父控件，回调函数，x 位置，y 位置，宽度，高度，标签，选择方式)，在实际开发中使用场景较少。Patran Utilities 菜单中的 Quick Count 功能使用的是树状图控件，如图 4-10 所示。

图4-8　复选框控件示例

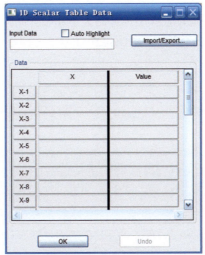

图4-9　表格控件示例

图4-10　树状图控件示例

另外还有 Slidebar、Separator、Colormenu、Colorbar、File、Frame、Modalform、Scrollframe、Selectframe 等控件类型，一般较少使用，不再赘述。

4.1.3　界面布局

界面布局主要包括界面的定位和尺寸两方面。

从上面的控件创建函数可以看出，除了用于创建界面框架的 FORM 之外，每个控件创建函数的参数列表中均有一个父控件的输入参数用于指定当前创建控件的父控件。

也就是说，控件是具有层次关系的，控件生成函数中用于位置指定的 x、y 参数也是相对于其父控件的左上角位置而言的，x 位置是相对于其父控件的左上角的横向位置，y 位置是相对于其父控件的左上角的垂向位置。

对于 FORM 框架，其 x、y 参数是相对于显示区域的左上角而言的，也可以是相对于其他角而言，这通过 FORM 创建函数的"位置"参数设置，UL（指 Upper Left）、UR、LL、LR（指 Lower Right）。

对于以 FORM 框架为父控件的控件而言，其 y 位置是相对于 FORM 框架的左上角的。通常情况下，在 FORM 框架中都有多个控件，这些控件的上下位置关系需要通过 y 位置参数来反映，因而在创建了一个控件时，要记录这个控件创建后在 FORM 框架中可用的界面空间的 y 位置，以便放置下一个控件。

除了控件的位置外，有些控件还有宽度、高度等尺寸参数，另外虽未在控件创建函数中显式体现，但控件与父控件的边缘之间以及两个控件之间还需要有一定的间隙。这些以及上面所述的 x/y 参数都是数值表示的，为了避免通过数值来指定造成的不便，Patran 提供了一个 UIL_FORM_SIZES 类，这个类中定义了 60 多个用于设置各类控件位置和尺寸的函数；同时在"Patran 安装目录 \customization\appforms.p"头文件中使用这些函数定义了许多宏，这些宏可以直接从名称上看出其含义，在实际的界面开发中可以直接使用这些宏方便地设置各类控件的大小和相互间距。下面为 appforms.p 文件中的一个片段，第 1 行中的 INTER_WIDGET_SPACE 宏即是一个控件间距的适当设置。

```
......
1    #define INTER_WIDGET_SPACE uil_form_sizes.spacing( 8 )
2    #define INTER_GROUP_SPACE uil_form_sizes.spacing( 22 )
3
4    #define SINGLE_SPACE uil_form_sizes.spacing( 5 )
5    #define QTR_SPACE uil_form_sizes.spacing( 2 )
6    #define HALF_SPACE uil_form_sizes.spacing( 3 )
7    #define THREE_QTR_SPACE uil_form_sizes.spacing( 4 )
8    #define ONE_AND_HALF_SPACE uil_form_sizes.spacing( 6 )
9    #define DOUBLE_SPACE uil_form_sizes.spacing( 7 )
......
```

有了这些宏定义，只要在编写 PCL 文件时在头部使用 #include "appforms.p" 语句引入这个头文件，就可以方便地使用诸如 INTER_WIDGET_SPACE 之类的宏来表示间距尺寸，而不必使用 uil_form_sizes.spacing(8) 这些代码来实现。在编译的过程中 cpp 预处理器会根据相应头文件中的定义自动替换这些宏。例如下面这段生成 FORM 的 PCL 代码使用了 FORM_X_LOC、FORM_Y_LOC 和 FORM_WID_SML 宏。

```
#include "..\include\appforms.p"
......
```

```
form = ui_form_create(              @
    /*    call back */    "",        @
    /*  x  */     FORM_X_LOC,     @
    /*  y  */     FORM_Y_LOC,     @
    /*position */     "UL",        @
    /*width    */    FORM_WID_SML,      @
    /*height */    0,         @
    /*label    */    "生成属性",         @
    /*unused  */     "")
......
```

cpp 预处理器处理为 C++ 代码后，上述 3 个宏分别被替换为了 uil_form_sizes.form_x_loc(1)、uil_form_sizes.form_y_loc(1) 和 uil_form_sizes.form_wid(1)，如下所示。

```
......
form = ui_form_create(              @
    "",              @
    uil_form_sizes.form_x_loc( 1 ),        @
    uil_form_sizes.form_y_loc( 1 ),        @
    "UL",          @
    uil_form_sizes.form_wid( 1 ),        @
    0,          @
    "生成属性",           @
    "")
......
```

》》 4.1.4 使用 VSCode 进行界面程序编写

从上面的介绍中我们可以感觉到编写界面函数是一件相当繁琐的工作。尤其是一般情况下，对各类界面控件的使用仅是设定如标签文字、内容类型等个别的几项属性，更让人感觉这么写有点低效。如果使用 VSCode 编辑器编写 PCL 程序，可以使用代码片段功能来减少这部分工作，具体做法如下。

① 在 VSCode 中点击按键 F1 并在其中输入 "snippets"，选择如图 4-11 所示的第一项。

图4-11　配置Snippets

② 之后在上述框中输入"PCL"，将会有如图 4-12 所示的提示，如果当前没有设置过 PCL 代码片段文件，可选择图 4-12 中的第二项，VSCode 会自动创建一个 PCL.json 文件并打开。

图4-12　生成PCL Snippets配置文件

③ 在 PCL.json 文件中添加如下的生成界面控件的代码模板并保存，以下示例添加了一些常用的控件，如需其他的控件，同样添加即可。

```
{
//FORM 控件
    "ui_form_create": {
        "prefix": "ui_form_create",
        "body": [
        "$1 = ui_form_create( @",
        "/* call back */   \"\", @",
        "/* x */    FORM_X_LOC, @",
        "/* y */    FORM_Y_LOC, @",
        "/* position */   \"UL\", @",
        "/* width */   FORM_WID_SML, @",
        "/* height */   0,  @",
        "/* label */   \"$2\", @",
        "/* unused */   \"\")"
        ],
    },
// 文本框控件
    "ui_text_create":{
        "prefix": "ui_text_create",
        "body": [
            "$1 = ui_text_create(  @",
            "/* parent */   $2, @",
            "/* callback*/   \"\", @",
            "/* x */   FORM_L_MARGIN, @",
            "/* y */   r_y, @",
            "/* wid */   FORM_WID_SML, @",
```

```
            "/* num_row */    5,   @",
            "/* label */    \"$3\", @",
            "/* text */    $4, @",
            "/* editable*/    FALSE, @ ",
            "/* HScrol */    TRUE)"
        ]
    },
// 选项菜单控件
    "ui_optionmenu_create":{
        "prefix": "ui_optionmenu_create",
        "body": [
            "$1 = ui_optionmenu_create(   @",
            "/* parent */    $2, @",
            "/* callback */    \"$3\", @",
            "/* x  */    FORM_L_MARGIN, @",
            "/* Y */    r_y, @",
            "/* LABEL_LENGTH */    AOM_MENU_LABEL_LEN, @",
            "/* LABEL */    \"$4\", @",
            "/* LABEL_ABOVE */    FALSE)",
        ]
    },
// 选项控件
    "ui_item_create":{
        "prefix": "ui_item_create",
        "body": [
            "$1 = ui_item_create(   @",
            "/* parent */    $2, @",
            "/* name */    $3, @",
            "/* label */    $4, @",
            "/* toggle  */    false)",
        ]
    },
// 数据编辑框控件
    "ui_databox_create":{
        "prefix": "ui_databox_create",
        "body": [
            "$1 = ui_databox_create(   @",
```

```
            "/* parent */ $2,    @",
            "/* callback */ \"\",    @",
            "/* x */  UNFRAMED_L_MARGIN,  @",
            "/* y */  r_y,  @",
            "/* label_length */ 0,    @",
            "/* box_length */  DBOX_WID_SINGLE * 0.92, @",
            "/* LABEL */ \"$3\", @",
            "/* value */ \"\",    @",
            "/* label above */ TRUE,   @",
            "/* datatype */ \"${4|INTEGER,REAL,STRING|}\",   @",
            "/* NUM VALS */ 1)",
        ]
    },
// 选择组框控件
    "ui_selectframe_create":{
        "prefix": "ui_selectframe_create",
        "body": [
            "$1 = ui_selectframe_create(  @  ",
            "/* parent */ $2,   @",
            "/* callback */ \"\",   @",
            "/* x */ SFRAME_X_LOC_COL1, @",
            "/* Y */ r_y,   @",
            "/* width */ SFRAME_WID_SINGLE * 0.95,@",
            "/* HEIGTH */ SFRAME_1SDB_HGT_LABOVE, @",
            "/* LABEL */ \"\",    @",
            "/* RECYCLE */ TRUE)",
        ]
    },
// 选择数据框控件
    "ui_selectdatabox_create":{
        "prefix": "ui_selectdatabox_create",
        "body": [
            "$1 = ui_selectdatabox_create(  @",
            "/* parent */  $2, @",
            "/* callback */  \"\",  @",
            "/* x */  FRAME_L_MARGIN, @",
```

```
            "/* y */    SDBOX_Y_LOC1_LABOVE, @",
            "/* label_length */   0,   @",
            "/* box_length */    DBOX_WID_SINGLE * 0.92,@",
            "/* LABEL */   \"$3\",  @",
            "/* value */   \"\",   @",
            "/* label above */   true,   @",
            "/* datatype */
\"${4|ANY,FEM,NODE,ELEMENT ,GEOMETRY,POINT,CURVE,SURFACE,VECTOR,SOLID,
FRAME|}\",   @",
            "/* prompt */   \"\")",
        ]
    },
// 复选框控件
    "ui_toggle_create":{
        "prefix": "ui_toggle_create",
        "body": [
            "$1 = ui_toggle_create (   @",
            "/* parent */    $2,   @",
            "/* callback*/    \"$3\",   @",
            "/* x */     BUTTON_HALF_X_LOC1, @",
            "/* Y */     r_y,   @",
            "/* LABEL */    \"$4\")",
        ]
    },
// 按键控件
    "ui_button_create":{
        "prefix": "ui_button_create",
        "body": [
            "$1 = ui_button_create(   @",
            "/* parent */   $2,   @",
            "/* callback*/   \"$3\",   @",
            "/* x */   BUTTON_HALF_X_LOC1,  @",
            "/* Y */   r_y,   @",
            "/* width */   BUTTON_WID_HALF,  @",
            "/* HEIGHT */   0,    @",
            "/* LABEL */   \"$4\",   @",
```

```
                 "/* unused */    TRUE,    @",
                 "/* HIGHT LIGHT*/    FALSE)",
            ]
        }
}
```

④ 完成上述操作后，在 PCL 文件中键入 "ui"，将会出现如图 4-13 所示的下拉列表，选择后将会自动将代码片段填入当前位置。

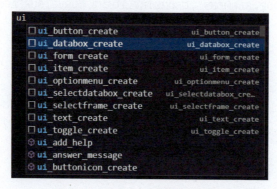

图4-13　VSCode中的代码片段

上述各控件代码片段中，以 $ 开头后跟一个数字的符号称为 tabstop，是在使用代码片段后按 TAB 键后会经过的位置，可以在需要填写内容的位置设置 tabstop，另外 tabstop 中还可以设置可选项。如上述数据编辑框代码片段中的 "${4|INTEGER,REAL,STRING|}" 就是一个可选择的 tabstop，当 TAB 键到此处时会出现下拉列表，选择上述三个选项以便 VSCode 自动填充，效果如图 4-14 所示。

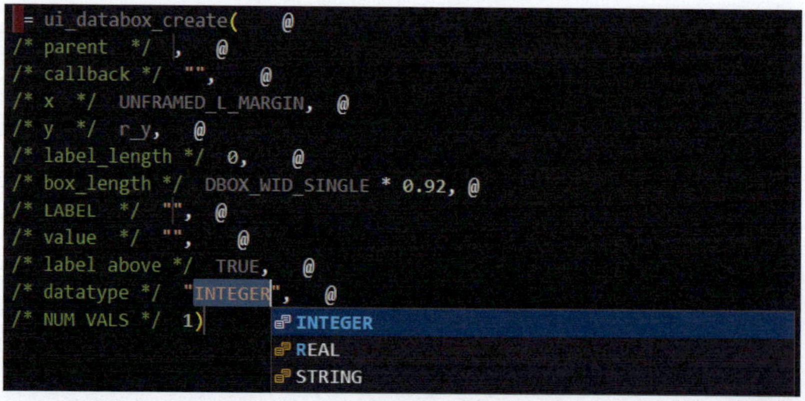

图4-14　VSCode中的tabstop

使用代码片段功能后，界面编写可以节省相当的时间并减少出错，对于下述的工具条文件和菜单文件也可以使用类似的方式简化工作。

4.2 菜单和工具条

在编写了界面和相应的功能函数后，需要在 Patran 中启动这些功能和界面，一种方法是直接在命令栏中输入这些功能的函数名或界面的显示函数来执行，但这需要记住这些函数名，不太方便，更常用的是通过制作工具条（工具按键）和菜单来调用这些界面和功能。

4.2.1 生成菜单

Patran 菜单是在菜单文件中定义的，是一个文本文件，放在 Patran 的根目录下，名称为 p3_user_menu.xxx.def，其中的 xxx 可以是用户自己定义的任何名称。Patran 启动时会自动加载这类菜单文件生成相应的菜单，如下所示为一个示例菜单文件。

```
1    *MENU LABEL    = smart
2    *VERSION = 1.0
3
4    *ALWAYS ENABLED = FALSE
5
6    *CLASS        = plane_centre
7    *FUNCTION    = show
8    *LABEL        = 单元形心计算
9    *DESCRIPTION = 计算平面单元的形心
10   *LOAD ITEM
11
12   *SEPARATOR
13
14   *CASCADE MENU = 节点网格划分
15   *CLASS        = CMESH_ON_MESH
16   *FUNCTION    = show
17   *LABEL        = Mesh on Mesh
18   *DESCRIPTION = Mesh on Mesh
19   *LOAD ITEM
20
21   *CLASS        = refine_gui
22   *FUNCTION    = show
23   *LABEL        = 节点细化
24   *DESCRIPTION = 节点细化
```

```
25    *LOAD ITEM
26    *CASCADE END
```

菜单定义文件中以 * 开头的行是有效的定义行，其他均会忽略。

第 1 行定义了菜单的名称为 smart ；第 2 行定义版本号。

第 4 行使用布尔值表示菜单是否在未打开任何模型时有效。

第 6 ～ 10 行定义了一个菜单项，显示名称为"单元形心计算"，点击后调用 plane_centre 类中的 show 函数，鼠标悬停将会有"计算平面单元的形心"提示。

第 12 行在菜单中定义了一个分隔条。

第 14 ～ 26 行定义了一个级联菜单，菜单项名称为"节点网格划分"，下层有两个菜单项，分别为"Mesh on Mesh"和"节点细化"，这两个菜单项的定义方式与第 6 ～ 10 行的菜单项是相同的。

使用上述菜单文件生成的菜单效果如图 4-15 所示。

图4-15　菜单定义示例

》》 4.2.2　生成工具条

工具条和工具按键是通过 Patran 安装目录下的 **p3toolbar.def** 文件定义的，也是文本文件，默认情况下这个文件中定义的是 Patran 的 HOME 工具条，但可以在这个文件的末尾添加自定义的工具条和工具按键，Patran 启动时会自动加载这些工具条，添加示例如下。

```
...
1    *START TOOLBAR   = smart
2
3     *ICON     = center.bmp
4     *CLASS    =plane_centre
5     *FUNCTION = show
6     *HELP     = 单元形心
7    *LOAD ITEM
8
9     *ICON     = refine.bmp
10    *CLASS    =refine_gui
```

```
11      *FUNCTION = show
12      *HELP     = 节点细化
13   *LOAD ITEM
14
15   *END TOOLBAR
```

与菜单定义文件相同，这个文件中 * 开头的才是有效语句，其他忽略。

在第 1 ～ 15 行，通过 *START TOOLBAR 和 *END TOOLBAR 为界定义了工具条。在这个工具条中添加了两个工具按键，第 3 ～ 7 行是第 1 个工具按键，其中分别使用 *ICON、*CLASS、*FUNCTION 和 *HELP 指定了这个工具按键的图标、点击后执行哪个类中的哪个函数以及悬停后的提示信息，第 9 ～ 13 行定义了第 2 个工具按键，定义方法相同。

其中通过 *ICON 指定的图标文件是一个 16×16 的图片文件，应存储至 Patran 安装目录下的 icons 目录中。

上述定义生成的工具条如图 4-16 最右侧所示。

图4-16　工具条示例

4.3　界面处理

》》 4.3.1　文本文件读写

PCL 可以通过两个库函数读写格式化字符串，分别是：string_read(string, fmt, ints, reals, chars) 和 string_write(fmt, ints, reals, chars, string)。从其形参列表可以看出，string_read 是通过读入的 string 根据输入的格式化字符串（fmt）提取出整型数组、实型数组和字符串数组，而 string_write 正好相反，是根据输入的整型数组、实型数组和字符串数组按格式化字符串（fmt）的要求组合成一个字符串。

格式化字符串是使用 % 括起来的一个字符串，用于表示输出的格式控制（如果需要写出百分号，则需使用 %% 表示）。不同类型数据的格式化符也不同，string_read 和 string_write 使用的格式化符也稍有不同，以下先简述 string_write 的格式化符。

整数的格式化使用 %rIm.nf%，表示输出 r 个整数，其中每个至少占位 m 位（如省略则按实际位数输出），每个整数至少输出 n 个非空字符（不够填 0），f 可以是 L 或 R

分别表示左对齐和右对齐。

实数的格式化可以使用 %rFm.nf%、%rEm.n.pf%、%rGm.n.pf%，其中的 F、E、G 分别表示使用正常格式、使用指数形式和根据数值自动选择使用上述哪种形式。类似地，r、m、n 分别表示输出的数据个数、每个总占位数和小数占位数（如果省略 n 则输出所有的有效数字）；f 使用 L 和 R 分别表示左对齐和右对齐，对于指数形式 f 还可以使用 C 抑制输出指数符号 E；p 表示指数部分的占位数。

字符串类型数据的格式化使用 %rAmf%，r、m 分别表示输出的数据个数和每个数据的占位数，f 同样以 L 或 R 分别表示左对齐或右对齐。

除了上述的格式化符外，还有一些特殊的格式化符：空格格式化符 %rW% 可用于输出 r 个空格；换行格式化符 %rN% 可用于输出 r 个换行；16 进制数格式化符 %rXm.nf% 可用于输入 16 进制数 X（r、m、n、f 的意义与前述相同）。

另外，还可将上述多个格式化符及其他字符成组后（使用括号括起表示成组），使用 %r(xxx)% 表示 r 次重复这个成组。

string_read 与上述格式化符类似，区别在于没有表示小数占位数、指数占位数和对齐的 n、p、f 选项，另外增加了 FORTRAN 格式化符 %Of%，其中 f 可分别使用 F、V 表示 FORTRAN 固定格式和可变格式。

关于文本读写，由于在其他章节的相关示例代码中多次使用到这些内容，本节中不再单独设置示例。

》》 4.3.2 列表处理

Selectdatabox 控件可以接受选择的几何对象和有限元对象，在用户交互选择后，选中的对象将会以列表文本的形式自动填入控件的编辑框中，另外这里面的文本也是可以手工编辑的。图 4-17 是一个选择加载节点的界面中的 Selectdatabox 控件，选择后编辑框中自动填入了以 Node 开头的一串文本，其后面以空格分隔多个节点 ID 段，每个节点 ID 段或是一个数字（表示一个对象的 ID）；或是用冒号分隔的两个数字（表示对象 ID 在这两个数字之间的所有对象 ID）；或是用冒号分隔的三个数字（表示对象 ID 形成以第一个数字为起点，第二个数字为终点，第三个数字为步长的等差数列）；或是（如图 4-17 右侧的单元生成界面）一个中间带点的一串数字（这里的点表示对象的从属关系）。另外 Selectdatabox 控件除了接受指定单一类型的对象外，还可以接受多种类型的对象（比如创建组时的选择框就接受各种对象类型）。

在使用过程中，尤其是使用前面所述的数据库内部函数的时候，需要将这些对象 ID 段转换为相应的对象 ID 数组，以便后续处理，这个过程需要使用列表处理器，在处理完成后，有时还需要使用界面操作函数，而界面操作函数又需要一个列表字符串，这时列表处理器中也提供函数前一个整型数组转化为列表字符串。

列表处理器是一组列表处理函数，这些函数主要有三类，分别以 lp、fem_u 和 app 开头，每类处理器都可以单独使用，以下分别介绍。

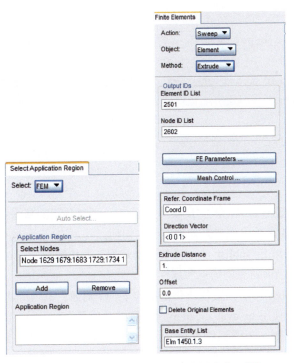

图4-17　Selectdatabox的选择内容示例

（1）lp 列表处理器

lp 列表处理器的常用功能是将一个列表字符串转换为一个对象 ID 列表或者反之。例如，现在使用 ui_wid_get_vstring 函数通过界面的 Selectdatabox 控件获得一个字符串：picklist="Node 24885:24887 24905:24909 Elm 42062:42064 42083:42087"，现在想要从中提取出节点的 ID 列表以便做进一步的操作，下面的示例代码便可以将上述字符串转化为一个节点 ID 数组，最终为 [24885, 24886, 24887, 24905, 24906, 24907, 24908, 24909]。

```
1    #include "lpenums.p"
2
3    string picklist[200]
4    integer nodeIds(virtual)
5    integer handle, nodeCount, tempID(1), i, type
6    picklist = "Node 24885:24887 24905:24909 Elm 42062:42064
42083:42087"
7    lp_eval(picklist, LP_EVAL_FOR_FEM_DEFINITION, handle)
8    lp_sublist_count(handle, LP_SUBLIST_NODE, nodeCount)
9    sys_allocate_array(nodeIds, 1, nodeCount)
```

```
10    for (i = 1 to nodeCount)
11      lp_sublist_type(handle, LP_SUBLIST_ANY, type)
12      if (type == LP_SUBLIST_NODE) then
13        lp_sublist_attribute_get_int(handle, LP_ATTRIBUTE_ID, tempID)
14        nodeIds(i) = tempID(1)
15      end if
16      lp_sublist_next(handle)
17    end for
18    lp_eval_cleanup(handle)
```

这个示例过程虽然简单，但它反映了 lp 列表处理器使用的基本过程：

① 使用 lp_eval 函数生成列表处理迭代器句柄；

② 在循环中使用 lp_sublist_type 函数判断类型，并使用 lp_sublist_ attribute_get_*xxx* 函数提取迭代器中当前对象的信息和属性；

③ 使用 lp_sublist_next 函数使迭代器指向下一个对象；

④ 处理完成后使用 lp_eval_cleanup 函数释放迭代器。

结合上面的示例，下面详细说明一下上述的步骤和各步骤中用到的列表处理器函数。

第 1 行是引入 lpenums.p 头文件，这个文件在 Patran 安装目录下的 customization 目录中，定义了用于列表处理的一系列宏，使用 lp 列表处理时需要引入这个文件。具体来讲，这个头文件中主要使用 LP_EVAL_*xxx* 定义了列表处理器的类型（表示列表处理器用于处理什么东西，如 ID，LABEL，几何，有限元定义等），使用 LP_SUBLIST_*xxx* 定义了单个对象的类型（如点、线、面、节点、单元等），使用 LP_ATTRIBUTE_*xxx* 定义了对象的属性类型（如 ID、类型、单元的节点等）。

第 7 行使用 lp_eval 函数生成列表处理器，有三个参数：列表字符串、列表处理类和列表处理器句柄，其中前两个为输入参数，最后一个为输出参数。列表处理器类型是在 lpenums.p 中定义的，最为常用的有两个：LP_EVAL_FOR_ID 用于处理 ID，LP_EVAL_FOR_FEM_DEFINITION 用于单元和节点处理。输出参数列表处理器句柄用来标识这个列表处理器，用于后续相关的操作。

第 8 行的 lp_sublist_count 函数用于计算列表中指定类型的对象数量（示例中是节点），这个函数有三个参数：列表处理器句柄、对象类型过滤器和结果数量，其中前两个是输入参数，最后一个是输出参数。对象类型过滤器也是在 lpenums.p 中定义的，常用的有：表示单元的 LP_SUBLIST_ELEMENT，表示节点的 LP_SUBLIST_NODE，表示 MPC 的 LP_SUBLIST_MPC，表示节点 / 单元 /MPC 三者的 LP_SUBLIST_FINITE_ELEMENT 等。

第 11 行的 lp_sublist_type 函数用于判断列表处理器当前指向对象的类型，这个函数有三个参数：列表处理器句柄、对象类型过滤器和对象类型，其中前两个是输入参数，最后一个是输出参数。对象类型过滤器和对象类型都是前面定义的 LP_SUBLIST_xxx，对象类型过滤器一般均设为 LP_SUBLIST_ANY，对象类型是返回的列表处理器当前指向对象的实际类型，通过这个可以判断这个对象是什么类型的，再进行后续操作，如示例中第 12 行以过滤类型为节点的对象。

第 13 行的 lp_sublist_attribute_get_int 函数得到列表处理器中当前对象的 ID。lp_sublist_attribute_get_int 函数用于获取列表处理器中当前对象的整数属性，类似的还有获取对象的实数、字符串以及整数数组和实数数组属性的，将这一组函数的原型列于下。可以看出，所有函数都有"处理器句柄"和"属性"两个输入参数，另外对于数组类型的属性获取函数（字符串可以视为字符数组）还有一个"数据宽度"的输入参数，输出参数有"属性值"和"数组长度"（对于数组类型的属性获取函数）。

```
lp_sublist_attribute_get_int(处理器句柄，属性，属性值)
lp_sublist_attribute_get_float(处理器句柄，属性，属性值)
lp_sublist_attribute_get_string(处理器句柄，属性，数据宽度，属性值，字符串
长度)
lp_sublist_attribute_get_inta(处理器句柄，属性，数据宽度，属性值，数组
长度)
lp_sublist_attribute_get_floata(处理器句柄，属性，数据宽度，属性值，数组长度)
```

"属性"表示需要提取列表处理器中对象哪个属性，属性的种类在 lpenums.p 中定义，常用的有：表示 ID 的 LP_ATTRIBUTE_ID，表示单元类型的 LP_ATTRIBUTE_TOPOLOGY_ID，表示单元维度的 LP_ATTRIBUTE_DIMENSIONALITY，表示单元节点数量的 LP_ATTRIBUTE_NODE_COUNT，表示单元节点列表的 LP_ATTRIBUTE_NODE_LIST 等。另外还有很多属性，但不同的属性需要配合相应类型的列表处理器使用，上面所述的几种在 LP_EVAL_FOR_FEM_DEFINITION 类型的列表处理器下均可使用。虽然可以使用列表处理器的这些属性来获得单元的节点、类型等内容，但在这种使用场景下多数情况需要的不止这些信息，因而更经常的还是使用"第 3 章 Patran 模型操作"中的相应函数进行查询，而仅使用列表处理器完成列表操作。

第 16 行的 lp_sublist_next 函数用于将列表处理器指向下一个对象。

第 18 行的 lp_eval_cleanup 函数用于释放列表处理器。

另外，lp 列表处理器还有一个十分常用的函数 lp_picklist_string_creator_v，这个函数可将 ID 数组生成列表字符串。由于界面操作函数一般是使用各类对象的列表字符串作为输入参数，因而对于处理流程生成了各类 ID 数组的情况，这个函数尤其有用，例如生成单元 1 和 2 的列表字符串，如下所示。

```
integer items(2, 6)
string vstring[virtual]
items(1, 1) = 4; items(1, 2) = 2; items(1, 3) = 1
```

```
items(2, 1) = 4; items(2, 2) = 2; items(2, 3) = 2
lp_picklist_string_creator_v (                              @
    /* 元素项 */  items,    @
    /* 元素数量 */    3,      @
    /* 是否排序 */    1,      @
    /* 列表字符串 */  vstring)
```

这个函数的前 3 个参数均为输入参数，"元素数量"表示要生成列表字符串的对象（单元、节点等）个数。"是否排序"表示生成列表字符串时是否对元素按 ID 号先排序，0 表示不需要，1 表示需要。参数"元素项"是一个二维整型数组，第一维长度为要生成列表字符串的对象数量，第二维长度为 6，表示每个对象（如单元）的 6 项属性：元素类别、元素类型、元素 ID、元素第 1 层子 ID、元素第 2 层子 ID、元素第 3 层子 ID。常用的元素类别有（括号中的数字表示在函数中使用的类别代码）：几何（3），有限元素（4）。对于几何元素类别，常用的元素类型有：点（1），曲线（3），直线（4），面（5），体（7），坐标系（11），向量（12），平面（16）。对于有限元素类别，常用的元素类型有：节点（1），单元（2），MPC（3）。元素的第 1/2/3 层子 ID 指元素的下层元素，如体下层为面，面下层为边，边下层为点，开发中较少使用。

使用 lp_picklist_string_creator_v 函数生成列表字符串，构造其元素项数组，看似相对于直接拼装列表字符串而言并不省事，但如果元素数量很多，那么直接拼装出的字符串可能很长，而使用 lp_picklist_string_creator_v 函数生成列表字符串可将连续或等差 ID 使用：语法表示，可减少很大的数组空间。

（2）app 列表处理器

相比 lp 列表处理器，app 列表处理器的功能要单一得多，主要是获取列表字符串中的对象 ID，并不能获得诸如单元类型等更多的属性。

使用 app 列表处理器通过列表字符串获取相应的节点 ID 列表的过程如下所示。

```
1   #include "lpenums.p"
2
3   string picklist[200]
4   integer nodeIds(virtual), handle, nodeCount, i, status
5   picklist = "Node 24885:24887 24905:24909 Elm 42062:42064
42083:42087"
6   nodeCount = app_count_id_list(LP_SUBLIST_NODE, picklist, false,
status)
7   sys_allocate_array(nodeIds, 1, nodeCount)
8   app_get_handle(picklist, LP_EVAL_FOR_FEM_DEFINITION, false,
handle)
```

```
9    for (i = 1 to nodeCount)
10        nodeIds(i) = app_next_id(handle, LP_SUBLIST_NODE, picklist,
false, false, status)
11   end for
```

使用 app 列表处理器的基本过程如下。

① 使用 app_get_handle 函数生成列表处理器句柄。

② 使用 app_next_id 函数使列表处理器指向下一个对象并得到对象的 ID。

比 lp 列表处理器简单多了，下面结合上面的示例程序详细说明一下在其中用到的各个函数。

第 1 行同样要引入 lpenums.p 头文件。

第 6 行使用 app_count_id_list 函数统计了列表字符串中指定类型对象的数量，这个函数有四个参数：对象类型过滤器、列表字符串、是否生成错误消息和执行状态标识，其中前三个是输入参数，最后一个是输出参数。另外这个函数会通过返回值的形式返回指定类型对象的数量。

第 8 行中的 app_get_handle 函数会生成一个列表处理器，这个函数有四个参数：列表字符串、列表处理器类型、是否生成错误消息和列表处理器句柄。

第 10 行中的函数 app_next_id 在一个循环中返回列表处理器当前指向对象的 ID 并自动指向下一个对象。这个函数有 5 个参数：列表处理器句柄、对象类型过滤器、列表字符串、是否生成错误消息、是否到达结尾。

（3）fem_u 列表处理器

fem_u 列表处理器相对 app 列表处理器更简单，连迭代都不需要了，甚至不需要打开任何模型。也就是说，它是纯靠字符串解析得出的 ID 数组。

```
1    #include "lpenums.p"
2
3    string picklist[200]
4    integer nodeIds(virtual), nodeCount, status
5    picklist = "Node 24885:24887 24905:24909 Elm 42062:42064
42083:42087"
6    nodeCount = fem_u_count_id_list(LP_SUBLIST_NODE, picklist, false,
status)
7    sys_allocate_array(nodeIds, 1, nodeCount)
8    fem_u_get_id_list(LP_SUBLIST_NODE, picklist, nodeCount, false,
nodeIds)
```

第 6 行中的 fem_u_count_id_list 函数用于获取列表字符串中指定类型的对象数量，有四个参数：对象类型过滤器、列表字符串、是否生成错误消息和执行状态标识，其中前三个是输入参数，最后一个是输出参数。

第 8 行中的 fem_u_get_id_list 函数用于从列表字符串中提取指定类型的对象 ID 数组，有 5 个参数：对象类型过滤器、列表字符串、对象数量、是否生成错误消息和 ID 数组，其中前 4 个是输入参数，最后 1 个是输出参数。如果是提取节点 ID 数组，甚至还有一个只需要 3 个参数的更简单的函数 fem_u_extract_node_ids(列表字符串，节点数量，节点 ID 数组)。

总结一下，上面介绍了三类列表处理器，lp 列表处理器使用最复杂，app 列表处理器次之，fem_u 列表处理器使用最为简单，它们能得到的信息是随着难度增加而增加的。由于 fem_u 列表处理器不需要借助模型，因而它只能得到列表字符串字面提供的信息，如果只是需要从列表字符串中获取相应的对象 ID 数组，其实使用 fem_u 处理器也就可以了。

另外，除从列表字符串转为对象 ID 数组的操作外，lp 列表处理器提供了一个函数 lp_picklist_string_creator_v，可用于将对象 ID 数组转换为列表字符串。

第5章
使用Python进行
辅助处理

Python 是一种易于学习、功能强大的面向对象编程语言，也是近年来最为流行的编程语言之一（其在编程语言排名网站 TIOBE 上自 2021 年 9 月以来至 2023 年始终处于榜首）。它具有高效的高级数据结构，语法简单易学且十分灵活，加上其解释性质，使其成为许多领域脚本编写和快速应用程序开发的理想语言。学习了 Python，不仅可以辅助进行 Patran 或 Nastran 的二次开发，还可以开发许多其他方面的应用。

Python 的解释器和库（包括标准库和许多第三方库）可以从 Python 官方网站（https://www.python.org/）以源代码或二进制形式免费得到。由于 Python 的开放性，它有众多的开源库可以使用，也有一些专门为 Nastran 编写的库，比如 pyNastran，这个库提供了读写 BDF 文件（大多数常用的数据卡都支持）、读写 OP2 文件、读取 HDF5 文件等经常需要的功能，另外还提供一些模型检查的功能，甚至还提供了一个图形界面程序 pyNastranGUI，用于查看 BDF 的模型以及结果等。如图 5-1 所示为使用 pyNastranGUI 查看的一个 VLCC 的三舱段模型。

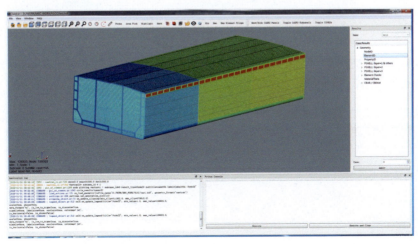

图5-1　使用pyNastranGUI查看的三舱段模型

借助 Python 灵活高效的数据结构和丰富的第三方库，我们可以将部分算法部分从 PCL 中移出，只使用 PCL 编写界面和数据存取相关的逻辑，纯粹的业务算法逻辑可以使用 Python 在外部实现。

5.1 Python安装与环境配置

5.1.1 安装 Python

Python 是一门至今仍在不断发展的语言，截至 2022 年底的最新版本是 3.11。用户可以通过 Python 的官方网站 www.python.org 下载最新的 Python 版本进行安装。安装过程相对简单，但需要注意两点，一是需要选择"add python 3.xx to path"，以便可以在任何文件调用 Python（如果忘记，可以在系统环境变量的 path 变量中添加 Python 的文件夹路径），二是需要在 Optional Features 中选中 pip 安装选项，如图 5-2 所示，以便后续可以方便地安装第三方库。

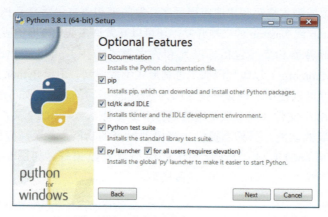

图5-2　Python安装——安装选项

Python 安装完成后，可以打开命令行窗口并输入 Python，如果如图 5-3 所示，显示 Python 版本号，则说明安装成功。

图5-3　Python安装——版本检查

5.1.2　配置 VSCode 作为 Python 代码编辑调试工具

安装完成后，可以在任何文本编辑器中编写 Python 代码，编写完成后，在 Windows 命令行窗口中输入"python Python 代码文件路径"，即可执行相应的程序。

如果使用一些成熟的代码编辑器编写程序，可以节省许多时间，推荐使用 VS Code 作为 Python 的代码编辑器。安装完成 VSCode 后，可以在其扩展项中搜索 "python"，安装如图 5-4 所示的插件，这个插件提供了代码自动补全、语法检查、程序调试等功能。

图5-4　VSCode配置Python插件

5.1.3　安装第三方库

使用 Python 的一大优势即是有大量可以利用的第三方库，安装第三方库的方式是直接在命令行窗口中输入"pip install 库的名称"，例如安装 pandas 库可直接输入"pip install pandas"。在网络连通的情况下，很快便可安装完成。

默认情况下 pip 工具是从 pypi 网站下载安装包的，如果速度较慢，可以使用"pip install 库的名称 –i 镜像源"的方式更换下载的镜像源，较为常用的镜像源地址有：阿里云开源镜像站（http://mirrors.aliyun.com/pypi/simple/）、清华大学开源镜像站（https://pypi.tuna.tsinghua.edu.cn/simple）等。例如使用清华大学开源镜像站下载安装包，可以在命令行中输入"pip install pandas –i https://pypi.tuna.tsinghua.edu.cn/simple"。但如果每次都这样输入显然还是太麻烦，此时可以通过修改用户目录下的 \AppData\Roaming\pip\pip.ini 文件来设置默认使用的镜像源，将这个文件中的内容修改为如下示例，即可在每次下载安装包时均使用清华大学的镜像源。

```
[global]
index-url = https://pypi.tuna.tsinghua.edu.cn/simple
```

5.2　Python语法

5.2.1　基本语法

（1）Python 注释

单行注释在注释前加 #，这个 # 可以在行首，也可以在行中间，如果在行首则当前行全为注释，如果在行中，则自 # 后为注释。

```
CHUNK = 1024    # 行尾注释
# 整行注释
FORMAT = pyaudio.paInt16
```

（2）Python 语句

Python 程序中一行代码的句末不需要任何终止符，如果非要使用，分号 "；" 终止符也是可以的，但没有必要。如果一条语句过长需要换行，可以在行尾加上反斜杠 "\" 后换行。

Python 使用缩进来表示不同的代码层次，处于同一层次的代码其缩进量应是相同的，处于下层的代码应比上层代码有更多的缩进量，如果下一行要缩进，则前一行的行尾是一个冒号。如下面的函数例子中共有 5 层。

```
def DiophantEqus(s, vs, n, paths):                    # 第一层
    if len(vs) == n:
        paths = {}
    div = vs[0]
    maxQuotient = int(s/div)
    if len(vs) > 1:
        vs = vs[1:]
        for i in range(0, maxQuotient+1):
            paths[div] = i
            res = s -div*i
            DiophantEqus(res, vs, n, paths)
    else:                                             # 第二层
        for i in range(0, maxQuotient+1):             # 第三层
```

```
        if s == i * div:                     # 第四层
            paths[div] = I                   # 第五层
        print(paths)
```

（3）Python 运算符

主要的运算符如表 5-1 所示。

表5-1　Python语言运算符

运算符	说明
+, −, *, /	加减乘除四则运算
**	指数运算
%	取模
//	取整数商
+	字符串连接符
<, <=, >, >=, ==, !=	逻辑运算符，分别为：小于，小于等于，大于，大于等于，等于，不等于
or	逻辑或
and	逻辑与
not	逻辑非
is, is not	同一判断
in, not in	成员判断

（4）Python 变量

Python 中的变量在使用前无需像 PCL 语言那样进行显式声明其类型，而是在使用前作为左值给其赋值即可，在赋值时即隐式进行了声明。虽然其不需要显式地指明变量的类型，但这并不代表其没有类型，其类型会根据其第一次赋值的类型而确定，如果想要更明确，也可以在赋值时指明其类型（这在 Python 中称为注解），如下所示两种方式都会将变量设为 int 型。

```
a:int = 10
b = 20
```

Python 是完全面向对象的，所有变量均为对象，均可使用点 "." 引用其属性或方法。

Python 的变量在程序中的哪个层级赋值，这个变量的作用域就在哪个层级及其下。

》》 5.2.2　数据类型

Python 内置变量类型有：数字（包括整型和浮点型）、字符串、列表、元组、字典、集合等，另外也可以自定义 class 类型。

（1）数字

数字类型主要是 int（整型）和 float（浮点型）两种类型。除了这两种类型外，Python 也支持 Decimal（这需要引入 decimal 包）、Fraction（这需要引入 fractions 包）、复数（使用 j 或 J 表示虚数部分，如 1+2j）类型。

（2）字符串

Python 中的字符串是使用单引号或双引号括起的，这二者是基本相同的，区别在于如果使用双引号括起字符串，则字符串中可以出现单引号。

对于较长的字符串，也可以使用三引号，即三个双引号（"""..."""）或三个单引号（'''...'''）括起来，这样在字符串中间是可以跨行的（但跨行的字符串中包括换行符，如果想将其设为中间没有换行符的字符串，可以在跨行行尾处加上反斜杠 \）。

```
print(""" 这是第一行
这是第二行
这是第三行 """)
```

在字符串中，反斜杠"\"是转义引导符，处于反斜杠后面的字符会被视为转义，如 \n 表示换行，但有时不希望将这个反斜杠后面的内容解释为转义，如表示文件路径的字符串中的反斜杠是路径分隔符（如 'E:\nx_WORK\S1_INF\ 实肋板肋位 .txt'），此时可以在字符串前面加上 r，则反斜杠后面的字符就不会视为转义字符。

```
print(r'E:\nx_WORK\S1_INF\ 实肋板肋位 .txt')
```

（3）列表

列表是用方括号 [] 括起来的一组数据（中间使用逗号分隔，每个数据称为列表的元素），列表是 Python 中最为常用，也是使用最为灵活的一种数据结构。

列表中的各个元素的数据类型不必一样，除了可以是上述数字型和字符串型外，也可以是列表型及其他复合数据类型。

```
a = [1, 2.1, '3', [4+5j]]
```

列表中的每个元素可以使用变量名通过索引（索引是元素在列表中的顺序号，从 0 开始）得到，如上例中的元素 1 可以通过 a[0] 得到，4+5j 可以通过 a[3] 得到。另外索引除了可以用正数表示从前向后数外，也可以使用负数表示从后向前数，此时最后一个元素的索引为 -1，向前依次是 -2，-3……如上述列表中 a[3] 与 a[-1] 指的是同一个元素。

除了可以使用索引取得列表中的一个元素外，也可以使用切片获取列表中的多个元素组成的规模更小的列表，如使用 a[0:2] 可以得到列表 [1, 2.1]，切片操作的冒号前是起始索引号（包括），冒号后是终止索引号（不包括）。在切片操作中还可以使用 2 个比号分隔三个数值，其意义为：起始索引号：终止索引号：取值间隔步长，如列表 b=[0, 1, 2, 3, 4, 5, 6, 7, 8, 9]，则 b[0:8:2]=[0, 2, 4, 6]。另外，切片中也可以使用负值索引。

列表的生成方式除了上述直接写出列表中的各个元素外，Python 还提供了一种称为列表推导式的生成方式，如下程序利用列表推导式生成了一个在 0 到π之间的 100 个均分点值列表 x，又利用列表推导式生成了在每个 x 点处的 sin(x) 值列表，后面通过这两个列表使用 matplotlib.pyplot 包中的 plot 函数绘制了正弦函数在 0 到π之间的图形，如图 5-5 所示。

```
import math
import matplotlib.pyplot as plt


x = [i*math.pi/100 for i in range(100)]
y = [math.sin(i) for i in x]
plt.plot(x, y)
plt.show()
```

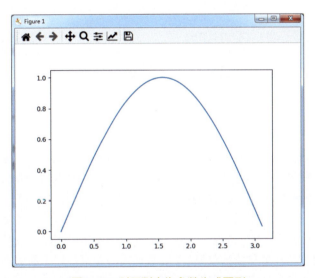

图5-5　利用列表为参数生成图形

在实际使用中很多时候是先生成一个空列表（a = [] 便可生成一个空列表），然后通过列表的方法 append 在列表后面增加元素，或通过 insert 在某个索引位置插入值，或通过索引修改其中的某个元素值，当然也可以通过切片修改多个元素的值。在此不再一一赘述。

值得一提的是，字符串其实也可以视为一个字符列表，对于列表的操作都可以用在字符串变量上。

有关列表元素操作的一些基本方法和函数总结如表 5-2 所示。

表5-2　Python列表操作方法

列表操作	操作方法
增加元素	① 直接使用+，如a+[10]可以得到一个在a列表后添加了一个元素10的新列表； ② 使用*号可以重复列表，如[2,3,4]*2将会得到[2,3,4, 2,3,4]； ③ 在列表末尾添加新元素list.append(obj)； ④ 在列表任意位置添加新元素list.insert(index,obj)； ⑤ 上述后两种方法都是直接修改原列表
删除元素	① 直接使用切片赋空列表，如a[0:1]=[]可删除列表a中的第一个元素； ② 删除任意位置的元素list.pop(index)； ③ 删除列表中的某个值的第一个匹配项list.remove(obj)； ④ 上述方式均会直接修改原列表，想要保留原列表可以使用切片的方式，如a[1:]会生成一个去除了第一个元素的新列表
查询统计元素	① 统计列表元素个数len(list)； ② 统计列表中某个元素出现的次数list.count(obj)； ③ 查找某个值在列表中第一次出现的索引位置list.index(obj)； ④ 查找列表元素最大值/最小值max(list)/min(list)； ⑤ 查找某个值是否在列表中可以使用in操作符，如5 in [4, 5, 6]
列表排序	① 列表逆序list.reverse()； ② 按指定方式进行列表排序list.sort(cmp=None, key=None, reverse=False)，其中cmp参数用于指定一个已定义的比较函数，key用于指定用于排序的列表元素中的可比较对象，reverse用于设定升序或降序； ③ 另外也可以使用函数sorted(list)进行排序，这个函数与list.sort()函数的区别在于前者会重新生成一个排序后的列表，后者是直接修改原列表

（4）元组

元组也是一组用逗号分隔的数据，但其是用圆括号"()"括起来的，而且其不能像列表那样增加删除或修改元素。虽然有些不便，但相比列表，元组遍历的速度更快，而且对于如字典的键这种要求不能使用可更改数据的地方可以使用元组代替，另外利用元组可以批量为变量赋值，如 (a,b,c)=(1,2,3)，十分方便。

元组的创建一般是直接赋值 tuple1 = ('a', 2)，更为常用的是直接使用 tuple(可迭代对象) 函数将列表等可迭代对象转为元组。另外一种常用的生成方法是通过 zip 函数将多个列表或其他可迭代对象依次取第 i 个元素转换为元组，如下面的示例代码，x 坐标和 y 坐标分别放在两个列表中，如果需要将其一一配对形成一个坐标点，可以使用 zip 函数后得到 (1, 10), (2, 20), (3, 30)。

```
x = [1, 2, 3]
y = [10, 20, 30]
xy = zip(x, y)
```

对元组的索引取值与列表相同，同样也可以使用切片，也可以使用 + 合并两个元组，也可以使用 * 生成重复元素元组，不过生成的结果都是元组。

由于元组不可修改，因而其主要操作是查询统计，如表 5-3 所示。

表5-3 Python元组操作方法

元组操作	操作方法
查询统计元素	① 统计元组中元素的个数len(tuple); ② 统计元组中某个元素出现的次数tuple.count(obj); ③ 查找某个值在元组中第一次出现的索引位置tuple.index(obj); ④ 查找元组元素的最大值/最小值max(tuple)/min(tuple); ⑤ 查找某个值是否在元组中可以使用in操作符,如5 in (4, 5, 6)

（5）字典

字典是用花括号"{}"括起来的一组数据（中间使用逗号分隔,每个数据称为字典的元素）,字典中的每个元素使用键值对表示,每个键值对使用冒号":"分隔,冒号前为键名,冒号后为值,如下所示。

```
dict1 = {'a':10, 3:[1,2,3], ('p'):'a'}
```

同一字典中的各键值对的值类型不必相同,各键类型也可以不同,如上例中分别使用了字符串、数字和元组作为键,分别使用了数字、列表、字符串作为值。虽然同一字典中各键的类型可以不同,但键的类型只能是数字、字符串或元组这种不可变元素,不可以使用列表或字典作为键,另外在同一个字典中键不可以重复。

字典中的每个元素使用键名索引,如上例中可以使用 dict1['a'] 获得一个键值对的值 10。由于字典中的键值对是无序的且可以使用数字作为键名,因而不可以使用顺序号索引。

字典的创建可以直接如上例一样生成,但实际使用中更多的是先生成一个空字典（dict1={} 便可以生成一个空字典）,然后再通过 dict1['keyName'] = val 的方式向字典中添加键值对。也可以通过两个列表并使用 dict.fromkeys(seq, val) 函数创建字典,其中 seq 列表中各元素为键名,val 列表中各元素为对应的值。

有关字典的元素操作有一些基本的方法和函数,如表 5-4 所示。

表5-4 Python字典操作方法

字典操作	操作方法
增加元素	dict1['keyName'] = val,其中keyName为键名,不一定要是字符串,val为相应的值
删除元素	① 删除字典内所有元素dict.clear(); ② 删除键名为key的键值对pop(key)
查询统计元素	① 使用dict [key]得到指定键名key对应的值; ② 查询指定的key在字典中是否存在dict.has_key(key); ③ 得到所有的键/值形成的列表dict.keys()/dict.values(); ④ 得到所有的(键,值)元组形成的列表dict.items(); ⑤ 统计字典中元素个数len(dict)

（6）集合

如果将字典中的值去掉，只保留键，这个数据类型就是集合。由于字典中的键不可重复，因而集合中的各个元素也是不可重复的，这与数学中的集合十分类似，因而可以利用它做很多如并、交、差等的集合操作。

集合的创建与字典相同，只是没有了其中的值，如下所示。但更多时候集合是通过 set() 函数将列表转为集合的。

```
a = {1,'a', (1, 2)}
```

值得注意的是，虽然集合中的元素不允许重复，但在创建或添加集合元素时是可以添加集合中已有的元素的，但添加后集合会自动去重。使用 set() 函数创建集合也同样会自动去重，如 set([1,2,3,3]) 生成的集合是 {1,2,3}。这个特性十分有用。

与字典相同，对集合中元素的访问不能通过索引进行，如果需要对集合中所有元素执行某种操作，只能通过 for 循环和集合提供的整体操作函数进行。

对集合的常见操作如表 5-5 所示。

表5-5　Python集合操作方法

集合操作	操作方法
增加元素	① 向集合中添加一个元素set.add(val)； ② 向集合中一次性添加多个元素set.update(objs)，其中的参数可以是列表、集合、元组及字典，可以有多个参数，各个参数的类型可相同也可不同，如果参数有字典，则会向集合中添加字典的键名
删除元素	① 删除集合内的x元素set.remove(x)，set.discard (x)，这两个函数的效果是一样的，区别在于后者可以对集合中不存在的值执行而不引发错误； ② 删除集合内所有元素set.clear()
查询统计元素	① 查询指定的值在集合中是否存在可以使用in操作符，如5 in {4, 5, 6}； ② 统计集合中元素的个数len(set)
集合操作	① 求并集set1.union(set2)； ② 求差集set1.difference(set2)； ③ 求交集set1.intersection(set2)； ④ 求对称差集set1.symmetric_difference(set2)； ⑤ 上述四个操作均会产生一个新的集合，但Python也提供了直接在原集合上更新的函数版本，求并集的函数即为上面所述的update()，后三个函数是在上面的函数名后添加"_update"，如difference_update()； ⑥ 生成排序的集合sorted(set)； ⑦ 判断set2是否为set1的子集set1.issubset(set2)； ⑧ 判断set2是否为set1的超集set1.issuperset(set2)； ⑨ 判断set1和set2是否无交集set1.isdisjoint(set2)

5.2.3　流程控制

Python中流程控制主要有分支控制和循环控制。

（1）if 语句

if 语句用于分支判断，典型使用方法如下所示。

```
if x < 0:
    x<0 时的执行语句
elif x == 0:
    x 为 0 时的执行语句
else:
    x>0 时的执行语句
```

其中，'elif' 是 'else if' 的缩写，可能会有多个 elif 部分，elif 和 else 都是不是必需的。

（2）for 语句

Python 中的 for 语句与 PCL 中的不同，Python 的 for 语句是依次遍历指定序列中的每一项并执行相应循环的语句，如下所示的 for 语句循环输出 0～9 共 10 个数。

```
for i in range(10):
    print(i)
```

示例中的 range 函数是 Python 的内置函数，用于生成一个迭代器。在 Python 中这个函数使用的十分频繁，尤其是在上述场景中用于生成一个循环序列。

示例中的 range(10) 生成了一个第一个数为 0、最后一个数为 9 的迭代器。另外也可以使用类似 range(5, 20, 2) 的方式生成一个起点为 5，步长为 2，最后的值小于 20 的一个迭代器。如果省略步长，则步长默认为 1；如果省略初值，则初值默认为 0。

值得一提的是，for 循环同样可以跟一个 else 语句，如下所示，这用于执行在完整 for 循环后执行的内容，但多数情况下可以直接将后续执行内容写到 for 循环外。

```
for i in range(10):
    print(i)
else:
    print(" 输出完成 !")
```

（3）while 语句

while 语句会在满足指定的条件下持续执行相应的执行语句，直到不满足指定的条件，因而在执行语句中必须有能影响到指定条件的语句或者有 break 语句，以防止出现死循环。

```
while dif > 0:
    执行语句，其中应用改变 dif 的语句
```

（4）break 和 continue 语句

与 PCL 语言相同，break 和 continue 语句用在 for 或 while 循环体中，前者用于跳出最近的一级 for 或 while 循环，后者用于略过循环体中后面的语句，直接运行下一次循环。

（5）pass 语句

pass 语句什么也不做，可以用在任何需要具体执行语句的位置。一般在暂时没有设计好这块的算法时用作占位符，以保证程序可以在不考虑某些情况的条件下继续运行。

```
if x < 0:
    x < 0 时的执行语句
elif x == 0:
    x 为 0 时的执行语句
else:
    pass
```

>> 5.2.4 函数

与 PCL 语言使用 function 声明一个函数不同，Python 中的函数使用关键字 def 定义。

如下是一个根据钢材的屈服极限求其材料系数的简单函数示例，如果钢材屈服极限小于 235MPa，则材料系数取 1.0；如果钢材屈服极限大于 390MPa，则材料系数取 0.68；其他值则根据其屈服极限与 315MPa、355MPa 的关系线性插值。

```
1    def k(reh) -> float:
2        """ 根据钢材的屈服极限求其材料系数
3
4        Args:
5            reh (float): 钢材的屈服极限
6
7        Returns:
8            float: 材料系数
9        """
10       rehs = [235.0, 315.0, 355.0, 390.0]
11       ks = [1.0, 0.78, 0.72, 0.68]
12       kval = 0.0
13       if reh <= 235:
14           kval = 0.0
15       elif reh >= 390:
```

```
16          kval = 1.0
17      else:
18          order = sorted(list(rehs +[reh])).index(reh)
19          kval = ks[order-1] +(ks[order] -ks[order-1])* \
20              (reh -rehs[order-1]) / (rehs[order] -rehs[order-1])
21      return kval
```

（1）函数头

示例中第 1 行表示定义一个函数，def 后的为函数名 k，函数名后的括号中表示函数的形参 reh。括号后的"-> float"表示函数会返回一个 float 类型值，但这并不是必需的，完全可以省略。在函数中使用 return 语句返回值，如果不需要返回值，也可以没有 return 语句。

（2）函数的形参列表

函数的参数可以有默认值，这对于需要经常使用某种设置但偶尔也会使用另一种设置的情况相当有用。例如需要定义一个函数，用于根据输入的 BDF 文件绘制指定 x 位置处的剖面图形，可以生成 AUTOCAD 命令流进行绘制，也可以生成 QCAD 或 OPENSCAD 的命令流进行绘制，但可能大多数时候只是想用 QCAD 进行绘制，此时可以在函数的形参中设置一个输入参数用于控制输出命令流格式，并将其默认值设为 QCAD，如下所示。这样在调用这个函数时，如果是要输出 QCAD 的命令流，则只需要指定前两个参数即可。

```
def drawSectionWithThk(BDFPath, position, format="QCAD")->str:
    函数执行语句
```

函数的参数还可以是不定数量的，比如上面绘制剖面的函数，可能需要同时绘制多个剖面，数量不定，此时就可以把 postion 参数设为不定量的，如下所示。

```
def drawSectionWithThk(BDFPath, *position, format="QCAD") -> str:
    函数执行语句
```

将 position 参数前加上 * 即可。在调用的时候，可以直接传入多个剖面位置：drawSectionWithThk('s1.BDF', 100.0, 120.0, 130.0)，当然这种情况下函数定义时直接将 position 参数设为列表也是可以的。另外需要注意的是，如果使用了这种不定量的参数，则形参列表中位于不定量参数后的所有参数在调用时必须使用关键字的方式。

除了可以使用数量不定的参数，Python 的函数还接受名称不定的形参，留待调用时再定义。如下所示。

```
def drawSectionsWithThk(BDFPath, **postionAndFormat) -> str:
    函数执行语句
```

其中 **postionAndFormat 参数代表一组数量不定、形参名不定的参数，在实际调用时，Python 解释器会将从第二个参数开始的所有参数均纳入一个名为 postionAndFormat 的字典，字典中的各个键名取传入实参的关键字（这种方式必须使用关键字方式调用），相应的键值取为传入的实参值。例如使用 drawSectionWithThk('s1.BDF', position=[100.0, 120.0, 130.0], format='QCAD') 调用这个函数，则会生成一个字典 postionAndFormat={'position': [100.0, 120.0, 130.0], 'format'='QCAD'}，在函数定义中可以使用 postionAndFormat['position'] 和 postionAndFormat['format'] 引用上述两个参数。

Python 也接受在函数定义时同时使用上述两种形式，但要求必须将"* 参数"放在"** 参数"之前。

（3）函数体

函数头后的函数体语句从下一行开始，必须是缩进的。在函数体的前几行使用三个双引号引起来的部分是函数的文档字符串，用于说明函数的功能用途以及输入输出参数。虽然这一部分并不是必需的，但如果使用了文档字符串，则在其他位置引用时，多数代码编辑器都会根据这个文档字符串给出函数的功能和参数说明，因而建议在定义函数时添加文档字符串。

（4）函数调用

函数调用时，直接使用函数名并在后续括号中填入相应的参数即可。Python 支持使用位置参数调用和关键字参数调用。使用位置参数调用时，在括号中按函数定义时的参数顺序依次给出其实参数值即可。使用关键字参数调用时，可以不必按函数定义时的形参顺序给出，但需要写成"形参名称＝实参值"的形式，例如上面的函数可以如下使用关键字参数调用。使用关键字参数调用多发生在函数的参数较多，且多数参数都有默认值的情况，此时仅设定需要修改的部分参数即可。

```
drawSectionWithThk(position=101.5, BDFPath=r's1.BDF', format='ACAD')
```

与上述不定量参数"* 参数"和"** 参数"方式定义形参相反，如果形参定义时有多个参数，在实参传入时也可以直接传入一个列表依次传给各个形参，或直接给定一个字典分别传递给各个对应的形参。使用列表传入函数的实参时，在调用函数时使用"* 列表名"作为实参，Python 解释器将这个列表进行解包后将各个元素依次作为实参传入函数。使用字典作为函数的实参时，在调用函数时使用"** 字典名"作为实参，Python 解释器将这个字典进行解包后将各个键视为形参关键字，相应的值视为对应于这个关键字形参的值传入函数。例如调用函数头为"def drawSectionWithThk(BDFPath, position, format="QCAD")->str"的函数，如果使用列表解包的方式，示例如下。

```
params = ['s1.BDF', 100.0]
drawSectionWithThk(*params)
```

如果使用字典解包的方式，示例如下。

```
params = {'position':100.0, 'BDFPath':'s1.BDF'}
drawSectionWithThk(**params)
```

（5）匿名函数

匿名函数也称为 lambda 函数，主要用于只在一处使用且比较简短的函数定义，此时使用匿名函数可以使程序更为简洁。匿名函数的定义形式为：lambda 输入参数：表达式。这里的输入参数可以有多个，表达式只能有一个，这个表达式的值将作为结果返回。例如有一个横舱壁的列表数据 tbhds = [(' 第二货舱前舱壁 ', 240.0), (' 第一货舱前舱壁 ', 256.0), (' 第三货舱前舱壁 ', 224.0)]，列表中的每个元组表示一个横舱壁的名称和位置，现在需要对这个列表按舱壁的位置重新排序，则可以在列表的 sort 函数中使用匿名函数指明排序的方法。

```
tbhds = [(' 第二货舱前舱壁 ', 240.0), (' 第一货舱前舱壁 ', 256.0),  (' 第三货舱
前舱壁 ', 224.0)]
tbhds.sort(key=lambda x:x[1])
```

这里匿名函数中的输入参数 x 表示的是 tbhds 这个列表中的每一项，而匿名函数将会返回每一项的第二个元素。实际上，在 Python 使用过程中，匿名函数主要是用于诸如 sort、reduce、filter、map 之类的内置函数，由用户提供一种自定义的算法进行排序等操作。

（6）多态

函数是通过函数签名来区分的，函数签名中除了函数名外，还有函数参数个数、顺序和类型。也就是说，即使函数名相同，但参数的个数或类型不同也是不同的函数，这种相同函数名但函数签名不同的表现形式即为多态。

比如要定义一个计算构件规模的函数 size，为了方便，希望对于板材和骨材均使用同一个函数名，但两者的计算方法显然是不同的，板材需要给出的是面积，而骨材需要给出的是长度，这时就需要使用同一个函数名定义两个不同的函数，一个接受板材为参数，另一个接受骨材为参数。

（7）函数对象

在 Python 中，函数本身也是可以作为变量使用的，也可以将函数对象作为参数传递给其他函数。如下面的代码定义了一个函数 add，之后把这个函数赋值给了一个变量 c，后面这个变量 c 就等同于函数 add。

```
def add(a, b):
    return a +b
c = add
print(c(3, 2))
```

（8）常用内置函数

在 Python 中有一些常用的内置函数，在此简要示例说明。

① 文件操作，如下面的代码片段打开了 f06Path 处的文件并读取。

```
with open(f06Path, 'r') as f06:
    while True:
        line = f06.readline()
        if "END OF JOB" in line:
            break
        else:
            处理操作
```

函数 open 用于打开文件并返回一个文件对象，函数原型为 open(文件名 [, mode])，其中的 mode 可以为：r（读）、w（写）、a（追加）等。

readline() 是文件对象的方法，用于读取一行文本并返回一个字符串。另外文件对象较常用的方法还有：

readlines() 用于读取全部文件内容并返回一个列表，列表中每个元素为一行的字符串；

write(buffer) 用于将内容写入文件中；

close() 用于关闭文件。

② 类型转换，当读取文件进行处理时得到的是字符串，有些字符串需要处理成数值，此时可以通过 int(x) 函数将其转换为整型，也可以通过 float(x) 函数将其转换为浮点型，反之，也可以将数值型变量通过 str() 函数转换为字符串。

③ enumerate()：这个函数可以将一个如列表、元组或字符串等可遍历的数据对象组合为一个索引序列，这在 for 循环中相当有用，可以一次同时列出索引和值。例如下面的代码使用 enumerate 查询指定字符串在一个文本文件中出现的行号，lines 是从这个文件中读取的各行内容列表，通过一个 for 循环遍历各行内容，并将出现指定的字符串 search_string 的行号添加至 lineNO 列表中。

```
for index, line in enumerate(lines):
        if search_string in line:
            lineNO.append(index+1)
```

5.2.5 类

Python 是面向对象语言，其所有的数据都是类的实例（对象），包括基本类型的变量也是对象。

用于创建对象的模板即是类，其中定义了一组变量和函数，变量称为类的属性，函数称为类的方法。类通过 class 关键字定义，如下面的代码定义了一个描述点的类。

class 后是类名，之后是类中的函数定义。

```
1    class POINT:
2        """ 点定义
3        """
4        def __init__(self, coords):
5            """
6            初始化点对象
7            coords:LIST, 点坐标
8            """
9            self.coords = coords
10           self.ptType = []
11
12       def addPointType(self, ptType):
13           """
14           添加一种点类型
15           ptType:STR, 点类型
16           """
17           if ptType not in self.ptType:
18               self.ptType.append(ptType)
```

（1）属性

Python 的属性区分类属性和实例属性，在类中但不在类方法定义的变量称为类属性，在类方法中定义且前面有 self. 的变量（假定该类方法的第 1 个参数名为 self）称为实例属性。如上述 POINT 类中的 __init__ 函数中的 self.coords 就是一个实例属性。

类属性是属于类的，也就是说，可以直接通过类名来访问类属性，且类实例化出的所有对象共享这一组类属性。实例属性是属性某个实例化出来的对象的，因而只能通过对象名访问，这些属性只归具体实例所有。

（2）方法

Python 的方法区分类方法、实例方法和静态方法。它们使用函数装饰器来区分，类方法使用 @classmethod，静态方法使用 @staticmethod，不加任何函数装饰器的方法默认为实例方法。

实例方法是类中最常见的方法，实例方法的形参列表中的第一个参数必须是类实例化后的对象自身，名称可以任意，但一般都取为 self。实例方法一般通过对象名进行调用。如上述 POINT 类中的 addPointType 函数就是一个实例方法。

类方法的形参列表中的第一个参数必须是类自身，名称可以任意，但一般都取为cls。类方法需要通过类名调用。

静态方法对形参列表没有要求，调用时既可以使用类名调用，也可以使用对象名调用。

多数情况下只需要使用实例方法即可，类方法和静态方法在具体的应用中使用很少。

（3）构造方法和析构方法

构造方法和析构方法是一类特殊的方法，用于在对象生成和销毁时使用。

构造方法用于在实例化对象时初始化一个对象，固定名称为 __init__。如果实例化对象时没有数据需要传入，也可以不显式定义构造函数，此时会自动生成一个没有任何参数和初始化处理的构造函数。如上述 POINT 类中的第一个函数就是一个构造方法。

析构方法是用于在对象销毁时调用的方法，固定名称为 __del__。但 Python 有一个垃圾收集器可自动进行内存管理，因而一般情况下不需要添加析构函数。

（4）运算符重载

运算符重载是一类特殊的方法，在类中可分别使用函数名 __add__(self, 右操作对象)、__sub__(self, 右操作对象)、__mul__(self, 右操作对象)、__truediv__(self, 除数对象)、__mod__(self, 除数对象) 和 __pow__(self, 指数对象) 对 +、−、*、/、% 和 ** 进行重载。

上述 +、* 运算符重载后，自身是作为左操作数出现的，如果还有将自身作为右操作数出现的需求，则还需定义反向运算符重载，函数名分别为：__radd__(self, 左操作对象)、__rmul__(self, 左操作对象)。如可以在上述 POINT 类中添加以下方法对加法进行重载，表示点偏移一个向量并返回一个偏移后的点对象。

```python
def __add__(self, displacement):
    """ 偏移点

    Args:
        displacement (list): 偏移矢量
    """
    newCoords = []
    for i in range(len(self.coords)):
        newCoords.append(self.coords[i] +displacement[i])
    return POINT(newCoords)
```

除了对运算符重载，Python 也支持对将对象转换为字符串输出的操作进行重载，重载的函数名为 __str__(self) 的函数。例如对上述 POINT 类重载了如下的字符串化输出函数后，再使用 print(point_a) 就可以直接输出 POINT 类实例 point_a 的坐标。

```python
def __str__(self) -> str:
    return str(self.coords)
```

（5）可访问性

类中属性和方法的访问权限区分公有和私有，公有可以在类外通过类名或对象名访问，私有只可以在类的内部访问。

默认情况下在类中定义的所有方法和属性均为公有的，比如上述 POINT 类中定义的属性 coords 就是公有的，可以在外面直接通过 point_a.coords 调用。如果需要将某个方法或属性设置为私有，只需要在这个方法或属性名称前面添加两个下划线即可。

（6）继承

通过继承可以重用以前的类代码，这个被继承的类称为父类，当前的类为子类，子类会从父类处继承其所有的属性和方法。比如有了上述点后，还想定义一个用于表示型值点的类类型，则可以以上述点类型为父类生成一个子类，并在子类中增加定义一些诸如输出所在站位、所在水线之类的方法。另外 Python 也支持一个子类有多个父类。类继承的方法如下所示，将父类的类名写在子类类名后的括号中即可。

```
class className(baseClassName1, baseClassName2):
    类定义 ...
```

在子类定义中如需引用父类的属性或方法，可以使用 baseClassName1.属性名的方式引用。

子类中如果需要修改父类中某个方法的定义，直接在子类中重写一个同名的函数即可。

（7）类多态

如果对于两个不同的类，均在类中定义了同一个函数 fun1(self)，则可以在类外定义一个如下所示的函数，这样便可以在调用时不区分不同的类，而全使用 fun1(obj) 来调用。即使两个类是继承关系也不影响这种调用，Python 会自动判断传入的类型而选择合适的函数，如果在子类中重写了父类中的同名函数，Python 会自动调用子类重写的函数。

```
def fun1(obj):
    obj.fun1()
```

（8）实例化

类编写完成后，使用时需要实例化，实例化类只需要调用其构造函数即可。如使用下述语句便可生成一个 POINT 类的实例 point_a。

```
point_a = POINT([0, 0, 0])
```

≫ 5.2.6 模块 / 包 / 库

模块在物理上对应一个后缀名为 py 的 Python 代码文件，在这个文件中可以有类定义、函数定义或者变量定义。可以将经常需要使用的一些函数定义、类定义等分门别类放在各个模块中，以后使用的时候直接引用即可。放在同一个文件夹中的多个模块形成一个包，将实现一个完整功能的多个包放在一起称为库。

下面的代码文件可以存储为 pt.py，在其中定义了类 Point，定义了函数 midPoint，定义了一个变量 frameSpace。

```python
import numpy as np
class Point():
    def __init__(self, coords):
        处理代码
    def addType(ptType):
        处理代码


def midPoint(ptA, ptB):
    处理代码


frameSpace = 850.0
```

使用模块 / 包 / 库时需要使用 import 将相应的模块 / 包 / 库中的部分内容引入。如上例中的第一行使用 import 导入了 Numpy 库，导入后为了使用方便，还可以给库命名个别名，如上例中使用了 as np 给 Numpy 库命名了一个别名 np，在代码中使用时可以直接使用 np 代表 Numpy。

直接使用 import 会将整个库一起导入，如果只是使用了库中的某一个或几个函数或类，也可以只导入某个函数或类，如 from math import sqrt 将只导入 math 库中的 sqrt 函数，另外通过这种方式导入的函数在使用时不必使用 math.sqrt 来引用，直接使用 sqrt 即可。

5.3　Python主要库/模块

Python 的开源性质使得网络上有大量别人写好的 Python 库 / 模块可供调用，这里将简要介绍在船舶结构分析中常用的 Python 库。

5.3.1　math 模块

math 模块中定义了常用的数学常量和数学函数。一般的算术运算使用 math 模块即可完成。math 模块需要使用 import math 来引入。

数学常量主要包括：自然对数的底 math.e、圆周率 math.pi 和正无穷大 math.inf 等。

常用的数学函数如表 5-6 所示。

表5-6　math模块中的主要函数

函数类别	函数名称
三角函数和反三角函数	math.sin(x), math.cos(x), math.tan(x) math.asin(x), math.acos(x), math.atan(x), math.atan2(y, x)
双曲函数和反双曲函数	math.sinh(x), math.cosh(x), math.tanh(x) math.asinh(x), math.acosh(x), math.atanh(x)
指数和对数函数	math.sqrt(x), math.pow(x, y), math.exp(x) math.log(x, base), math.log10(x), math.log1p(x), math.log2(x)
排列组合函数	math.perm(n, k), math.comb(n, k)
圆整函数	math.ceil(x), math.floor(x)
角度弧度转换函数	math.degrees(x), math.radians(x)
伽马函数	math.gamma(x)
阶乘函数	math.factorial(x)
距离函数	math.dist(p, q)
最大公约数函数	math.gcd()

》》 5.3.2　Numpy 库

Python 实现科学计算的主要库有 Numpy、Scipy、Matplotlib，以及建立在其上的 sympy 等其他库。Numpy 是用于数值计算的基础库，支持多维数组和矩阵运算，使用十分广泛，是 Python 数据科学生态系统中的核心库之一，其定义的 ndarray 是 Python 科学计算环境中事实上的标准，有许多其他的 Python 库也依赖这个库。Numpy 提供了许多高效的函数，用于对数组进行操作，这些函数实现了广播、通用函数、线性代数、傅里叶变换和随机数生成等功能，而且因其高效性和易用性，已经成为许多科学计算和数据分析任务的首选库。

Numpy 的核心是多维数组对象 ndarray。ndarray 数组对象包括存储其中的数据和用于描述这些数据的数组属性（如数组有多少个元素、数组中的数据类型等）。Numpy 数组一般是同质的，即数组中的所有元素类型必须是一致的。如果赋值时使用了两种不同的类型，比如其中既有数值型又有字符串型，则会自动全转为字符串型。以下简要介绍一下 Numpy 库的主要特征。

（1）数组生成

生成 ndarray 数组的方式有很多，有如下的常用方法。

```
import numpy as np

# 生成一个二维数组，二行四列
a = np.array([[1, 2, 3, 4],[5, 6, 7, 8]])
# 生成一个一维数组 [0,1,2,3]
```

```
b = np.arrange(4)
# 生成一个形状与 a 相同的数组，全部填充 0
c = np.zeros_like(a)
# 生成一个一维数组，长度为 4，全部填充 1
d = np.ones(4)
# 生成一个一维数组，第一个数为 1，最后一个为 4，中间等间距，共生成 10 个数
f = np.linspace(1, 4, 10)
# 生成一个四阶单位阵数组
g = np.eye(4)
```

（2）数组变形

对数组的操作过程，经常涉及需要把原数组进行拆分或把几个数组合并为一个数组等操作，Numpy 库提供了进行这些操作的函数，简要列表如表 5-7 所示。

表5-7　Numpy库中的数组变形操作函数

操作	函数
数组合并	hstack((a, b))：把数组a和b视为1行2列矩阵的子矩阵组合 vstack((a, b))：把数组a和b视为2行1列矩阵的子矩阵组合
数组拆分	hsplit(a, 3)：把数组a进行1行3列分块 vsplit(a, 3)：把数组a进行3行1列分块
展平	flatten(a)：把数组a转为一个向量
重整	a.reshape(3,4)：把数组a转为3行4列的数组

（3）数组使用

获取 ndarray 数组中指定元素的方式和列表一样使用索引，对于一维数组 ndarray，与列表完全一样；对于二维 ndarray 数组用 a[m,n] 选取各数组元素，其中 m 和 n 为第一维和第二维的索引，对于更高维的也是类似。另外 ndarray 数组也支持切片，一维 ndarray 数组的切片操作与列表的切片操作完全一样；二维 ndarray 数组切片使用 a[m1:m2,n1:n2] 表示取行索引在 m1 到 m2，且列索引在 n1 到 n2 部分的数组元素形成一个新的 ndarray 数组，如果只取所有列则可以使用 a[m1:m2,:]，取所有行也类似。

除了使用索引获取单个或部分数组元素外，还可以使用条件过滤的方式得到数组的一部分。过滤的方式主要有两种，一种是直接获取符合条件的元素，另一种是获取符合条件的元素的索引。

```
import numpy as np


a = np.linspace(-5, 5, 21)
# 筛选出元素值大于 2 的所有元素
```

```
a1 =a[a>2]
# 筛选出元素值大于2的所有元素索引形成新 ndarray 数组
a2 = np.where(a>2)
```

上述 a2 是一个索引数组，如果需要得到相应的值，可以使用 np.take(a, a2) 函数。

除了可以使用上述两个函数进行筛选外，Numpy 还提供了很多筛选函数，比较常用的还有：argwhere()、clip()、nonzero()、select()、argmax()、argmin()。

另外需要注意的是，对于上述第一种筛选方式，如果筛选的对象是一个二维或更高维的数组，返回的信息中不会包含其维度信息，也就是说，返回的只是一个一维列表。

（4）矩阵

Numpy 中的矩阵 matrix 类是 ndarray 类的子类，也就是说，ndarray 的所有方法对于 matrix 也都适用，另外，还有一些独有的方法。

matrix 对象的生成可以使用 np.mat('1 2 3; 4 5 6; 7 8 9') 生成一个矩阵，其中输入的字符串中分号分隔每一行，空格分隔列，当然在这个函数的参数中也可以填入一个二维 ndarray 数组来生成矩阵。另外也可以使用 np.bmat("A B; A B") 来利用已有的矩阵 A、B 作为子阵来组装生成一个更大的矩阵。

除 ndarray 方法外，矩阵还有一些特有的属性，如 matrix.T 表示转置，matrix.H 表示共轭转置，matrix.I 表示逆。另外，在 Numpy 库中还有一个名为 matlib 的包，可以直接生成一个单位阵、随机阵等矩阵。

（5）广播

Numpy 中的广播机制使得不同形状的数组可以进行数学运算，这让编写代码更加简单。对于参与运算的 ndarray 对象，如果其形状（即其具有的维数或每一维上元素的数量）不一样，广播机制可以让其自动进行维度补齐。比如可以使用一个 ndarray 多维数组和一个标量数相加，Numpy 会自动将标量数升级为与多维数组具有相同的维度之后再相加。这一些都是自动进行的，不需要使用者进行任何额外的操作。

（6）ufunc

ufunc 是一种以逐元素方式操作的函数。正常的加法运算符只能实现两个数的相加，如果两个 ndarray 数组相加，是需要将数组中相应的每个元素相加并返回一个同样大小的 ndarray 数组的，ufunc 可以自动执行这个操作。实际上在 Numpy 中，对于 ndarray 数组的四则运算以及乘方、模运算、比较运算和三角函数等均实现了 ufunc，借助广播机制，可以在进行 ndarray 数组的相应运算时自动调用相应的 ufunc 进行计算，同样不需要使用者进行额外的操作。

当然，这样的功能可以直接通过循环来手工实现，但 ufunc 执行的效率要比直接使用循环要好不少，对于频繁使用 ndarray 数组进行操作时，还是应该使用 ufunc。

除了隐式使用 Numpy 定义的 ufunc 外，也可以自定义 ufunc。比如定义了一个进行标量运算的函数，输入参数为标量，输出的也是标量。此时如果需要对一个具有 n 个元素的 ndarray 数组中的每个元素均按上述函数计算出相应的值来，那么要么使用循环来调用上述函数 n 次，要么重新写一个在函数内部执行这个循环的可接受 ndarray 数组的相应函数版本。自定义 ufunc 函数给出了第三种选择，可以基于原始的标量函数版本通过 Numpy 的 frompyfunc 函数自动生成一个可以接受 ndarray 数组的函数版本。如下先定义了一个用于计算货舱内干散货压力系数的函数 Kc，这个函数接受一个舱室边界板与水平面的夹角 alpha 和货物休止角 psi 两个参数，并返回压力系数 Kc。但在有限元计算中，一个舱室的边界是由很多单元组成的，需要计算的是每个单元的压力系数 Kc。此时可以对于原函数 Kc 使用 frompyfunc 定义一个 ufunc 版本的函数，如下代码的第 22 行，该函数的第一个参数是已定义的原函数名，第二个参数为原函数的输入参数的个数，第三个参数为原函数的输出参数的个数，frompyfunc 这个函数会返回一个原函数的 ufunc 版本的函数对象 Kcs。下述代码的第 24 行使用了这个函数对象 Kcs，填入参数与原函数完全一致，只需要将一个或多个原函数中的标量参数变为相应的 ndarray 数组填入，函数便会返回一个 ndarray 数组。

```
1    import math
2    import numpy as np
3
4    def Kc(alpha, psi):
5        """ 计算散货压力系数 Kc
6
7        Args:
8            alpha (float): 舱室边界板与水平面夹角，角度
9            psi (float): 货物休止角，角度
10       """
11       alphaRad = math.radians(alpha)
12       psiRad = math.radians(psi)
13       if alpha <= 90:
14           return math.cos(alphaRad)**2 +(1-math.sin(psiRad))*math.sin(alphaRad)**2
15       elif alpha <= 120:
16           return (1-math.sin(psiRad))*math.sin(alphaRad)**2
17       elif alpha +psi < 180:
18           return 0.75*(1-math.sin(psiRad))*(1-(alpha-120)/(60-psi))
19       else:
20           return 0.0
21
```

```
22    Kcs = np.frompyfunc(Kc, 2, 1)
23    alphas = np.linspace(0, 180, 50)
24    kcs = Kcs(alphas, 30)
```

使用 ufunc 不仅在效率上更高，而且代码更为简洁。

另外需要注意的是，ufunc 是一个函数对象，而且 ufunc 也有自己的内置方法，如 reduce、accumulate 等可以对输出的数组直接执行相应的操作。

（7）linalg 包

Numpy 中的 linalg 包是用于进行线性代数计算的。主要操作的函数如表 5-8 所示。

表5-8　linalg包中的主要函数

操作	函数
矩阵求逆	inv(A)：方阵逆矩阵 pinv(A)：矩阵广义逆
矩阵分解	lu(A)：LU分解 qr(A)：QR分解 cholesky(A)：cholesky分解 svd(A)：奇异值分解
特征值和特征向量	eig(A)：计算特征值和特征向量 eigvals(A)：计算特征值
线性方程组求解	solve(A, b)：求解线性方程组Ax=b
行列式	det(A)
拟合	lstsq(A,y)：使用最小二乘计算模型Ax=y拟合参数x
矩阵运算	dot(A，B)：A与B的矩阵乘积

5.3.3　Scipy 库

Scipy 是一个 Python 科学计算库，是 Python 领域中最重要和最常用的科学计算库之一，广泛应用于科学计算和数据分析领域。Scipy 建立在 Numpy 和 Matplotlib 的基础上，其中包括 30 多个包 / 模块，以下简要介绍一些在船舶结构分析中常用的包。

（1）scipy.linalg

scipy.linalg 包用于线性代数计算。上述 Numpy 中有用于线性代数计算的 linalg 包，在 Scipy 中也有 linalg 包，两者中对于相同的操作使用的函数名是基本一致的，且 Scipy 中的函数更全面一些。

（2）scipy.optimize

scipy.optimize 包主要用于优化，但其中提供了求解非线性方程（组）的函数。主要操作如表 5-9 所示。

表5-9　scipy.optimize包中的主要函数

操作	函数
单变量优化	minimize_scalar(fun, Bounded=bounded, method=mtd)：在区间bounded上使用mtd方法对目标函数fun求最小值
多变量优化	minimize(fun, $x0$, method=mtd)：对目标函数fun使用mtd方法求最小值，初始值为$x0$
非线性最小二乘拟合	curve_fit(fun, xdata, ydata)：使用xdata, ydata对模型函数fun使用最小二乘拟合参数
求解非线性方程	bisect(fun, a, b)：在区间[a, b]内使用二分法查找fun=0的解 newton(fun, $x0$)：以$x0$为初始值使用牛顿迭代法求方程fun=0的解
求解非线性方程组	fsolve(funs, $x0$, jacobianMat)：以$x0$为初始向量使用牛顿迭代法求解非线性方程组funs，雅可比矩阵jacobianMat可以指定，也可以不指定

（3）scipy.integrate

scipy.integrate 包用于数值积分，主要操作如表 5-10 所示。

表5-10　scipy.integrate包中的主要函数

操作	函数
函数定积分	quad(fun, $x0$, $x1$)：在区间[$x0$, $x1$]上函数fun的单变量定积分 dblquad(fun, $x0$, $x1$, $y0$, $y1$)：在$x \in [x0, x1]$，$y \in [y0, y1]$区域内的fun函数的面积分 tplquad(fun, $x0$, $x1$, $y0$, $y1$, $z0$, $z1$)：在$x \in [x0, x1]$，$y \in [y0, y1]$，$z \in [z0, z1]$区域内的fun函数的体积分
数值积分	trapezoid(y, x)：使用梯形法计算数值积分
常微分方程求解	solve_ivp(fun, ($t0$, $t1$), $y0$)：求解($t0$, $t1$)范围内的初值问题的常微分方程 solve_bvp(fun, bc, x, y)：求解边值问题的常微分方程

（4）scipy.interpolate

scipy.interpolate 包用于插值，主要操作如表 5-11 所示。

表5-11　scipy.interpolate包中的主要函数

操作	函数
一元插值	interp1d(x, y, n)：根据x数组和y数组生成一个n次插值函数
二元插值	interp2d(x, y, z, n)：根据x、y、z数组生成一个二元n次插值函数

5.3.4　Matplotlib 库

Matplotlib 库可以用于制作各种类型的数据可视化图表，例如折线图、散点图、柱状图、饼图、等高线图等。Matplotlib 十分灵活，允许用户对图表的各个细节进行定制，包括坐标轴刻度、标签、颜色、线条风格等。同时 Matplotlib 可以将图表输出为各类图形格式，如 PDF、SVG 等。在 Python 环境下，Matplotlib 库中最常用的是 pyplot 包。pyplot 包可以使用两种方式进行绘图，一种是有状态方式，另一种是面向对象的方式。

虽然有状态方式对于简单绘图使用起来更简单，但对于稍微复杂的绘图极易造成混乱，而面向对象的方式使用逻辑更清晰，因而此处只介绍面向对象的方式进行绘图。

Matplotlib 绘图需要首先有一个画布，称之为 figure，之后在画布上放置坐标系，称为 axes，再在这个坐标系中添加各类曲线等图形元素。绘图的步骤是依次添加上述对象后再对各类对象进行调整即可。以下通过在 $[0, \pi]$ 范围内绘制 sin(x) 函数图形为例说明这个过程。

```
1    import numpy as np
2    import matplotlib.pyplot as plt
3
4    fig = plt.figure(figsize=(6, 4))
5    ax = fig.add_subplot()
6    x = np.linspace(0, np.pi, 100)
7    y = np.sin(x)
8    ax.plot(x, y, label='sin(x)')
9    ax.legend()
10   ax.set_title(r'sin(x)')
11   ax.set_xlim(0, np.pi)
12   ax.set_ylim(0, 1)
13   ax.set_xlabel('x')
14   ax.set_ylabel('sin(x)')
15   ax.xaxis.set_ticks([i/5*np.pi for i in range(0, 6)], [str(i/5)+
     r'$\pi$' for i in range(0, 6)])
16   ax.grid(color='grey', linestyle='--')
17   plt.show()
```

上述代码执行后会生成如图 5-6 所示的图形。

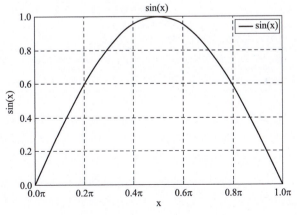

图5-6　Matplotlib绘制图形

下面结合上面的示例代码来解释一下使用 Matplotlib 绘制图形的基本过程。

① 创建 figure。第 4 行中使用 plt.figure 函数创建了一个 figure，其中的参数 figsize 用于指定画布的尺寸，单位是英寸。这个函数会返回一个 figure 对象，后续使用这个对象在 figure 上添加其他元素。

② 创建布局。第 5 行使用 figure 对象的 subplots 方法创建了布局。布局是指在一个 figure 上有多套坐标系的放置方式，一般是将一个 figure 划分为多个单元格，然后在创建坐标系时指定这个坐标系放在哪个单元格中。如果一个 figure 中只放置一个坐标轴，可以不显式地创建布局，如示例所示。

③ 创建坐标系 axes。第 5 行使用 subplots 方法创建布局的同时返回了坐标系对象 ax。一般创建坐标系有三种途径：一是使用 figure 对象的 add_axes 方法在任意的位置添加；二是使用 figure 对象的 add_subplot 方法添加，这可以在画布上只布置一个坐标系的情况下使用，如上面代码中的第 5 行那样；三是使用 figure 对象的 subplots 方法在布局中的指定单元格位置上添加。添加的坐标系可以是二维的，也可以是三维的。

④ 创建图形。第 8 行使用坐标系对象 ax 的 plot 方法创建了一个曲线图。除了曲线图，典型的图形还有散点图、柱状图、矢量图、等高线图、三维图等，表 5-12 中介绍了一些常用图形的创建方法（其中各个函数的参数列表中仅列出了用于绘图的数据参数，除了数据参数，这些方法还有许多关键字参数，可供进行如颜色、线型、线宽、标签等属性的设置）。

表5-12　常用图形的创建方法

图形	创建方法
曲线图	plot(x, y)：根据x, y数据绘制曲线图 axvline(x)：在x位置处绘制竖直参考线 axhline(y)：在y位置处绘制水平参考线 loglog(x, y)：根据x, y数据绘制双对数曲线图
散点图	scatter(x, y)：根据x, y数据绘制散点图
等高线图	contour(x, y, z, n)：根据x, y, z数据绘制n根等高线（可以用来作隐函数图形），其中x, y, z是二维数组
填充	fill_between($x, y1, y2$)：在x处填充$y1$与$y2$之间的竖直区域（$x, y1, y2$均为数组） axhspan($y1, y2$)：在$y1$和$y2$坐标间的水平条状区域填充 axvspan($x1, x2$)：在$x1$和$x2$坐标间的竖直条状区域填充
伪彩图	pcolor(x, y, z)：根据x, y, z数据绘制伪彩图（可以用来作面单元结果显示），其中x, y, z是二维数组
曲面图	plot_surface(x, y, z)：根据x, y, z数据绘制曲面图，其中x, y, z是二维数组

⑤ 调整。第 9 行添加了图例，第 10 行添加了标题，第 11 行设置了 x 轴的范围，第 13 行设置了 x 轴的标签，第 15 行设置了 x 轴的刻度，第 16 行设置了网格。注意到其中第 15 行使用了 latex 语法 r'\$\pi\$' 表示 π，Matplotlib 标签或文字等都支持 latex 语法。

⑥ 显示及保存。第 17 行使用 pyplot 的 show 函数显示图形以供查看。也可以使用方法 figure.savefig(fileName) 将上述绘制的图形保存在指定路径的文件中，文件的后缀名可以是 png、pdf、svg 等，以输出相应格式的文件。

以上是绘制一个图形的主要过程，对于更复杂的图形，在使用过程中重点需要关注的是创建图形和调整。

5.3.5　pyNastran 库

虽然我们介绍的是 Patran 的二次开发，但 Patran 进行了模型生成和处理后，通常情况下（虽然 Patran 也和 ABAQUS 等其他有限元求解器配合使用，但此处主要考虑在船舶结构分析领域内常见的 Patran 与 Nastran 配合使用）下一步是生成 BDF 文件并送到 Nastran 中进行计算，然后再读取 Nastran 的计算结果并进行后处理。不管是从结构分析的全流程上，还是从有限元分析的步骤上，Patran 与 Nastran 在某种意义上都应该视为一个整体，在它们之间起连接配合作用的 Nastran 的输入和输出文件其实也是 Patran 的输出和输入文件，因而是有必要对这些文件进行分析和处理的，pyNastran 是专用于处理这些文件的库。

pyNastran 可以读写 Nastran 的输入输出文件。主要包括 BDF 读写器、OP2 读写器、OP4 读取器、F06 写入器以及一个图形用户界面（GUI）。BDF 读写器支持四百多个数据卡。OP2 读写器支持位移、节点力、单元应力、单元应变、约束反力、apply load、特征值、特征向量等常用分析结果。OP4 读取器可以读取其中的 ASCII/ 二进制矩阵。每个读写器都在一个相应名称的包中。

由于这个库使用前需要对相应的 Nastran 相关文件结构有所了解，因而在相应的部分介绍后会介绍如何使用 pyNastran 进行 Nastran 的文件处理，下一章中会先介绍 BDF 文件的结构，然后再介绍如何使用 pyNastran 对 BDF 进行处理，再下一章中介绍如何使用 pyNastran 对 OP2 结果文件进行处理。

第6章

BDF文件处理

BDF 是 Nastran 的计算输入文件，如果使用 Nastran 进行计算，Patran 在进行完前处理后输出的文件应是 BDF 文件。Nastran 支持线性静力计算、隐式和显式非线性计算（包括材料非线性、几何非线性、边界非线性）、屈曲计算、正则模态计算、复模态计算、频率响应计算、响应谱计算、随机振动计算、传热计算、瞬态响应计算、转子动力学计算、疲劳计算、优化计算（包括尺寸优化、形状优化和拓扑优化）等，而 Patran 并不能完整支持 Nastran 的所有功能选项，因而在一些时候，除使用 Patran 进行前处理外，还需通过直接修改 BDF 文件的方法来达成相应的功能（Patran 界面中也提供了直接 BDF 输入的功能）。除此之外，对于需要少量修改 BDF 中某些数值并进行批量运算的模型，没有必要返回 Patran 中进行前处理修改再生成 BDF 文件，此时直接修改 BDF 文件是一种更方便省时的选择。这些都需要对 BDF 文件内容和结构有一个了解，以下结合船舶结构分析对 BDF 文件内容和结构进行介绍。

6.1 BDF文件概述

我们结合一个 BDF 文件的实例来说明一下 BDF 文件的结构。下面是一个典型的实船舱段有限元分析的 BDF 文件（省略了部分模型数据）。

```
1    ASSIGN DBC='RES.xdb', RECL=65536
2    SOL 101
3    CEND
4    SEALL = ALL
5    SUPER = ALL
6    TITLE = CH5_ANA
7    ECHO = NONE
```

```
8    SUBCASE 1
9       SUBTITLE=FULLH_HSM1_S
10      SPC = 1
11      LOAD = 20
12      DISPLACEMENT(SORT1,REAL)=ALL
13      SPCFORCES(SORT1,REAL)=ALL
14      STRESS(SORT1,REAL,VONMISES,BILIN)=ALL
15   BEGIN BULK
16   PARAM    POST     0
17   PARAM     AUTOSPC YES
18   PARAM    PRTMAXIM YES
19   PSHELL   1       1      13.      1               1
20           0.
21   CQUAD4   45027   1       36273   40485   40484   36259
22   CQUAD4   45028   1       36287   40486   40485   36273
23   CQUAD4   45029   1       36301   40487   40486   36287
24   CQUAD4   45030   1       36455   40489   40488   36441
25   CQUAD4   45031   1       36469   40490   40489   36455
26   …….
27   ENDDATA
```

BDF 文件通常由四段组成：文件管理段（FMS）、执行控制段 (Executive Control)、工况控制段 (Case Control)、模型数据段 (Bulk Data)。

第 1 行为文件管理段，指定了用于存储结果的 XDB 文件名称。

第 2～3 行为执行控制段，定义了使用的求解序列为 101，这个是线性静力求解序列。

第 4～14 行为工况控制段，其中第 4～5 行定义了超单元及其与各工况的关系，第 6 行定义了分析的名称，第 7 行说明不需要将 BDF 文件内容重新输出，第 8 行表示一个子工况，第 9 行为子工况的标题，第 10～11 行表示该子工况使用的边界条件和载荷，第 12～14 行表示该子工况的要求输出位移、约束反力和应力结果。

第 15～27 行为模型数据段，其中第 16～18 行定义了一些控制参数的值，第 19～20 行是一个板属性定义，第 25～27 行是单元、节点、载荷等数据定义。

6.2 BDF文件分段

组成 BDF 文件的四段，每段通过一些数据卡来描述，每类数据卡由多个数据项共同组成，其中第一个数据项为使用特定的名称标识的关键字，后续每个数据项的个数、意义根据不同的关键字而具有不同的意义。BDF 文件中可使用的数据卡种类相当多，但好在需要经常使用或修改的数据卡种类并不多。以下分别介绍一些在 BDF 文件各段中较为常用的数据卡种类，以便在处理 BDF 文件时使用（本节介绍在船舶结构分析中常用的数据卡的数据项，但这些数据卡的说明并非完整的，详细的数据项说明可以参考 Nastran QRG 手册）。

≫ 6.2.1　文件管理段

文件管理段主要用于连接和初始化数据库集合（DBsets）和 FORTRAN 文件。FORTRAN 文件的初始化包括它们的文件名、文件号等。文件管理段不是必需的，在大多数情况下是不需要文件管理段的。文件管理段约有 20 个关键字。常用到的有 ASSIGN、INCLUDE。

（1）ASSIGN

ASSIGN 关键字用于指定具有指定功能的文件的文件名，以便求解计算时使用，类似于 PCL 或其他语言中的文件打开操作。一般格式如下。

```
ASSIGN 逻辑关键字 = 文件名称  UNIT= 文件标识号  STATUS= 状态参数  FORM= 格式参数  删除及其他参数
```

这里的逻辑关键字包括 PRINT、PUNCH、OUTPUT2-、DBC、HDF5、HDF5IN 等，分别用于指定 F06 文件、PCH 文件、OP2 结果文件、XDB 结果文件、HDF5 结果文件、HDF5 读取文件等类型文件的路径和名称。

文件标识号是一个整型数字表示的文件句柄号，后续如果需要使用该文件，则会使用这个文件句柄号表示。

状态参数用 NEW、OLD、UNKNOWN 表示文件的打开方式为新建、已有或者不指定。

格式参数主要有 FORMATTED 和 UNFORMATTED、UNFORMATTED_64、UNFORMATTED_32、UNFORMATTED_MIXED，分别表示格式化和非格式化文件。

另外还可以加上参数 TEMP 表示这是一个临时文件，用后即删除，DELZERO 表示如果文件为空文件则删除，DELETE 表示如果 Nastran 运行前有同功能文件则删除。

（2）INCLUDE

INCLUDE 关键字用于指定一个外部文件，并将这个外部文件中的内容插入到该关键字所在行的位置，这个关键字可以出现在 BDF 文件的任意位置处。因而使用 INCLUDE 可以将本来在一个 BDF 文件中的内容分布到多个文件中去。例如，可以将模型数据段的内容单独放在一个文件中，在主 BDF 文件中通过 INCLUDE 关键字将两个文件合并为一个。如下例中，将模型文件单独存储为 model.dat，并在主 BDF 文件中通过 INCLUDE 将其导入。

```
...
BEGIN BULK
```

```
INCLUDE 'model.dat'
ENDDATA
...
```

6.2.2 执行控制段

执行控制段主要用于设置有关 Nastran 程序执行调试以及求解序列等参数，主要包括选择解决方案序列、进行各种诊断、修改现有求解序列等。CEND 语句标志着执行控制段的结束和工况控制段的开始。

执行控制段有约 20 个关键字。常用到的有 SOL、CEND、ALTER、DIAG。

（1）SOL

SOL 关键字十分常见，用于指定求解使用的序列，使用格式如下。Nastran 现有多个求解序列可供使用，在船舶结构分析中常用的有：101 线性静态分析，103 正则模态分析，200 设计优化，400 非线性静力分析以及 108 直接频率分析，109 直接暂态分析，111 模态频率分析和 112 模态暂态分析。

```
SOL 101
CEND
```

（2）ALTER

如果需要修改原有的求解序列，可以使用 ALTER 在求解序列中插入或删除 DMAP 语句。较常用的方法是通过此语句要求 Nastran 附加输出一些求解中间信息，如刚度矩阵等。例如下述代码表示在求解序列中的"kjjz.*stiffness"语句后添加"matprn kjjz//"语句，以便在 F06 文件中输出刚度矩阵 kjjz。

```
compile semg
alter 'kjjz.*stiffness' $
matprn kjjz// $
```

（3）DIAG

DIAG 用于输出调试信息，使用格式为"DIAG 选项"，其中选项有六十多个整数可供选择，较常用选项有：表示程序模块开始时间的 5 以及结束时间的 6；另外一个较常用的是选项是 14，可以打印求解序列，以便找出需要输出相应信息的语句，再使用 ALTER 写入 DMAP 语句。

6.2.3 工况控制段

顾名思义，工况控制段用于定义工况（subcase），工况的定义主要包括工况的标题、载荷步、载荷、边界条件、输出的计算结果类型、输出要求等。

Nastran 中一个工况由一个 SUBCASE 卡表示。一个 SUBCASE 工况控制卡可用于指定一个工况的边界条件和输出要求。对于静力分析，常见的工况控制如下所示。

```
1    SUBCASE 1
2        SUBTITLE=LC1
3        SPC = 2
4        LOAD = 2
5        DISPLACEMENT(SORT1,REAL)=ALL
6        SPCFORCES(SORT1,REAL)=ALL
7        STRESS(SORT1,REAL,VONMISES,BILIN)=ALL
```

在这个 SUBCASE 工况卡中，第 1 行指定了其工况号为 1；第 2 行指定了工况名称为 LC1；第 3 行指定了工况使用的位移边界条件由模型数据段中 ID 号为 2 的 SPC/SPC1/SPC2/SPCADD 等数据卡指定；第 4 行指定了工况使用的载荷由模型数据段中 ID 号为 2 的 FORCE/LOAD/PLOAD4 等数据卡指定；第 5 行指定了该工况需要输出所有节点的位移结果；第 6 行指定了该工况需要输出所有节点的约束反力结果；第 7 行指定了该工况需要输出所有单元的应力结果。

以下简要介绍一下常用的工况控制段使用的关键字。

（1）SET

SET 工况控制命令用于定义节点或单元的集合，这个集合可以在工况控制段的结果输出等部分使用，这个集合与 Patran 中的 GROUP 没有关系。SET 工况控制命令的使用格式如下例所示。

```
SET 1=1 THRU 7
```

其中等号前为"set 号"，是一个自定义的整数。等号后为节点或单元号，可以使用如表 6-1 中所示的某一种方式或组合使用多种方式。

表6-1　SET命令中的节点或单元表示

意义	示例	意义	示例
直接列举	1,2,3,4,5,6,7	列举排除	EXCEPT 8,9,10
连续多个	1 THRU 7	连续排除	EXCEPT 8 THRU 10
模型中所有的	ALL		

（2）SUBTITLE

SUBTITLE 用于指定当前工况或载荷步的名称，如下面示例中第 2 行将第一个载荷步的名称设为了 static0。

```
1    SUBCASE 1
2    SUBTITLE=static0
```

```
3    SPC = 2
4    LOAD = 1
5    DISPLACEMENT(SORT1,REAL)=ALL
6    SPCFORCES(SORT1,REAL)=ALL
7    STRESS(SORT1,REAL,VONMISES,BILIN)=ALL
```

（3）SPC

SPC 表示当前工况或载荷步中需要使用的边界条件，注意这与模型数据段中的 SPC 是不同的。在模型数据段中可以定义多个 SPC、SPC1、SPCADD 等，但这里对于一个工况，只需要指定一个 SPC/SPC1/SPCADD 等边界约束数据卡的 ID 号即可。如上述示例中使用 ID 号为 2 的边界约束数据卡（这个边界约束数据卡可能是 SPC 卡，也可能是 SPC1 卡或 SPCADD 卡等）定义的边界约束作为边界条件。

（4）LOAD

LOAD 表示当前工况或载荷步中需要使用的载荷集，使用语句"LOAD= 载荷集 ID"来表示。载荷集 ID 可以是模型数据段中的 LOAD、PLOAD4、FORCE、MOMENT 等数据卡的 ID。如上述示例中使用 ID 号为 1 的载荷集数据卡（这个载荷集数据卡可能是 LOAD/PLOAD4/FORCE/MOMENT 等）定义的载荷。

（5）DISPLACEMENT

DISPLACEMENT 工况控制命令用于输出当前工况的节点位移。DISPLACEMENT 工况控制命令的典型使用格式如下所示。

```
DISPLACEMENT ( 参数 ) = 范围
```

DISPLACEMENT 命令中主要用到的参数如表 6-2 所示，等号右边的范围可以用 ALL 表示模型中所有节点，也可以用 set 号表示一个节点集合。

表6-2　DISPLACEMENT的常用参数

项目	参数
结果排列顺序	SORT1：对每个频率、时间等特征输出不同节点的位移 SORT2：对每个节点输出在不同频率、时间等特征下的位移
结果输出格式	PRINT：输出至F06文件 PUNCH：输出至PCH文件 PLOT：输出至OP2/HDF5结果文件 默认使用PRINT 　（如果在模型数据段中附加使用PARAM、POST命令，上述三种都可以输出OP2文件；附加使用MDLPRM、HDF5命令，上述三种都可以输出HDF5文件）
数值格式	REAL：对复值结果分别输出实部和虚部 IMAG：与REAL相同 PHASE：对复值结果分别输出模和相位 默认使用REAL

（6）SPCFORCES

SPCFORCES 工况控制命令用于输出节点约束反力，其典型使用格式如下所示。

```
SPCFORCES（参数）= 范围
```

SPCFORCES 命令中主要用到的参数与 DISPLACEMENT 命令中用到的参数基本一致（除一些参数 SPCFORCES 中没有外），较常用的参数及可选项与"表 6-2 DISPLACEMENT 的常用参数"中的一致。SPCFORCES 命令中的范围设置与 DISPLACEMENT 一样，可以用 ALL 表示模型中所有节点，也可以用 set 号表示一个节点集合。

（7）STRAIN

STRAIN 工况控制命令用于输出单元应变。其典型使用格式如下所示。

```
STRAIN（参数）= 范围
```

STRAIN 命令中主要用到的参数如表 6-3 所示，等号右边的范围可以用 ALL 表示模型中所有单元，也可以用 set 号表示一个单元集合。

表6-3　STRAIN的常用参数

项目	参数
结果排列顺序	SORT1：对每个工况、频率、特征值、时间等特征输出不同单元的应力 SORT2：对每个单元输出在不同工况、频率、特征值、时间等特征下的应力
结果输出格式	PRINT：输出至F06文件 PUNCH：输出至PCH文件 PLOT：输出至OP2/HDF5结果文件 默认使用PRINT （如果在模型数据段中附加使用PARAM、POST命令，上述三种都可以输出OP2文件；附加使用MDLPRM、HDF5命令，上述三种都可以输出HDF5文件）
数值格式	REAL：对复值结果分别输出实部和虚部 IMAG：与REAL相同 PHASE：对复值结果分别输出模和相位 默认使用REAL
附加输出应变	VONMISES：输出VONMISES应变 MAXS：输出最大剪应变 SHEAR：输出最大剪应变 默认输出VONMISES应变
应变位置	CENTER：输出面单元中心点处应变 CUBIC：输出单元中心和节点处的应变，这个应变是经立方弯曲修正后得到的 SGAGE：输出单元中心和节点处的应变，这个应变是使用应变计方法得到的 CORNER/ BILIN：输出单元中心和节点处的应变，这个应变是通过双线性插值方法得到的 默认输出中心点应变

（8）STRESS

STRESS 工况控制命令用于输出单元应力。其典型使用格式如下所示。

```
STRESS（参数）= 范围
```

等号右边的范围可以用 ALL 表示模型中所有单元，也可以用 set 号表示一个单元集合。STRESS 命令中主要用到的参数如表 6-4 所示，另外，STRESS 的参数中也有"结果排列顺序""结果输出格式"和"数值格式"，这些参数的取值与 STRAIN 相同，不再复述。

表6-4　STRESS的常用参数

项目	参数
附加输出应力	VONMISES：输出VONMISES应力 MAXS：输出最大剪应力 SHEAR：输出最大剪应力 默认输出VONMISES应力
应力位置	CENTER：输出面单元中心点处应力 CUBIC：输出单元中心和节点处的应力，这个应力是使用应变计方法并经立方弯曲修正后得到的 SGAGE：输出单元中心和节点处的应力，这个应力是使用应变计方法得到的 CORNER/ BILIN：输出单元中心和节点处的应力，这个应力是通过双线性插值方法得到的 默认输出中心点应力

（9）OLOAD

OLOAD 用于输出节点上的外部施加载荷。外部载荷多数时候是由多个相同或不同类型的载荷共同组成的，在计算前 Nastran 会将所有载荷等效处理到相应的节点上，并可通过 OLOAD 命令将各节点上的等效载荷输出。

OLOAD 工况控制命令的典型使用格式如下所示。

```
OLOAD（参数）= 范围
```

OLOAD 命令中主要用到的参数与上述 DISPLACEMENT 基本一致，等号右边的范围可以用 ALL 表示模型中所有节点，也可以用 set 号表示一个节点集合。

（10）AUTOSPC

AUTOSPC 用于对刚度奇异阵自动施加约束以保证求解。格式如下所示，其中等号右侧的 YES 表示施加自动约束，虽然也可以设为 NO，但没有意义。对于线弹性静力分析，其中的"参数"是没有必要的，对于非线性分析，可以添加有关残差的参数。

```
AUTOSPC（参数）=YES
```

6.2.4　模型数据段

模型数据段包含有限元模型的单元定义、节点定义、材料特性、单元属性定义、边界条件定义和载荷定义等。这部分是 BDF 文件的主要部分，后续的操作也主要是针对这部分的。BEGIN BULK 语句标志着工况控制段的结束和模型数据段的开始。

模型数据段是 BDF 文件中占比最大的一部分，所有的模型几何和结构信息都在这一部分定义，也是在进行开发时最常访问的部分。

模型数据段的数据由多个数据卡组成。每个数据卡由一个或多个数据行组成，每个数据行由多个数据项组成。其中一个数据卡是具有独立意义的最小单位。

每个数据行的各数据项使用一致的格式，数据行的格式可以是自由格式、小字段（small field）格式或大字段（large field）格式。自由格式数据行的各个数据项间使用逗号分隔，小字段格式和大字段格式通过列数分隔各数据项。如下面第 1 行是自由格式的，第 2 行是小字段格式的。

```
CQUAD4,1,1,1,2,8,7
CQUAD4  2       1       2       3       9       8
```

小字段格式的每个数据行有 10 个数据项，每个数据项占 8 列。对于一个数据卡的起始行，第一个数据项用于表示数据卡的名称；对于非起始行，第一个数据项可以为空或填写续行标记；第 10 个数据项用于表示续行，可以为空或填写续行标记，如果填写续行标记，应与下一行的第一个数据项相同。

大字段格式的数据行有 6 个数据项。对于一个数据卡的起始行，第一个数据项表示数据卡的名称并以 * 结尾表示大字段格式，占 8 列；对于非起始行，第一个数据项可以为 * 或以 * 开头的续行标记，占 8 列；第 6 个数据项表示续行，占 8 列，可以为空或填写续行标记，如果填写续行标记，应与下一行的第一个数据项相同；第 2 ～ 5 个数据项各占 16 列，如下所示。

```
GRID*   5                       79.9999923706055 0.
*       0.
```

另外，在同一个数据卡中不同的数据行可以混合使用大字段和小字段格式，如下所示的第 1 行使用了小字段格式，第 2 ～ 3 行使用了大字段格式。

```
CBAR    654     3       9052    553     1.      0.      0.
*                               214.69633       0.
*       0.      214.69633       0.      0.
```

各个数据项的数据类型可以是整型、字符串型或实型。其中实型数据必须有小数点，即使这个实型数据的小数部分全为 0 也必须带有小数点，例如可以写为 1. 或 1.0，但不可写为 1。如果实型数据整数部分为 0，可以不写整数部分，例如 0.1 可以写为 .1。另外实型数据可以使用科学记数法，如 1.2E3，也可以不写 E 而用 + 号或 − 号。

Nastran 的模型数据段有 1000 多种数据卡可供使用，以下简要说明在船舶结构分析中常用的数据卡及其各数据项的意义。完整的数据卡及各数据项的意义可以参考 Nastran 的 QRG 文档。

（1）节点数据卡：GRID

用于定义几何网格点的位置及相关属性，各数据项如表 6-5 所示。

表6-5　GRID数据项

No	数据项	数据类型
1	GRID	
2	节点号	整型
3	节点定义坐标系号	整型
4	节点x坐标	实型
5	节点y坐标	实型
6	节点z坐标	实型
7	节点位移坐标系	整型
8	固定约束自由度	整型
9	超单元号	整型

节点定义坐标系是定义网格点在物理空间中位置的坐标系，节点位移坐标系是用于节点位移、约束等其他方面的坐标系。但一般情况下，是将这两者都设为默认的全局坐标系，此时两个坐标系均可留空。必不可少的数据项是节点号和节点的 $x/y/z$ 坐标，应当注意的是，节点号在一个模型中不可重复。如下是一个 GRID 数据卡的示例，表示节点号为 1 的节点位置在 <101040., 0., 0.>。

```
GRID      1          101040. 0.      0.
```

（2）0 维单元数据卡：质量 CMASS1/PMASS、弹簧 CELAS1/PELAS

质量单元数据卡 CMASS1 各数据项如表 6-6 所示，用于表示在指定节点上附加一个质量。在船舶结构静力分析中，CMASS1 质量单元一般用于考虑舾装件等非结构质量。

表6-6　CMASS1数据项

No	数据项	数据类型
1	CMASS1	
2	单元ID号	整型
3	属性ID号	整型
4	节点ID号	整型
5	自由度	整型

质量单元的属性通过数据卡 PMASS 定义，如表 6-7 所示。

表6-7　PMASS数据项

No	数据项	数据类型
1	PMASS	
2	属性ID号	整型
3	质量值	整型

如下的定义表示在节点 2 的位置处添加一个 ID 号为 7 的质量单元，其单元属性在 ID 为 4 的 PMASS 数据卡中指定：质量值为 10.0。

```
CMASS1   7      4      2      3
PMASS    4     10.
```

弹簧单元的数据卡如表 6-8 所示，用于表示在一个节点上指定自由度上的刚度。其中弹簧刚度在 PELAS 等弹簧属性数据卡中指定。船舶结构分析中的弹簧一般用作边界条件支撑。

表6-8　CELAS1数据项

No	数据项	数据类型
1	CELAS1	
2	单元ID号	整型
3	属性ID号	整型
4	节点ID号	整型
5	自由度	整型

弹簧在指定自由度上的刚度系数可由 PELAS 来指定，PELAS 数据卡如表 6-9 所示。

表6-9　PELAS数据项

No	数据项	数据类型
1	PELAS	
2	属性ID号	整型
3	刚度系数	整型
4	阻尼系数	整型
5	应力系数	整型

如下的示例表示定义了一个单元 ID 号为 5 的弹簧单元，这个单元附在节点号为 1 的节点上，弹簧方向为 y 向。弹簧属性在 ID 为 3 的 PELAS 数据卡中定义，弹簧刚度系数为 10.0。

```
CELAS1    5        3        1        2
PELAS     3       10.
```

（3）一维单元数据卡：CBAR/CBEAM

船舶结构中的加强筋一般使用梁单元模拟，在 Nastran 中一般使用 CBAR 和 CBEAM 两类单元。

CBAR 单元的数据项如表 6-10 所示。

表6-10　CBAR数据项

No	数据项	数据类型
1	CBAR	
2	单元ID	整型
3	属性ID	整型
4	单元起始节点号	整型
5	单元终止节点号	整型
6	单元方向矢量 x 分量	实型
7	单元方向矢量 y 分量	实型
8	单元方向矢量 z 分量	实型
9	偏移矢量和方向矢量标志	字符串
10	起始节点的释放自由度	整型
11	终止点节的释放自由度	整型
12	起始节点处偏移矢量 x 分量	实型
13	起始节点处偏移矢量 y 分量	实型
14	起始节点处偏移矢量 z 分量	实型
15	终止节点处偏移矢量 x 分量	实型
16	终止节点处偏移矢量 y 分量	实型
17	终止节点处偏移矢量 z 分量	实型

梁单元有一个自身的单元坐标系（其他单元也有），这个坐标系的 x 轴正方向是从起始点指向终止点的方向，起始点提指"单元起始节点"（第 4 个数据项）加上"起始节点偏移矢量"（第 12～14 个数据项）的点，终止点是指单元"终止节点"（第 5 个数据项）加上"终止节点偏移矢量"（第 15～17 个数据项）的点，一般情况下起始节点处的偏移矢量与终止节点的偏移矢量是相同的；z 轴正方向是 x 轴方向矢量与上述"单元方向矢量"（第 6～8 个数据项，这是在起始节点的位移坐标系中定义的）叉乘得出的方向，y 轴正方向可依右手定则根据 x 方向和 z 方向得出。其中"偏移矢量"指梁单元剖面的剪心点相对于节点的偏移量（在节点的位移坐标系中度量）。

"偏移矢量和方向矢量标志"（第9个数据项）是一个三个字符组成的字符串，第一个字符表示单元方向矢量定义使用的坐标系，第二个字符表示单元起始节点处偏移矢量定义使用的坐标系，第三个字符表示单元终止节点处偏移矢量定义使用的坐标系。一般情况下留空表示默认使用节点位移坐标系定义上述三个方向。

"释放自由度"（第10~11个数据项）指在相应的自由度上不传递载荷。这些自由度是指单元坐标系中的自由度，使用1~6分别表示6个自由度，如1235表示释放x、y、z平动自由度和y向转动自由度。

在船舶结构分析中，通常情况下只需要指定单元号、起始节点号、终止节点号、单元方向矢量、起始点的偏移矢量（终止节点的偏移矢量默认与起始点的相同），其他一般都保持默认留空。如下是一个CBAR的数据卡示例，这个CBAR单元的单元号为1721，使用146号属性，连接2号节点和29号节点，单元方向矢量为<0,0,1>（即节点坐标系的z轴方向），起始节点和终止节点处剖面剪心相对于节点偏移量均为<0., 0., 438.155>。

```
CBAR     1721    146     2       29      0.      0.      1.
                 0.      0.      438.155 0.      0.      438.155
```

CBEAM单元数据卡的数据项相对于CBAR在两端节点上增加了翘曲自由度，但一般情况下在船舶结构分析中是不需要这两个自由度的。在船舶结构分析中使用CBAR单元的同时还使用CBEAM单元的主要原因是这两类单元在适用的结构属性（PBAR，PBEAM）上的不同。CBEAM单元数据卡的数据项如表6-11所示。

表6-11　CBEAM数据项

No	数据项	数据类型
1	CBEAM	
2~17	与CBAR同	
18	起始节点处翘曲自由度节点号	整型
19	终止节点处翘曲自由度节点号	整型

（4）一维单元属性数据卡：PBAR/PBARL/PBEAM/PBEAML

虽然在Nastran中针对梁单元的属性数据卡有很多，但对于船舶结构分析中常用的线弹性分析类型主要使用PBAR/PBARL/PBEAM/PBEAML四种属性数据卡。其中PBAR/PBARL是针对CBAR单元的属性数据卡，PBEAM/PBEAML是针对CBEAM单元的属性数据卡。PBAR和PBEAM直接给出剖面属性值（如面积、惯性矩等），而PBARL和PBEAML是通过定义剖面的几何形状（如T型材、L型材等）及其尺寸（如腹板厚/高、面板厚/宽等）并由Nastran来计算剖面属性值的，明显后者是更友好的，一般情况下都是使用后者进行定义的，但对于Nastran剖面库中没有的一些剖面形状需要使用前者的方式定义（也可以使用自定义剖面的方法）。PBAR数据卡如表6-12所示。

表6-12 PBAR数据项

No	数据项	数据类型
1	PBAR	
2	属性ID	整型
3	材料ID	整型
4	剖面积	实型
5	对剖面z轴的惯性矩	实型
6	对剖面y轴的惯性矩	实型
7	扭转常数	实型
8	单位长度的非结构质量	实型
9	剖面应力提取点1的y坐标	实型
10	剖面应力提取点1的z坐标	实型
11	剖面应力提取点2的y坐标	实型
12	剖面应力提取点2的z坐标	实型
13	剖面应力提取点3的y坐标	实型
14	剖面应力提取点3的z坐标	实型
15	剖面应力提取点4的y坐标	实型
16	剖面应力提取点4的z坐标	实型
17	y向有效剪切面积因子	实型
18	z向有效剪切面积因子	实型
19	剖面惯性积	实型

PBAR 数据卡适用于直接给定剖面属性的情况，用户负责设定剖面的 y 轴和 z 轴，在实际模型中，剖面的 y 轴和 z 轴与梁单元坐标系的 y 轴和 z 轴是一致的。基于这个坐标轴，计算剖面的惯性矩、惯性积以及圣维南扭转惯性矩等属性。同时剖面在 y 轴和 z 轴上计及参与剖面剪切刚度计算有效面积比例的有效剪切面积因子也需要用户自行计算❶。剖面应力提取点是剖面上需要计算应力的位置坐标，最多可以设 4 个。

---

❶ 对于精度要求不高的情况下，剖面的有效剪切因子可以取与相应轴向平行的板的面积与剖面总面积的比值，如对于 T 型材在腹板方向上的有效剪切因子可以取腹板面积与剖面总面积的比值。对于任意剖面的有效剪切面积因子的计算较为繁琐。由于剖面剪应变 $\gamma = \dfrac{N}{GA_{\text{eff}}}$（其中 A_{eff} 为有效剪切面积，γ 为梁的剖面剪应变），因而根据能量原理，$\dfrac{1}{2}N\gamma = \int_A \dfrac{\tau^2}{2G}\mathrm{d}A$（其中 N 为剖面剪力，γ 为剖面的剪应变，τ 为在剖面剪力 N 时剖面上各点处的剪应力值），因而可得 $\dfrac{1}{2}N\left(\dfrac{N}{GA_{\text{eff}}}\right)^2 = \int_A \dfrac{\tau^2}{2G}\mathrm{d}A$，进而可得出剖面有效剪切面积计算式为：
$A_{\text{eff}}^2 = \dfrac{N^3}{G\int_A \tau^2 \mathrm{d}A}$，需要求出剖面上的剪应力分布情况（这可以通过剪流计算相关程序得出，也可以通过有限元程序计算），这个剪应力分布情况是与梁所受的载荷无关的，只与其几何形状有关。之后再通过式 $K = \dfrac{A_{\text{eff}}}{A}$ 即可得到有效剪切面积因子 K。

需要注意的是，剖面两个主轴的剖面惯性矩与惯性积间存在约束关系 $I_y I_z \geq I_{yz}^2$，在设置的时候需要检查，否则提交计算将会报错（对于实际剖面计算一般不会出现问题，但经常遇到有人做开发测试时出现这个问题，因而在此处做一特殊说明）。这个约束关系可以从剖面的惯性矩和惯性积的计算公式 $I_y = \int_A z^2 \mathrm{d}A, I_z = \int_A y^2 \mathrm{d}A, I_{yz} = \int_A yz\mathrm{d}A$ 并结合柯西 - 施瓦茨不等式得到 $\int_A z^2 \mathrm{d}A \int_A y^2 \mathrm{d}A \geq \left(\int_A yz\mathrm{d}A\right)^2$ ❶。

如下为一个 PBAR 数据卡，面积为 4500，对剖面 z 轴和 y 轴的惯性矩分别为 3.375×10^7 和 84375，扭转常数为 326869，y 向和 z 向的有效剪切面积因子均为 0.8333，4 个应力提取点的位置为 $(\pm150, \pm7.5)$。

```
PBAR     2     1      4500.  3.375+7 84375.  326869.
       150.   7.5     -150.   7.5    -150.   -7.5    150.   -7.5
       .833333 .833333
```

从 PBAR 数据卡可以看出，PBAR 定义的是一个等直梁，PBEAM 除了具有 PBAR 的所有属性外，还可以定义变截面梁以及附加的翘曲属性。但在船舶结构分析中，一般是不用变截面梁的，一是由于船舶结构中较少采用连续变化的变截面梁，二是对于多种不同截面的情况一般是处理成多个等直梁进行的。另外，对于梁的翘曲属性在船舶结构分析中一般也是不考虑的，基于此，PBAR 和 PBEAM 的使用在船舶结构分析中区别并不大。表 6-13 是 PBAEM 的数据项。从中可以看出，如果不看变截面数据 18A，2 ～ 19B 数据项与 PBAR 除了顺序稍有差别外，数据项是相同的，另外的 20B ～ 23B，26B ～ 33B 也都是由于变截面引起的数据项，其实在多数情况下，船舶结构分析中只填写 1 ～ 17 数据项。

表6-13　PBEAM 数据项

No	数据项	数据类型
1	PBEAM	
2	属性ID	整型
3	材料ID	整型
4	剖面积	实型
5	对剖面z轴的惯性矩	实型
6	对剖面y轴的惯性矩	实型
7	剖面惯性积	实型

---

❶ 关于剖面惯性矩不等式的简要证明：因为 $(ay-z)^2 \geq 0$，可得 $f(a) = \int_A (ay-z)^2 \mathrm{d}A = \int_A (a^2y^2 + z^2 - 2ayz) \mathrm{d}A = a^2 \int_A y^2 \mathrm{d}A + \int_A z^2 \mathrm{d}A - 2a \int_A yz\mathrm{d}A \geq 0$，即 $f(a) = a^2 I_z - 2aI_{yz} + I_y \geq 0$，$f(a)$ 表示的为一个抛物线，$f(a) \geq 0$ 表示其只可有一个解或无解，因而根据根的判别式可得 $I_y I_z \geq I_{yz}^2$。

No	数据项	数据类型
8	扭转常数	实型
9	单位长度的非结构质量	实型
10	剖面应力提取点1的y坐标(相对于剖面剪心)	实型
11	剖面应力提取点1的z坐标(相对于剖面剪心)	实型
12	剖面应力提取点2的y坐标(相对于剖面剪心)	实型
13	剖面应力提取点2的z坐标(相对于剖面剪心)	实型
14	剖面应力提取点3的y坐标(相对于剖面剪心)	实型
15	剖面应力提取点3的z坐标(相对于剖面剪心)	实型
16	剖面应力提取点4的y坐标(相对于剖面剪心)	实型
17	剖面应力提取点4的z坐标(相对于剖面剪心)	实型
18A	中间站位点处剖面属性（每个站位点16个数据）	
18B	y向有效剪切面积因子	实型
19B	z向有效剪切面积因子	实型
20B	单元xy平面上由变截面引起的剪切释放因子	实型
21B	单元xz平面上由变截面引起的剪切释放因子	实型
22B	起始节点处关于非结构质心的非结构质量惯性矩	实型
23B	终止节点处关于非结构质心的非结构质量惯性矩	实型
24B	起始节点处的翘曲系数	实型
25B	终止节点处的翘曲系数	实型
26B	起始节点处的非结构质心y坐标(相对于剖面剪心)	实型
27B	起始节点处的非结构质心z坐标(相对于剖面剪心)	实型
28B	终止节点处的非结构质心y坐标(相对于剖面剪心)	实型
29B	终止节点处的非结构质心z坐标(相对于剖面剪心)	实型
30B	起始节点处剖面中性轴y坐标(相对于剖面剪心)	实型
31B	起始节点处剖面中性轴z坐标(相对于剖面剪心)	实型
32B	终止节点处剖面中性轴y坐标(相对于剖面剪心)	实型
33B	终止节点处剖面中性轴z坐标(相对于剖面剪心)	实型

如上所示，使用 PBAR/PBEAM 来定义梁单元的剖面属性需要自行计算梁剖面的面积、惯性矩、惯性积、扭转常数等诸多剖面属性，虽然这些剖面属性的计算并不复杂，但十分繁琐，如果剖面类型众多，还是十分费时的，好在 Nastran 提供了剖面库，可以通过剖面尺寸直接定义剖面并由 Nastran 计算剖面属性，这时需要使用 PBARL/PBEAML 来定义相应的梁属性。在实际应用中，大部分梁属性均会使用库进行定义。PBARL 数据卡如表 6-14 所示。

表6-14 PBARL 数据项

No	数据项	数据类型
1	PBARL	
2	属性ID	整型
3	材料ID	整型
4	剖面组名	字符串型
5	剖面类型名	字符串型
6～9	空	
10-①	剖面尺寸项	实型
最后一项	单位长度的非结构质量	实型

① "10-"表示自第10个数据项起至表格中下一行数据所描述的数据项止的范围内，如表格中未出现下一个数据项，则表示直至整个数据卡结束为止，下同。

"剖面组名"（第4项数据）是剖面库的名称，Nastran 内置的默认剖面库名称为 MSCBML0，用户也可以自定义剖面库，但自定义剖面库还需要同时定义由剖面尺寸得出 PBAR 中定义的各剖面属性项的程序。一般情况下 MSCBML0 库中定义的剖面已可以满足船舶结构分析中的使用需求，稍微特殊一点的是船舶结构中的球扁钢，但不少船舶结构规范都会提供球扁钢等效为角钢的方法，因而也并不需要单独定义一种球扁钢剖面形式。MSCBML0 库中对于 PBARL 可以使用的剖面形状有：圆钢（ROD），圆管（TUBE、TUBE2），工字钢（I、H），槽钢（CHAN、CHAN1、CHAN2），T 型材（T、T1），方管（BOX、BOX1），方钢（BAR），十字型钢（CROSS）等类型。具体各剖面类型的各尺寸参数详见 Nastran QRG 文档。

如下的 PBARL 数据卡属性 ID 为 1，材料 ID 为 1，剖面形状为 T 型材（使用默认的 MSCBML0 库），面板宽度为 173.5，剖面高度为 632.75，面板厚度为 30.5，腹板厚度为 11.5。

```
PBARL    1       1               T
         173.5   632.75  30.5    11.5    0.
```

与 PBAR/PBEAM 类似，PBEAML 的数据卡相对于 PBAR 也主要是多了由变截面引起的剖面数据，如表 6-15 所示。

表6-15 PBEAML 数据项

No	数据项	数据类型
1	PBEAML	
2	属性ID	整型
3	材料ID	整型

No	数据项	数据类型
4	剖面组名	字符串型
5	剖面类型名	字符串型
6～9	空	
10-	包括起点和终点在内的各分段点处的剖面尺寸	

MSCBML0 库也可用于 PBEAML，但相对于 PBARL，PBEAML 可用的剖面类型多了角钢（不等边不等厚 L）。在船舶结构中，角钢的使用相当普遍，此时必须使用 PBEAML 来定义。如下的 PBEAML 数据卡是一个角钢的，属性 ID 为 79，使用材料 ID 为 1，默认使用 MSCBML0 型材库，型材剖面类型为角钢，面板宽度为 173，型材高度为 641，面板厚度为 18，腹板厚度为 10.5。

```
PBEAML  79      1               L
        173.    641.    18.     10.5
```

对于 PBARL 和 PBEAML 的区别使用，还需要注意以下几点。

① PBARL 在端部节点处的偏移基于剖面形心的偏移，而 PBEAML 在端部节点处的偏移基于剖面剪心的偏移，因而对于诸如船舶结构中使用广泛的 T 型材之类的剪心与形心不一致的型材剖面，如果对于同一根梁混合使用 PBEAML 和 PBARL，那么如果使用相同的端部节点偏移，得到的结果将是不协调的，如图 6-1 所示。因而在建模中，对于同一根加强筋，最好不要混合使用这两种类型的梁，实际上在 Patran 的图形界面中，默认都是使用 PBARL 的。

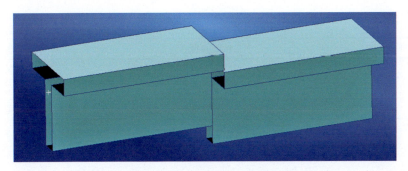

图6-1　PBEAML和PBARL对于偏移定义的不同

② 使用 PBEAML 输出的应力结果是在应力提取点处的应力，而使用 PBARL 输出的应力结果是分别在应力提取点处的弯曲应力和梁上的轴向应力。多数船舶结构规范对于梁单元的评估是基于其轴向应力进行的，如果使用 PBEAML 定义梁单元得出应力结果，需要再次处理以分离出轴向应力，而使用 PBARL 可以直接输出轴向应力，基于此，建议应尽量使用 PBARL 来模拟梁单元。

③ 船舶常用的型材类型中，角钢只存在于 PBEAML 中而不在 PBARL 中，如果想得到角钢的轴向应力而又不想进行结果的二次处理的话，在加强筋垂直于带板焊接且载荷垂直于板表面的情况（通常是这种情况）下，由于面板的水平移动不影响加强筋对带板平面的抗弯刚度，因而可以使用与角钢具有相同面板宽度的 T 型材代替角钢。

（5）二维单元数据卡：CQUAD4/CTRIA3

船舶结构以板梁结构为主，对于板的模拟，一般使用二维的平面单元来模拟，在 Nastran 中一般使用四节点的平面板单元 CQUAD4 和三节点的平面板单元 CTRIA3 来建模。这两者除了节点数量不同外，其他是完全一致的。表 6-16 是 CQUAD4 数据卡中的数据项，CTRIA3 的数据卡没有节点 4 ID 和节点 4 处的厚度这两个数据项，其余相同。

表6-16　CQUAD4数据项

No	数据项	数据类型
1	CQUAD4	
2	单元ID	整型
3	属性ID	整型
4	节点1 ID	整型
5	节点2 ID	整型
6	节点3 ID	整型
7	节点4 ID	整型
8	材料方向或材料坐标系ID	整型
9	从节点面到单元参考面的偏移距离	实型
10	空	
11	厚度选项	整型
12	节点1处的厚度	实型
13	节点2处的厚度	实型
14	节点3处的厚度	实型
15	节点4处的厚度	实型

单元各节点的 ID 在单元数据卡中的排列顺序是有意义的，单元坐标系是通过这个顺序来确定的。对于 CTRIA3，单元会使用节点 1 到节点 2 的连线作为单元坐标系的 x 轴正向，x 轴与节点 1 和节点 3 的连线的叉积方向为单元坐标系的 z 轴正向，使用右手定则确定单元的 y 向。对于 CQUAD4，单元坐标系 x 轴位于单元两个对角线的角分线上，由对角线交点指向节点 2 和 3 连线的边，单元坐标系 z 轴由右手定则沿节点 1、2、3 的顺序得到。

默认情况下，单元的参考面位于其节点所在的平面，如果设置了"从节点面到单元参考面的偏移距离"数据项，单元的参考面将按设定值由节点平面偏移至新的位置，另外板的弯曲刚度是对板的参考平面进行计算的。

由于船舶结构通常使用的钢材等材料为各向同性材料，因而不需要指定材料方向或坐标系。

厚度选项和节点 1/2/3/4 处的板厚是针对在一个单元内厚度有变化的情况设置的，船舶结构分析中一般不会用到这种情况，因而一般是留空的，其板厚是在板单元的属性数据卡 PSHELL 中进行设置的。

下面是一个 CQUAD4 的数据卡示例，单元 ID 为 10，相应的属性 PSHELL 数据卡 ID 为 86，单元连接 10、11、38、37 四个单元，单元参考面不偏移。

```
CQUAD4    10       86       10       11       38       37       0.       0.
```

（6）二维单元属性数据卡：PSHELL

与平面板单元 CQUAD4/CTRIA3 配套使用的板属性数据卡是 PSHELL，其数据项如表 6-17 PSHELL 数据项所示。

表6-17 PSHELL 数据项

No	数据项	数据类型
1	PSHELL	
2	属性ID	整型
3	膜刚度材料ID	整型
4	板厚	实型
5	弯曲刚度材料ID	整型
6	板弯曲刚度比	实型
7	剪切刚度材料ID	整型
8	剪切厚度比	实型
9	非结构质量	实型
10	应力提取点位置1	实型
11	应力提取点位置2	实型
12	膜—弯曲耦合刚度材料ID	整型

板单元在计算面内膜刚度、弯曲刚度、剪切刚度以及膜 - 弯曲耦合刚度时可以使用不同的材料，对于船舶结构分析中的钢材而言这些都是相同的。

板的"弯曲刚度比"（第 6 项数据）是单位宽度板的实际剖面惯性矩与理论公式 $t^3/12$ 之比，一般情况下使用这个理论公式计算出的值即可，因而此项可设为 1 或直接留空。

"剪切厚度比"（第 8 项数据）是在剪切刚度计算时板剖面有效剪切厚度与实际厚度之比，一般是将其留空保持默认值为矩形截面的剪切修正系数 5/6。

应力提取点位置 1 和 2 默认是板的上下表面，也就是相对于板的参考面（在

CQUAD4/CTRIA3 数据卡中定义）向下 0.5 个板厚和向上 0.5 个板厚的位置，但上下表面处的应力包括了板的弯曲应力和拉压应力，多数船舶结构规范都要求评估板的中面应力，此时可以将应力提取点位置 1 设置为 0.0，以表示应力提取点位置 1 相对于板参考面不偏移，此时输出应力提取点位置 1 处的应力将只有板的中面应力。

下面是一个 PSHELL 数据卡的示例。属性 ID 为 86，板厚为 16.5，膜刚度材料 ID、弯曲刚度材料 ID 和剪切刚度材料 ID 均为 1，设置了应力提取位置 1 的位置为板的参考面（默认为中面）。

```
PSHELL   86     1      16.5     1                1
         0.
```

（7）材料本构属性数据卡：MAT1

Nastran 中有线性各向同性材料属性 MAT1，各向异性材料属性 MAT2/MAT9，正交各向异性材料属性 MAT3/MAT8，热分析材料属性 MAT4/MAT5，流体材料属性 MAT10，弹塑性材料属性 MATEP，材料失效（强度）模型属性 MATF，非线弹性材料属性 MATNLE，非线性材料属性 MATS1 等几十种不同的材料本构属性数据卡。同一个材料可以应用多个材料本构数据卡，如线弹性阶段的本构属性 MAT1，塑性阶段使用材料属性 MATS1。

对于常规的船舶结构线性静力分析，使用线性各向同性材料属性 MAT1 即可，其数据项如表 6-18 所示。

表6-18 MAT1数据项

No	数据项	数据类型
1	MAT1	
2	材料ID	整型
3	材料弹性模量	实型
4	材料剪切模量	实型
5	材料泊松比	实型
6	材料密度	实型
7	材料热膨胀系数	实型
8	热分析时的参考温度	实型
9	结构阻尼系数	实型
10	拉伸应力极限	实型
11	压缩应力极限	实型
12	剪切应力极限	实型
13	材料坐标系ID	整型

如下是使用 N-s-mm-t 单位制时的钢材线弹性本构属性定义，材料 ID 为 1，弹性模量为 206000MPa，剪切模量为 79230.8MPa，泊松比为 0.3，材料密度为 $7.85 \times 10^{-9} t/mm^3$。

MAT1   1   206000.79230.8 .3   7.85-9

（8）节点和分布力数据卡：PLOAD4/FORCE/MOMENT/LOAD

在船舶结构分析中，最常用的两类载荷是分布压力和集中力，分布压力可以使用 PLOAD4 来表示，集中力使用 FORCE 和 MOMENT 数据卡表示。

PLOAD4 的数据卡如表 6-19 所示。

表6-19　PLOAD4数据项（1）

No	数据项	数据类型
1	PLOAD4	
2	载荷集ID	整型
3	被施加的单元ID	整型
4	节点1处压力值	实型
5	节点2处压力值	实型
6	节点3处压力值	实型
7	节点4处压力值	实型
8	用于实体单元施加面的节点标识	整型
9	用于实体单元施加面的节点标识	整型
10	压力施加的坐标系ID	整型
11	压力的x分量（在上述坐标系中）	实型
12	压力的y分量（在上述坐标系中）	实型
13	压力的z分量（在上述坐标系中）	实型
14	压力是施加在单元面上（SURF）还是边（LINE）上的标识	字符串型
15	线压力的方向	字符串型

载荷集是对一组单元施加的 PLOAD4 的集合，虽然对每个单元都要写一个 PLOAD4 数据卡（这里暂不考虑使用 THRU 来一次性对多个连续单元施加的情况），但这些 PLOAD4 可以使用同一个载荷集 ID，同一个 ID 表示是同一组的，在用于定义载荷组合的 LOAD 数据卡中可以直接引用这个 ID 号，把这一组单元上的 PLOAD4 载荷作为一个整体看待，其他载荷定义也是同样的逻辑。

虽然数据卡可以在四个节点处定义不同的压力值，但对于船体结构分析而言，其单元大小相对于船舶整体而言相当小，因而在一个单元上施加相同的压力值并不会引起结果的明显差异，因而一般只填写节点 1 处的压力值，其他节点处留空表示与节点 1 相同。

上述节点处的压力是施加在单元法向上的正压力。通过指定上述第 10～13 个数据项，压力也可以通过在指定的坐标系内给定各分量来施加非法向正压力。

如下的 PLOAD4 数据卡表示 PLOAD4 数据集 ID 为 1003，载荷施加在 8091 单元上，压力值为-2.59×10^{-2}。

```
PLOAD4    1003    8091     -2.59-2
```

另外这个数据卡还有另一种如表 6-20 所示的形式，用于一次性将压力施加在一些单元号连续的单元上。这个形式的数据卡中相对于上述数据卡增加了"THRU"和"被施加的单元序列终止 ID"，用于表示将在从单元号为"被施加的单元序列起始 ID"到"被施加的单元序列终止 ID"之间的所有单元上施加相同的压力值。但由于船舶结构分析中施加的压力一般是随位置变化的，因而这种形式一般并不常用。

表6-20　PLOAD4数据项（2）

No	数据项	数据类型
1	PLOAD4	
2	载荷集（LoadSet）ID	
3	被施加的单元序列起始ID	整型
4	节点1处压力值	整型
5	节点2处压力值	字符串型
6	节点3处压力值	字符串型
7	节点4处压力值	
8	"THRU"	
9	被施加的单元序列终止ID	
10	压力施加的坐标系ID	
11	在上述坐标系中压力方向的x分量	
12	在上述坐标系中压力方向的y分量	
13	在上述坐标系中压力方向的z分量	
14	压力是施加在单元面上（SURF）还是边（LINE）上	
15	线压力的方向	

除均布压力外，集中力在船舶结构分析中也是十分常用的载荷类型，在 Nastran 中使用 FORCE 数据卡来表示，FORCE 可以用于在一个节点上施加一个集中力（不包括力矩），如表 6-21 所示。

表6-21　FORCE数据项

No	数据项	数据类型
1	FORCE	
2	载荷集（LoadSet）ID	整型
3	被施加的节点ID	整型
4	施加的坐标系ID	整型

No	数据项	数据类型
5	载荷数值	实型
6	载荷方向x分量	实型
7	载荷方向y分量	实型
8	载荷方向z分量	实型

载荷各分量的实际值是由载荷数值（第5数据项）与载荷方向各分量（第6～8数据项）的乘积得到的。由于载荷方向各分量是带数量意义的，因而完全可以把载荷数值写为1，使用载荷方向分量直接表示力的各方向分量。

如下所示的FORCE数据卡表示载荷集ID为1118，力施加在节点59139上，力在三个方向上的分量是2.031×10^3，3.522×10^{-6}，-5.27×10^3。

```
FORCE     1118    59139    0        1.       2.031+3 3.522-6 -5.27+3
```

虽然在Patran的界面中，6个自由度上的载荷可以在同一个对话框中完成，但在Nastran数据卡中，这是分为两个数据卡的，力使用上述FORCE施加，力矩使用MOMENT施加，MOMENT数据卡与FORCE数据卡除数据卡名称外，其他完全一样，不再赘述。

LOAD数据卡用于将多个载荷组合，形成一个载荷工况，数据卡的各数据项如表6-22所示。

表6-22 LOAD数据项

No	数据项	数据类型
1	LOAD	
2	载荷工况ID	整型
3	整体加载比例系数	实型
4	载荷1的加载比例系数	实型
5	载荷1的ID	整型
6-	重复4～5的数据项	

在当前工况上最终施加的载荷是设定载荷乘以相应载荷的加载比例系数再乘以整体加载比例系数后得到的。

数据项5中的载荷ID可以是PLOAD4、FORCE、MOMENT等载荷数据卡的ID号。如下述ID为2的LOAD数据卡表示整体加载比例系数为1.0，其中包括3个载荷集，各自的加载比例系数均为1.0，各个载荷集的ID分别为1、3、4。

```
LOAD      2     1.      1.      1      1.       3       1.       4
```

（9）单点约束数据卡：SPC/SPC1/SPCADD

模型的位移约束一般使用单点约束数据卡 SPC 来表示。数据卡的各数据项如表 6-23 所示。

表6-23　SPC数据项

No	数据项	数据类型
1	SPC	
2	单点约束集ID	整型
3	被施加的节点ID	整型
4	施加的自由度	整型
5	强迫位移量	实型
6	被施加的节点ID	整型
7	施加的自由度	整型
8	强迫位移量	实型

与 PLOAD4 相同，可以把多个单点约束形成一个集合，一个集合共用同一个单点约束集 ID。

从上面的数据项可以看出，一个单点约束数据卡可以定义两个约束，上述数据项 3～5 与 6～8 是相互独立的两个单点约束，在实际使用中，一般一个 SPC 数据卡只写一个单点约束。如下为一个 SPC 数据卡的示例，表示单点约束集 ID 为 2889，单点约束施加在节点 78854 的第 2 个自由度（即 y 向平动自由度）上，强迫位移为 0。

```
SPC     2889   78854   2       0.
```

除 SPC 数据卡外，还有一个 SPC1 也有类似的功能，用于定义单点约束。相对于 SPC，SPC1 只能设置指定节点的指定自由度固定，不能设置强迫位移值，但其可以同时约束多个节点的同一个自由度，数据卡如表 6-24 所示。

表6-24　SPC1数据项

No	数据项	数据类型
1	SPC1	
2	单点约束集ID	整型
3	施加的自由度	整型
4-	被施加的节点ID	整型

上述数据卡中的第四个数据项及之后直到最后一个数据项均为节点 ID，将在所有指定的节点上对数据项 3 指定的自由度上施加约束。

关于单点约束，还有一个数据卡 SPCADD，其本身并不能对某个节点指定单点约束，其用于将多个 SPC 和 SPC1 数据卡形成一个更大的集合，并给定一个统一的单点约束集合 ID，以便在工况控制部分简洁地给出边界条件。表 6-25 为 SPCADD 的数据项表，其从第 3 项开始直至最后一个数据项都是 SPC 或 SPC1 的单点约束集 ID，最终在工况控制段中的 SPC 将引用数据项 2 中的单点约束数据集 ID。

表6-25　SPCADD数据项

No	数据项	数据类型
1	SPCADD	
2	单点约束集ID	整型
3-	SPC或SPC1单点约束集ID	整型

（10）多点约束和刚性连接数据卡：MPC/RBAR/RBE2/RBE3

多点约束可以对多个节点给定其互相之间的运动约束条件，这在 Nastran 中通过 MPC 数据卡表示，如表 6-26 所示。刚性杆可用于在两个节点间传递指定自由度上的运行，这在 Nastran 中通过 RBAR 数据卡表示。RBE2 数据卡一般用于将多个节点在指定自由度上的运动设置为相同的，比如模拟简单梁理论中常用的平断面假定。RBE3 通常用于将一个集中载荷分配至多个相关节点上。

表6-26　MPC数据项

No	数据项	数据类型
1	MPC	
2	MPC ID	整型
3	节点1 ID	整型
4	节点1施加约束的自由度	整型
5	节点1约束自由度的系数	实型
6-	重复数据项3～5	

上述数据卡其实是定义了一个约束方程：$A \cdot u = 0$，其中 A 是数据卡中定义的各个系数形成的向量，u 是上述各节点在相应自由度上的位移形成的向量。MPC 数据卡在船舶结构分析中的应用较少。

RBAR 是刚性杆单元。数据卡的各数据项如表 6-27 所示。一般情况下会将刚性杆单元的一个节点所有自由度选为独立自由度，另一个节点的部分自由度选为非独立自由度，以此来模拟铰接。但这个 RBAR 本身可以将同一个节点的部分自由度设为独立的，另一部分设为非独立的。RBAR 单元在船舶结构分析中较少使用。

表6-27　RBAR数据项

No	数据项	数据类型
1	RBAR	
2	单元ID	整型
3	起始节点ID	整型
4	终止节点ID	整型
5	起始节点的独立自由度	整型
6	终止节点的独立自由度	整型
7	起始节点的非独立自由度	整型
8	终止节点的非独立自由度	整型
9	热膨胀系数	实型
10	热分析参考温度	实型

　　RBE2 单元相当于同时定义多个 RBAR 单元，但这所有的 RBAR 单元有一个公共节点，这个公共节点是拥有 6 个独立自由度的节点，非公共节点均为非独立节点，有部分自由度是非独立的，这十分适合模拟梁理论中的平断面或类似假定，而舱段船体结构有限元分析是基于简支梁理论的，因而经常使用 RBE2 单元将端面所有节点协调至端面的单点约束点上，RBE2 数据项如表 6-28 所示。

表6-28　RBE2数据项

No	数据项	数据类型
1	RBE2	
2	单元ID	整型
3	独立节点ID	整型
4	非独立自由度	整型
5-	非独立节点ID	整型
倒数第二个数据项	热膨胀系数	实型
最后一个数据项	热分析参考温度	实型

　　如下是一个 RBE2 单元的示例，单元 ID 为 8111183，单元的独立节点 ID 为 5305571，非独立节点为 11248 等 13 个节点，非独立自由度为 y 向平动、z 向平动和 x 向转动，这三个自由度正是 x 平面上的所有自由度，因而如果这些非独立节点间在 x 平面上，将没有相对运动。

```
RBE2    8111183 5305571 234      11248   11253   11254   11255   11256
        11258   11259   11260   11261   11273   11314   11315   11327
```

　　RBE3 与 RBE2 正好相反，其有一组独立节点，只有一个非独立节点，非独立节点的运动是由多个独立节点的运动决定的，非独立节点具体的运动数据是基于独立节点的运动的加权平均得出的。这特别适合将一个节点设为受载点（RBE3 的非独立节点），通过RBE3将这个载荷分配至结构上的多个节点，比如承受一个外部载荷的支座，为了方便，支座上物体的具体形状不再模拟，而直接使用一个加载节点代替，并使用RBE3 单元将这个载荷分配至已建模的支座节点上去。另外 RBE3 并不会增加结构的刚度。RBE3 的数据卡如表 6-29 所示。

表6-29　RBE3数据项

No	数据项	数据类型
1	RBE3	
2	单元ID	整型
3	空	
4	非独立节点ID	整型
5	非独立自由度	整型
6	第一组独立节点权重	实型
7	第一组独立节点相关自由度	整型
8-	第一组独立节点ID（可多个）	整型
9A	重复数据项6～8-（可重复多组）	
10A	"UM"	字符串型
11A	第一组非独立节点	整型
12A	第一组非独立节点的非独立自由度	整型
13A	重复11A～12A数据项（可重复多组）	
倒数第三个数据项	"ALPHA"	字符串型
倒数第二个数据项	热膨胀系数	实型
最后一个数据项	热分析参考温度	实型

一般在非独立节点上施加一个集中载荷（可以有集中力和集中弯矩），独立节点一般只指定一组，且权重均为1，如此一来将会把非独立节点上的集中载荷分布至各个独立节点上，分布后的效果是：非独立节点的力和力矩是各独立节点上力和力矩的合力和合力矩。如下为一个 RBE3 数据卡，独立节点为 15～19，独立自由度为三个平动自由度，依赖节点为 24 号节点。

```
RBE3      1001              24    123    1.         123        15         16
          17        18      19
```

（11）参数数据卡：PARAM

PARAM 可以用在模型数据段，也可以用在工况控制段。其格式如下。

`PARAM, 参数名称, 参数值 1, 参数值 2`

Nastran 中可供使用的参数名称有一百多个，但常用的不多，下面简要介绍一下常用的参数。

POST：在模型数据段添加下述语句可以指定输出的结果文件格式，不同的整数值可以输出应用于不同后处理程序的结果文件，一般情况下使用 0 输出 XDB 格式文件，使用 1 输出 OP2 格式文件。

`PARAM, POST, 整数值`

PRTMAXIM：在模型数据段添加 PARAM、PRTMAXIM、YES 可以在 F06 文件中输出各类结果的最大值，如最大的施加载荷、最大的约束反力、最大位移等。

K6ROT：在模型数据段中添加下述语句会给模型中的 CQUAD4 和 CTRIA3 单元添加上法向转动刚度，以防止由板单元没有法向转动刚度而导致应力结果失真，但一般情况下是不需要的。

`PARAM, K6ROT, 刚度值`

BAILOUT：使用 Nastran 计算的时候，有时会由于主元最大最小之比过大而计算失败，这是矩阵的条件数过大以致病态，主要原因还是结构约束或连接有问题，但如果只是想调试一下并让其能算过去，可以在 BDF 文件模型数据段中添加 PARAM、BAILOUT、-1，以临时解决问题。

GRDPNT：使用 Nastran 计算的时候，有时会需要结构的重量、重心、惯性矩等信息，但默认情况下 Nastran 是不输出这些信息的，可以通过在 BDF 文件模型数据段中添加下述 PARAM 语句实现，其中的参考节点号是计算重心、惯性矩等结果时设定的原点位置，也可以使用 0 表示使用基本坐标系的原点位置。

`PARAM, GRDPNT, 参考节点号`

LGDISP：在工况控制段添加 PARAM、LGDISP、1 可以打开大变形求解。

（12）模型参数数据卡：MDLPRM

模型参数数据卡用于设置模型参数，其数据项如表 6-30 所示。可用的参数有 50 多个，每个参数有相应的固定选项值。值得一提的是，用于创建 HDF5 结果文件的参数 HDF5，参数值为 0 时创建不压缩的 HDF5 结果文件，参数值为 1 时创建压缩的 HFD5 文件，参数值为 2 时创建不压缩且无模型输入数据的 HDF5 结果文件，参数值为 3 时创建压缩且无模型输入数据的 HFD5 文件。通常情况下使用 1，即压缩且带输入模型数据的 HDF5 文件，以方便后续处理（如果后续需要使用 HDF5 中的特征值分析结果作为缺陷输入，必须使用压缩的 HDF5 文件）。

表6-30 MDLPRM 数据项

No	数据项	数据类型
1	MDLPRM	
2	参数名称	字符串型
3	参数值	实型或整型
4-	重复2~3数据项	

6.3 使用Python处理BDF文件 ▐▐▐

前面介绍了 BDF 文件中的基本内容和结构，BDF 文件中包含了模型中的大部分信息，BDF 这种文本文件格式也提供了一种很好地在 Patran 外部处理模型的媒介。本节介绍如何对 BDF 文件进行操作。

使用 BDF 获取并处理模型信息有一大优势是不必掌握 Patran 的 PCL 编程，由于 BDF 文件只是一个可读的文本格式文件，因而也不需要安装 Patran 软件，可以使用任何编程语言来进行处理，这个过程是与 Patran 和 Nastran 本身无关的。

对 BDF 文件进行处理的一般过程是：读取 BDF 文件，对模型信息进行处理和计算，输出需要的信息或修改 BDF 文件。在这个过程中，读取 BDF 文件需要了解 BDF 文件的结构和文档格式，如前节所述；对模型信息进行处理和计算则需要根据实际的需求进行设计；输出需要的信息或修改 BDF 文件可以是写出文本类型的文件，也可以是生成某些图形或驱动某些其他软件等。

⨠⨠ 6.3.1 使用 Python 解析 BDF 文件

在了解了 BDF 文件的格式后，读取并解析 BDF 文件并不困难。以下借助 Python 实例代码来解释这个过程，首先我们编写一个读取数据卡的通用方法 readBDFBlock，用于解析 BDF 文件中的单个数据卡（此处仅考虑常用的模型数据段的大字段和小字段格式的数据卡，通常 Patran 不生成自由格式的 BDF 文件）；其次编写用于存储和处理各类数据卡的类（这里仅处理了船舶结构分析中最常用的 CQUAD4、CTRIA3、CBEAM、CBAR、PSHELL、PBEAML、PBARL、MAT1、GRID，其他的 BDF 数据卡也是类似的）；然后定义一个 BDF 模型对象 BDFOBJ，用于容纳所有的 BDF 中的数据卡对象，以便对整个模型进行统一管理；最后编写一个方法 readBDF，用于将一个 BDF 文件转化为一个 BDF 模型对象。

① 编写读取 BDF 数据卡的通用函数，这个函数读取 BDF 文件中一个完整的数据卡，并将数据卡中所有的数据项按位置返回。

```
1    def readBDFBlock(finp):
2        datas = []
3        endOfFile = False
4        line = finp.readline()
5        if line == '':
6            return datas, True
7        while line.strip() == '' or '$' in line or len(line) < 9:
8            line = finp.readline()
9            if line == '':
10               return datas, True
11       datas.append(line[:8].strip().replace('*', ''))
12       datas = datas +splitRow(line)
13       pos = finp.tell()
14       line = finp.readline()
15       if line == '':
16           return datas, True
17       while line[:8].strip() == ''  or line[0] in ['+', '*']:
18           datas = datas +splitRow(line)
19           pos = finp.tell()
20           line = finp.readline()
21       finp.seek(pos)
22       return datas, endOfFile
23
24   def splitRow(line):
25       lineLen = len(line)
26       datas = []
27       dataCnt = 0
28       lackDataCnt = 0
29       if '*' in line[:8]:
30           dataCnt = min((lineLen -8) // 16 +1, 4)
31           for i in range(dataCnt):
32               datas.append(line[(8 +16*i):(np.min([lineLen, 8 +16*(i+
1)]))].strip())
33           lackDataCnt = 4 -dataCnt
34       else:
35           dataCnt = min(lineLen // 8, 8)
36           for i in range(dataCnt):
```

```
37              datas.append(line[(8 +8*i):(np.min([lineLen, 8 +8*(i+
1)]))]).strip())
38          lackDataCnt = 8 -dataCnt
39      if lackDataCnt > 0:
40          datas = datas +[None]*lackDataCnt
41      return datas
```

上面的一段程序中定义了两个函数：readBDFBlock 和 splitRow，前者用于读取一个 BDF 数据卡，其中使用了 splitRow 函数，后者用于将数据卡中的一行分割为多个数据项。

在 readBDFBlock 函数中，第 7 行根据 $ 过滤掉 BDF 文件中的注释行，第 17 行通过首 8 列为空或 +* 等续行符判断是否为同一个数据卡的续行，第 12 行和第 18 行通过 splitRow 函数将数据行拆解为各个数据项。

在 splitRow 函数中，第 29 行通过首 8 列中是否有 * 判断该数据行为大字段格式或小字段格式，并分别将其拆分为相应的数据项，另外为方便与数据卡定义中的各数据项对照，第 39 行将每行末尾留空的数据项补全。

② 编写 CQUAD4、CTRIA3、PSHELL、CBEAM、CBAR、PBEAML、PBARL、MAT1、GRID 数据卡的类，用于存储这些数据卡中的数据。

```
1   class CSHELL:
2     def __init__(self, id, pid, grids):
3         self.id = int(id)
4         self.pid = int(pid)
5         self.grids = [int(i) for i in grids]
6
7   class PSHELL:
8     def __init__(self, id, mid, t, z1, z2):
9         self.id = int(id)
10        self.mid = int(mid)
11        self.t = float(t)
12        self.z1 = str2float(z1)
13        self.z2 = str2float(z2)
14
15  class CBARBEAM:
16    def __init__(self, id, pid, grids, ori):
17        self.id = int(id)
18        self.pid = int(pid)
19        self.grids = [int(i) for i in grids]
```

```
20          self.ori = [str2float(i) for i in ori]
21
22    class PBEAMBARL:
23      def __init__(self, id, mid, profType, dims):
24          self.id = int(id)
25          self.mid = int(mid)
26          self.profType = profType
27          self.dims = [str2float(i) for i in dims]
28
29    class MAT1:
30      def __init__(self, id, E, G, nu, rho, st=0.0):
31          self.id = int(id)
32          self.E = str2float(E)
33          self.G = str2float(G)
34          self.nu = float(nu)
35          self.rho = str2float(rho)
36          self.st = str2float(st)
```

上述程序中对每种数据卡的类型基于读取的目的仅定义了其初始化的方法，如果有其他需要使用的方法，也可定义在这些类型中。

第 1～5 行定义了 CSHELL 类，考虑到 CQUAD4 和 CTRIA3 两个数据卡中存储内容的相似性，将其归为一个类进行存储，如果需要知道其类型，可以通过节点的数量进行判断。在这个类中，存储了 id（单元 ID）、pid（属性 ID）和 grids（单元的节点号列表）作为类型的属性。

第 7～13 行定义了 PSHELL 类。在这个类中，存储了 id（属性 ID）、mid（膜刚度材料 ID），t（板厚）、z1/z2（应力提取点位置 1/2）作为类型的属性。

第 15～20 行定义了 CBARBEAM 类，考虑到 CBEAM 和 CBAR 两个数据卡中存储内容的相似性，将其归为一个类进行存储。在这个类中，存储了 id（单元 ID）、pid（属性 ID）、grids（单元的节点号列表）和 ori（单元方向矢量）作为类型的属性。

第 22～27 行定义了 PBEAMBARL 类，考虑到 PBEAML 和 PBARL 两个数据卡中存储内容的相似性，将其归为一个类进行存储。在这个类中，存储了 id（属性 ID）、mid（材料 ID）、profType（剖面形状）、dims（剖面尺寸）作为类型的属性。

第 29～36 行定义了 MAT1 类。在这个类中，存储了 id（材料 ID）、E（材料弹性模量）、G（材料剪切模量）、nu（材料泊松比）、rho（材料密度）、st（拉伸应力极限）作为类型的属性。

另外考虑到 BDF 中经常使用 +、− 来表示科学记数法的幂，因而上述类代码使用函数 str2float 解析 BDF 中的科学计数法表示的数值，这个函数代码如下所示。

```python
def str2float(strs):
    try:
        strsub = re.sub(r'([\.\d])([-\+])(\d)', lambda x:x.group(1) +'e'
+x.group(2) +x.group(3), strs)
        return float(strsub)
    except:
        return None
```

③ 定义 BDF 模型对象。将 BDF 文件中需要提取的所有类型数据卡整合进一个类中，以方便使用。

```python
1    class BDFOBJS:
2        def __init__(self, pshells:dict, pbeams:dict, shells:dict,
beams:dict, mats:dict, grids:dict):
3            self.pshells = pshells
4            self.pbeams = pbeams
5            self.shells = shells
6            self.beams = beams
7            self.mats = mats
8            self.grids = grids
```

④ 读取 BDF 文件形成 BDFOBJS。

```python
1    def readBDF(BDFPath:str)->BDFOBJS:
2        pshells = {}
3        pbeams = {}
4        shells = {}
5        beams = {}
6        mats = {}
7        grids = {}
8
9        fileBDF = open(BDFPath, "r")
10       fileBDF.seek(0, 0)
11       eof = False
12       while not eof:
13           (datas, eof) = readBDFBlock(fileBDF)
14           if len(datas) == 0:
15               continue
16           if datas[0] == "PSHELL":
```

```
17          if len(datas) > 9:
18              z1, z2 = datas[9], datas[10]
19          else:
20              z1, z2 = None, None
21          pshells[int(datas[1])] = PSHELL(datas[1], datas[2],
datas[3], z1, z2)
22      elif datas[0] == "CQUAD4":
23          shells[int(datas[1])] = CSHELL(datas[1], datas[2],
datas[3:7])
24      elif  datas[0] == "CTRIA3":
25          shells[int(datas[1])] = CSHELL(datas[1], datas[2],
datas[3:6])
26      elif datas[0] == "PBARL" or datas[0] == "PBEAML":
27          pbeams[int(datas[1])] = PBEAMBARL(datas[1], datas[2],
datas[4], datas[9:13])
28      elif datas[0] == "CBAR" or datas[0] == "CBEAM":
29          beams[int(datas[1])] = CBARBEAM(datas[1], datas[2],
datas[3:5], datas[5:8])
30      elif datas[0] == "MAT1":
31          if len(datas) < 10:
32              mats[int(datas[1])] = MAT1(datas[1], datas[2],
datas[3], datas[4], datas[5])
33          else:
34              mats[int(datas[1])] = MAT1(datas[1], datas[2],
datas[3], datas[4], datas[5], datas[9])
35      elif datas[0] == "GRID":
36          grids[int(datas[1])] = [str2float(i) for i in
datas[3:6]]
37      fileBDF.close()
38      return BDFOBJS(pshells, pbeams, shells, beams, mats, grids)
```

上述程序中，第 16 ～ 21 行根据 PSHELL 数据卡各数据项生成 PSHELL 对象，并以属性 ID 为键名写入 BDFOBJS 对象中；第 22 ～ 23 行根据 CQUAD4 数据卡各数据项生成 CSHELL 对象，并以单元 ID 为键名写入 BDFOBJS 对象中；第 24 ～ 25 行根据 CTRIA3 数据卡各数据项生成 CSHELL 对象，并以单元 ID 为键名写入 BDFOBJS 对象中；第 26 ～ 27 行根据 PBARL/PBEAML 数据卡各数据项生成 PBEAMBARL 对象，并以属性 ID 为键名写入 BDFOBJS 对象中；第 28 ～ 29 行根据 CBAR/CBEAM

数据卡各数据项生成 CBARBEAM 对象，并以单元 ID 为键名写入 BDFOBJS 对象中；第 30 ～ 34 行根据 MAT1 数据卡各数据项生成 MAT1 对象，并以材料 ID 为键名写入 BDFOBJS 对象中；第 36 ～ 38 行根据 GRID 数据卡各数据项将节点的坐标写入一个键名为节点 ID 的字典中，并将字典写入 BDFOBJS 对象中。

　　经过以上四步，已将船舶结构分析中常用的 BDF 文件读取并解析成了一个 BDF 模型对象，后续进行数据处理和分析可以直接使用上述 readBDF 函数返回的 BDFOBJS 类对象。另外，如果需要读取并解析其他的数据卡，只需在上述第二步中增加定义相应的数据卡的类，并在第四步中将读取的数据项与类中的数据项对应起来即可。

6.3.2　利用 pyNastran 库读写 BDF

　　上面通过 Python 自行编写程序完成了对 BDF 文件的解析，其实使用我们前面曾介绍过的 pyNastran 库读取 BDF 文件更简单。pyNastran 的 BDF 读写器位于 pyNastran.BDF 包中。在这个包中，BDF 中的每类数据卡、参数、工况控制、执行控制等都对应一个相应的类，读取的 BDF 文件中的每个数据卡都被实例化为一个对象，如对应于 BDF 的 CQUAD4 数据卡有名为 CQUAD4 的 Python 类，这个类将 CQUAD4 数据卡中的各项数据存储为类的属性，并提供了计算质量、获取相关节点对象、相关属性对象、剖分单元、法向翻转、将修改后的数据卡重新写回 BDF 等方法。作为示例，以下使用 pyNastran 的 BDF 读写器对一个如图 6-2 所示的简单模型进行操作。模型和 BDF 文件如下所示。

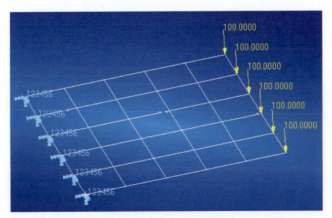

图6-2　使用pyNastran操作的示例模型

```
SOL 101
CEND
$ Direct Text Input for Global Case Control Data
TITLE = T01
ECHO = NONE
```

```
SUBCASE 1
$ Subcase name : Default
  SUBTITLE=Default
  SPC = 2
  LOAD = 2
  DISPLACEMENT(SORT1,REAL)=ALL
  SPCFORCES(SORT1,REAL)=ALL
  STRESS(SORT1,REAL,VONMISES,BILIN)=ALL
BEGIN BULK
$ Direct Text Input for Bulk Data
PARAM    POST    0
PARAM    PRTMAXIM YES
$ Elements and Element Properties for region : plate
PSHELL    1       1       5.      1                       1
$ Pset: "plate" will be imported as: "pshell.1"
CQUAD4    1       1       1       2       8       7
CQUAD4    2       1       2       3       9       8
......
CQUAD4    24      1       28      29      35      34
CQUAD4    25      1       29      30      36      35
$ Referenced Material Records
$ Material Record : steel
MAT1      1       210000.         .3      7.9-9
$ Nodes of the Entire Model
GRID      1               0.      0.      0.
GRID      2               20.     0.      0.
GRID      3               40.     0.      0.
GRID      4               60.     0.      0.
......
GRID      36              100.    100.    0.
$ Loads for Load Case : Default
SPCADD    2       1
LOAD      2       1.      1.      1
$ Displacement Constraints of Load Set : fix
SPC1      1       123456  1       7       13      19      25      31
$ Nodal Forces of Load Set : force
FORCE     1       6       0       100.    0.      0.      -1.
......
```

```
FORCE    1       36      0       100.    0.      0.      -1.
ENDDATA
```

下面的代码将使用 pyNastran 读取上述 BDF 文件，并进行四项操作：输出 BDF 统计信息、计算单元 1 的质量、剖分 1 号四边形单元为两个三角形单元、将修改后的模型写为新的 BDF 文件。

```
1    import pyNastran.BDF.BDF as pb
2
3    BDFPath = "T01.BDF"
4    BDFModel = pb.read_BDF(BDFPath)
5    print(BDFModel.get_BDF_stats())
6    elm1 = BDFModel.elements[1]
7    print(elm1.Mass())
8    maxElmId = max(BDFModel.elements.keys())
9    newElms = elm1.split_to_ctria3(maxElmId +1, maxElmId +2)
10   BDFModel.elements.pop(1)
11   for newElm in newElms:
12       BDFModel.elements[newElm.eid] = newElm
13   print(newElms[0].write_card())
14   BDFModel.write_BDF('T0101.BDF')
```

第 4 行通过 read_BDF 函数读取了 BDF 文件并生成了一个 BDF 模型对象 BDFModel。

第 5 行通过 BDF 模型对象的 get_BDF_stats 方法给出了模型的统计信息，如下面 1 ~ 20 行所示。

第 6 行通过 BDF 模型对象的 elements 属性（这个属性是一个字典型对象，键为单元号）提取了单元 1 并生成单元对象 elm1，在第 7 行中使用单元对象的 Mass 方法得到了其质量并进行了输出，结果如下面第 22 行所示。

第 8 行通过 BDF 模型对象的 elements 属性的键名得到了当前最大的单元号。

第 9 行通过单元对象 elm1 的 split_to_ctria3 方法将当前单元剖分形成两个三角形单元，剖分后在第 10 行将原有的四边形单元从模型中去除，第 11 ~ 12 行将新生成的两个三角形单元加入模型中，第 13 行输出了两个三角形单元之一的 BDF 卡，如下面第 23 行所示。

第 14 行将经过上面修改后的 BDF 模型对象 BDFModel 写出到一个 BDF 文件中。

```
1    ---BDF Statistics---
2    SOL 101
3    BDF.load_combinations[2]: 1
```

```
4      LOAD:    1
5    BDF.loads[1]: 6
6      FORCE:    6
7    BDF.spcadds[2]: 1
8      SPCADD:  1
9    BDF.spcs[1]: 1
10     SPC1:    1
11   BDF.params: 2
12     PARAM    : 2
13   BDF.nodes: 36
14     GRID     : 36
15   BDF.elements: 25
16     CQUAD4   : 25
17   BDF.properties: 1
18     PSHELL   : 1
19   BDF.materials: 1
20     MAT1     : 1
21
22   1.5799999999999998e-05
23   CTRIA3        26       1       1       2       8
```

重新生成的 BDF 文件如下所示。可见，BDF 文件中已删除了单元 1 并添加了新的单元 26 和 27。

```
SOL 101
CEND
$CASE CONTROL DECK
ECHO = NONE
TITLE = T01
SUBCASE 1
    DISPLACEMENT(SORT1,REAL) = ALL
    LOAD = 2
    SPC = 2
    SPCFORCES(SORT1,REAL) = ALL
    STRESS(SORT1,REAL,VONMISES,BILIN) = ALL
    SUBTITLE = Default
BEGIN BULK
$PARAMS
```

```
$ Direct Text Input for Bulk Data
PARAM        POST        0
PARAM     PRTMAXIM      YES
$NODES
$ Nodes of the Entire Model
GRID          1              0.      0.      0.
......
GRID         36            100.    100.     0.
$ELEMENTS
CQUAD4        2       1       2       3       9       8
......
CQUAD4       25       1      29      30      36      35
$$ Pset: "plate" will be imported as: "pshell.1"
CTRIA3       26       1       1       2       8
CTRIA3       27       1       8       7       1
$PROPERTIES
$ Elements and Element Properties for region : plate
PSHELL        1       1       5.      1               1
$MATERIALS
$ Referenced Material Records
$ Material Record : steel
MAT1          1 210000.                .3    7.9-9
$LOADS
LOAD          2       1.      1.      1
$ Nodal Forces of Load Set : force
FORCE         1       6             100.      0.      0.     -1.
......
FORCE         1      36             100.      0.      0.     -1.
$SPCs
$ Loads for Load Case : Default
SPCADD        2       1
$ Displacement Constraints of Load Set : fix
SPC1          1  123456       1       7      13      19      25      31
ENDDATA
```

以上的示例过程虽然简单，但代表了使用 pyNastran 的 BDF 读写器的一个基本操作流程：读取 BDF，提取信息，修改模型，生成新的模型。对于更复杂的操作，只是

在提取信息和修改模型中做更多的操作而已。下面简要介绍一个 pyNastran.BDF 包中的常用类和方法。

pyNastran.BDF 包中常用的类有表示整个输入文件的类 BDF，以及与 BDF 中各数据卡对应的各类单元、节点、属性、载荷类的类，这些类的类型名称与相应的 BDF 数据卡的名称是相同的。

BDF 类中的主要属性有：grids、elements、properties、materials 等，分别表示模型中的节点、单元、属性和材料，均为键为相应 ID 的字典数据。主要方法有：read_BDF(file_name)，write_BDF(file_name)，分别表示读取和写出 BDF 文件。get_BDF_stats 表示获取 BDF 模型的统计信息，add_grid、add_cbeam、add_cquad4、add_ctria3、add_force、add_pbeam、add_pshell、add_mat1 等"add_ 数据卡"函数，分别表示向模型中添加节点、单元、属性、材料等各类数据卡，这些添加节点 / 单元等的方法是直接新建一个节点 / 单元等对象添加，而不是将一个现有的节点或单元对象添加到模型中，它们的参数基本与相应的数据卡中的数据项是一致的，例如添加节点的函数可以写为 add_grid(nid, xyz, cp=0, cd=0, ps='', seid=0)。

经常使用的单元类对象的主要属性主要有：pid（单元的属性 ID）、thickness（板单元的厚度）、nsm（单元的非结构质量）、mid（单元的材料 ID）、nodes（单元所连接的节点）等。主要的方法有：get_field(card, field_name)、add_card(card, comment='')，分别表示获取和添加数据项。write_card() 表示将单元对象以卡片格式写入 BDF 文件，Mass() 和 Area() 表示获取单元的质量和面积等。

pyNastran 的 BDF 读写器虽然好用，但如果仅是需要读取个别的 BDF 数据卡而并不想导入一个庞大的 pyNastran 库时，或需要读取某些 pyNastran 库并不支持的数据卡时，还是需要自行编写程序读取并解析 BDF 文件的，这需要根据具体情况考虑。

》》6.3.3　BDF 文件数据应用

无论是使用直接的方式或是通过 pyNastran 库的方式，在读取 BDF 文件后，目的都是要进行相应的数据处理分析和应用，以下通过三个示例展示 BDF 文件中的数据的应用场景，以抛砖引玉。

（1）生成缺陷文件

进行结构强度分析时，有时需要在结构上提前施加一定的缺陷。船舶结构规范中指定的缺陷模态，一般是通过某个函数或几个函数叠加形成的，这些函数通常都是位置的函数，对于有限元模型而言，即是根据节点的位置求得的一个矢量值。在求得这个矢量值后，可以通过 PCL 程序施加到相应的节点上，也可以直接修改 BDF 文件。以下示例代码通过读取 BDF 文件中的节点坐标（这里使用了直接解析 BDF 文件的读取方法，也可以使用 pyNastran 进行读取），按三角函数对一个如图 6-3 所示的 1/4 柱壳计算出各个节点的缺陷矢量并保存至文本文件中。

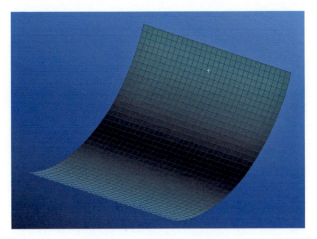

图6-3 1/4柱壳的理想模型

```
1    def createImpect(BDFFile, impfFilePath, AxisLen, amplify,
AxisHwCnt, CirHwCnt):
2        BDFobjs = BDF.readBDF(BDFFile)
3        grids = BDFobjs.grids
4        l = AxisLen
5        with open(impfFilePath, 'w') as impfFile:
6            for gridId in grids:
7                grid = grids[gridId]
8                ang = math.atan(grid[2]/grid[1])
9                delta = -1*amplify*math.sin(AxisHwCnt*grid[0]*math.pi/
l)*math.sin(2*CirHwCnt*ang)
10               deltaY = -1*delta*math.cos(ang)
11               deltaZ = -1*delta*math.sin(ang)
12   impfFile.write('{0},{1:10.4f},{2:10.4f},{3:10.4f}\n'.
format(gridId, 0, deltaY, deltaZ))
```

示例程序参数列表中的参数分别表示：BDF 文件路径名称、生成的缺陷文件路径名称、柱壳轴向长度、柱壳缺陷幅值、柱壳缺陷轴向半波数、柱壳缺陷周向半波数。

第 2 行中通过 Python 编写的 BDF 文件读取方法 readBDF 解析了 BDF 文件，生成了 BDF 对象模型 BDFobjs。第 6 ～ 11 行对模型中每个节点根据其节点坐标位置计算了其缺陷值，并在第 12 行中写入了指定的缺陷文件。

在生成了缺陷文件后可以使用"3.2.2 综合示例"下"（1）生成缺陷"中编写的 PCL 程序将缺陷文件添加到模型中，得到如图 6-4 所示的模型（为方便观察，这个模型的缺陷做了放大）。

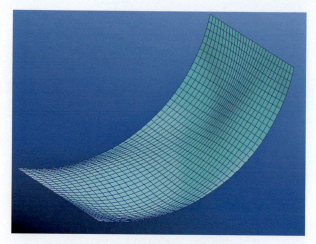

图6-4　施加缺陷后的1/4柱壳模型

（2）检查剪流计算中的相关单元问题

在 Common structural rules for bulk carriers and oil tankers（《散货船和油船共同结构规范》）以及其他类似结构规范的舱段结构有限元计算要求中，需要进行船体梁剪力调整，以使船体梁剪力曲线符合指定的要求。在有限元舱段模型上调整剪力时，需要将调整的剪力以节点力的形式施加到剖面的船体梁纵向结构的各个有限元节点上，各个节点上分配的节点力的大小需要通过剖面剪流计算来确定。剪流计算是基于等值薄壁梁剖面的几何特性计算，需要计算的剖面上各个板及加强筋相互连通，也就是说，从剖面上的任何一点出发，都可以沿剖面结构线走到其他任何一点上，不允许出现两个或以上互不相连的部分。如图 6-5 所示的剖面便是一个有问题的剖面，在这个剖面中不仅出现了多个显见的悬空部分，而且存在一些虽表面看来是连续的，但实际并不连续的问题。

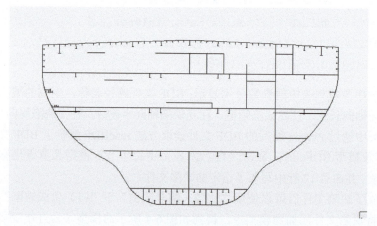

图6-5　在剪流计算中有问题的船体梁剖面

这就要求在进行剪流计算的剖面中只能出现前后贯通的船体梁总纵结构，但在实际的船舶舱段结构模型中，除了前后贯通的船体梁纵向结构外，一些局部结构也需要进行建模，这些结构的存在会给剖面剪流的计算造成错误，因而在对剖面进行剪流计算前，需要将这些结构排除在外。但由于种种原因，这种人工或自动的剔除可能并不彻底，因而导致剖面剪流计算失败，此时便需要检查是什么位置出现了问题。由于船舶结构模型的单元数量较多，目视检查有时并不能快速查找到问题所在。以下的示例程序，通过读取船体结构模型的 BDF 文件来检查指定剖面是否符合相应的剪流计算要求，如果不符合，给出问题出在什么地方。

```
1   def linkChk(pts, lines):
2       excludePt = []
3       excludeLink = []
4       links = {}
5       ptsLines = {}
6       for pt in pts:
7           ptsLines[pt] = []
8       for lineId in lines:
9           line = lines[lineId]
10          ptsLines[line.begPt].append(lineId)
11          ptsLines[line.endPt].append(lineId)
12          links[line] = [line.begPt, line.endPt]
13      excludePt = []
14      excludeLink = []
15      excludePt, excludeLink = linkChkOf1Pt(1, ptsLines, links,
    excludePt, excludeLink)
16      resPts = list(set(ptsLines.keys()).difference(set(excludePt)))
17      resLinks = list(set(lines.keys()).difference(set(excludeLink)))
18      print('{0} {1}'.format('ConnectError Elm: ', '
    '.join(map(str, resLinks))))
19
20  def linkChkOf1Pt(pt, pts, links, excludePt, excludeLink):
21    if not excludePt.__contains__(pt):
22      excludePt.append(pt)
23      relLinks = pts[pt]
24      for relLink in relLinks:
25          if not excludeLink.__contains__(relLink):
26              excludeLink.append(relLink)
```

```
27              relPt = 0
28              for relPt in links[relLink]:
29                  if not excludePt.__contains__(relPt):
30                      break
31              if relPt != 0:
32                  linkChkOf1Pt(relPt, pts, links, excludePt,
excludeLink)
33      return excludePt, excludeLink
```

上述程序定义了两个函数，linkChk 和 linkChkOf1Pt。linkChk 有两个输入参数：pts 是剖面上所有节点的列表；lines 是当前剖面上单元的连接情况，使用字典数据类型，键为单元号，值为单元在此剖面上的节点列表，这两项数据可以通过 BDF 文件获取（剖面上的节点可以根据当前剖面的纵向位置筛选 BDF 文件中 GRID 数据卡的 x 坐标而得到，剖面上的单元可以根据 CQUAD4/CTRIA3 数据卡的节点纵向位置 x 判断得到，具体程序代码不在此一一列出）。linkChk 函数用于对整个剖面进行检查以确定出问题的单元和节点，其中调用了 linkChkOf1Pt 函数，linkChkOf1Pt 函数用于给出一点，来检查剖面上通过这个点可以连通的节点和单元。

第 2～3 行中定义的 excludePt 和 excludeLink 分别用于存储没有问题的节点和单元。第 4 行的 links 是一个字典，键为单元号，值为单元在当前剖面上的两个节点号。第 5 行的 ptsLines 也是一个字典，键为节点号，值为在当前剖面上该节点相关的单元。第 6～12 行根据 BDF 模型文件读取到的当前剖面的节点（pts）和单元（lines）信息形成 links 和 ptsLines 两项数据。第 15 行通过 linkChkOf1Pt 函数检索所有通过第 1 个节点可以连通的节点 excludePt 和单元 excludeLink。第 16～17 行通过 links、ptsLines、excludePt 和 excludeLink 四项信息得出未检查到的可能有问题的单元和节点，并在第 18 行输出。

上述程序最终以单元列表字符串形式输出可能有问题的单元号，可以直接将单元列表字符串粘贴至 Patran 的 highlight 功能的输出框中，查看高亮的单元，即为有问题的部分。

第7章
结果数据处理

本章介绍对结构分析计算结果的操作，这可以在 Patran 中进行，也可以在 Patran 之外进行。

如果结果已读取到 Patran 之中，可以使用 Patran 内置的 PCL 函数对结果进行提取、处理和写入操作。

除了对已读取到 Patran 之中的结果进行操作之外，由于各种原因（如大量模型的批量计算或需要自动化处理等），可能会需要在不进入 Patran 的情况下进行结果提取和处理，此时需要在 Patran 之外对结果进行操作。Patran 主要使用的计算程序 Nastran 的计算结果文件格式除了 F06、PCH 等文本格式以外，常用的主要有 XDB、OP2 和 HDF5 等二进制文件格式，这些文件一般规模较大，如果需要在 Patran 之外读写这些文件，需要专门的库进行支持，本章主要使用 Python 对这些操作进行说明。

7.1　在Patran中对结果操作

7.1.1　结果操作的常用方法

在 Patran 关联了计算结果后，可以使用 Patran 的函数来读取结果的内容用于其他后处理。在某些情况下，也可以将处理后的结果重新导入 Patran 中，利用 Patran 的后处理功能展示结果。

在 Patran 中对于一个单元或节点的结果一般有几个要素：用于明确目标结果定位的工况、子工况、主结果、次结果、层、结果位置，用于确定如何进行结果转换的结果导出方法和导出坐标系，以及用于说明结果自身的结果类型。

·工况，即是在模型前处理加载的载荷工况。

·子工况，一个载荷工况计算后可能会有一个或多个子工况，如一个屈曲载荷工况计算后会有多个不同的屈曲模态，每阶屈曲模态都是一个子工况。开发过程中经常需要用到子工况 ID，值得一提的是，子工况 ID 在整个模型中是不重复的，因而对于一个子工况 ID，其相应的工况是确定的。

主结果，指结果的类型，使用 Nastran 计算常用的主结果有（后面括号中的内容表示其在程序中的类型标识）：应力（Stress Tensor）、位移（Displacements）、约束反力（Constraint Forces）、特征向量（Eigenvectors）、BAR 单元应力（Bar Stresses）、BEAM 单元应力（Beam Stresses）、应力不变量（Stress Invariants）、主应力方向（Principal Stress Direction）。主结果在程序中有时使用名称，有时使用 ID，名称如上所述是相对固定的，但 ID 是不固定的，也就是说，对于不同的模型和结果，相同的主结果名称其对应的主结果 ID 是不同的，必须在当前模型中查询才可确定。但在同一个模型结果下，主结果的 ID 是与（子）工况 ID 无关的，也就是说，不同工况下，具有相同名称的主结果的 ID 是相同的。

次结果，指基于主结果的更明确的结果量。一般对于不同的主结果，有不同次结果：Stress Tensor 没有次结果；Displacements/Constraint Forces/Eigenvectors 常用的次结果有 Translational、Rotational，分别表示平动量和转动量；Bar Stresses 常用的次结果有 Axial、Bending、Minimum Combined、Maximum Combined，分别表示轴向应力、弯曲应力、最小合成应力和最大合成应力；Beam Stresses 常用的次结果有 Minimum Combined、Maximum Combined、Combined，分别表示最小合成应力、最大合成应力和各应力提取点处的合成应力。与主结果相同，次结果的名称如上所述是相对固定的，但 ID 是不固定的，必须在当前模型中查询才可确定 ID。值得一提的是，在同一个模型结果中，同一个次结果对于不同的主结果其 ID 是相同的，例如 Translational 次结果的 ID 是 5，则其不论是在 Displacements 主结果，还是 Constraint Forces 主结果中，其 ID 都是 5，因为一个结果需要主结果和次结果共同决定，所以这并不会引起混乱。

层，指对单元取结果的不同位置，例如对于一个板单元的应力，其在上表面层上的应力与下表面层上的应力是不同的，另外对于梁单元，其在剖面上不同位置得到的应力也是不同的，这个不同位置就是层。对于不同的结果有不同的层，常用的有：At Z1、At Z2、At Cente、At Point C、At Point D、At Point E、At Point F、(NON-LAYERED)。一般来说，对于 BAR 单元的弯曲应力和 BEAM 单元的组合应力使用 At Point C/D/E/F，表示在剖面上相应位置处（一般来说依次是剖面上最右上、最右下、最左下、最左上的点）的应力；对于 BAR 单元的轴向应力使用 At Cente，表示中心点处的轴向应力；对于板单元的应力张量使用 At Z1/2，表示上下表面的应力（如果设置了 Z1/2 层的位置，则表示相应位置处的应力）；对于位移 / 约束反力 / 特征向量等使用 (NON-LAYERED) 表示这些结果是不分层的。与主结果和次结果类似，层的名称如上所述是相对固定的，但 ID 是不固定的，必须在当前模型中查询才可确定 ID。一个模型中的各类结果的层 ID 是统一排序的，也就是说，在同一个模型中，对于不同结果的同样名称的层，其层 ID 是一样的。

结果位置，指单元输出结果的位置，常用的有（后面括号中的字母表示其在程序中的类型标识，数字表示相应的类型代码）：输出单元中心处的结果（C，1），输入单元节点处的结果（N，2），输出单元节点和中心处的结果（空字符串或 A，3）。

导出方法，指如何从 Nastran 的计算结果导出想要的输出结果。计算的结果可能是张量或矢量，在提取结果时可能需要将张量转换为矢量或标量，也有可能将矢量转换为标量，较常用的张量转标量有：$XX/YY/ZZ/XY/YZ/ZX$ 分别表示提取张量的相应分量；$P1/P2/P3$ 分别表示应力 / 应变张量的三个主应力 / 主应变；$INV1 = P1 + P2 + P3$，$INV2 = P1 * P2 + P2 * P3 + P3 * P1$，$INV3 = P1 * P2 * P3$ 分别表示张量的三个不变量；$HYDRO = \dfrac{1}{3}(P1 + P2 + P3)$ 表示静水压力；$OCT = \dfrac{1}{3}\sqrt{(P1 - P2)^2 + (P2 - P3)^2 + (P3 - P1)^2}$ 表示八面体剪应力；$MAXSHR = 0.5 * (P1 - P3)$ 表示最大剪应力；$TRESCA = 2 * MAXSHR$ 为对应于 TRESCA 屈服准则的应力；$VONM = \dfrac{1}{\sqrt{2}}\sqrt{(P1 - P2)^2 + (P2 - P3)^2 + (P3 - P1)^2}$ 表示 Von Mises 应力。常用的矢量转标量有：$XX/YY/ZZ$ 表示提取矢量的相应分量；MAG 表示提取矢量的模。常用的张量转矢量有：$PV1/PV2/PV3$ 分别表示提取张量的 3 个主方向。

导出坐标系，用于导出结果的坐标系。比较常用的有：空字符串或 AsIs 表示不转换（即单元坐标系，这对应于 Patran 界面上的 AS IS）；Global 表示转换至整体坐标系中；Material 表示转换至材料坐标系；IJK 表示在单元坐标系中；Nodal 表示对于单元节点的结果在节点坐标系下输出，对于单元中心的结果在单元坐标系下输出；也可使用"Coord 1"之类的直接指明坐标系在相应坐标系下输出结果。

结果类型，结果类型有三种（后面括号内的数字表示其在程序中的类型代码）：标量（1），矢量（2），张量（3）。

（1）读取结果

对单元和节点读取结果有不同的函数，节点结果使用 res_utl_extract_nodal_results 函数读取，单元结果使用 res_utl_extract_elem_results 函数提取。例如读取节点 1 和 2 的结果如下所示。

```
integer data_type, nres, minloc(6), maxloc(6), ids(virtual)
real results(virtual)
res_utl_extract_nodal_results (          @
   /*结果 ID*/  [2,1,6,1,8],   @
   /*节点 */  "Node 56711 56710",    @
   /*导出方法 */  "",    @
   /*坐标系 */  "",    @
   /*结果类型 */  data_type,   @
   /*结果节点数 */  nres,   @
   /*结果节点 */  ids,   @
   /*节点结果值 */  results,   @
   /*最小结果分量位置 */  minloc,   @
   /*最大结果分量位置 */  maxloc)
```

节点的结果有很多，有节点位移、节点约束反力等，提取的是什么结果是通过上述函数中的"结果 ID"数组来指定的，这个数组有 5 个元素，依次为：工况 ID、子工况 ID、主结果 ID、次结果 ID、层 ID。上面示例即表示工况 ID 为 2，子工况 ID 为 1，主结果 ID 为 6，次结果 ID 为 1，层 ID 为 8。

结果类型、结果节点数、结果节点、节点结果值、最小 / 大结果分量位置是这个函数的输出。由于"节点"数据项中指定的节点不一定都能提取出相应结果，因而在"结果节点数"和"结果节点"中反馈成功提取结果的节点数和节点。节点结果值是一个二维实型数组，第一维表示各个节点，第二维中各元素表示结果的各分量。

这个函数还会对输出的所有节点的结果进行统计，得出各分量的最小 / 最大结果值，并将最小 / 最大值对应的节点在"结果节点"数组中的索引号写入"最小 / 大结果分量位置"。如输出的最小结果分量为 [2,1,3,0,0,0]，则表示输出的结果共有 3 个分量（为 0 表示没有这些分量值），第 1 个分量的最小值是第 2 个节点，第 2 个分量的最小值出现在第 1 个节点，第 3 个分量的最小值出现在第 3 个节点。

上面的 res_utl_extract_nodal_results 函数用于读取节点结果，单元结果使用 res_utl_extract_elem_results 函数提取，例如提取单元 56711 的结果如下所示。

```
integer data_type, nres, minloc(12), maxloc(12), ids(virtual)
integer nresults(virtual), resloc
real results(virtual)
res_utl_extract_elem_results (              @
    /* 结果 ID*/  [2,1,1,1,1],    @
    /* 单元 */  "Elem 56711 ",    @
    /* 导出方法 */  "",    @
    /* 结果位置 */  "C",    @
    /* 坐标系 */  "",    @
    /* 结果类型 */  data_type,    @
    /* 结果位置 */  resloc,    @
    /* 结果单元数 */  nres,    @
    /* 结果单元 */  ids,    @
    /* 结果数量 */  nresults,    @
    /* 单元结果值 */  results,    @
    /* 最小结果分量位置 */  minloc,    @
    /* 最大结果分量位置 */  maxloc)
```

这个函数的输出参数中结果类型、结果单元数、结果单元、单元结果值以及最小 / 大结果分量位置与 res_utl_extract_nodal_results 函数中的相应项都是一样的。后面的"结果位置"是对相应输入参数的成功返回结果的确认，结果数量是一个数组，是成功返回结果的每个单元的结果数量。

现在再来看这两个函数的输入值，其他都没问题，关键是这个有 5 个元素的结果 ID，这里面的工况 ID、子工况 ID、主结果 ID、次结果 ID、层 ID 如何获取，下面逐一解决它们。

如果已知要处理的工况名称，可以使用"3.6.1 工况操作的常用方法"中介绍的 db_get_load_case_id 函数得到相应的 ID。如果要遍历所有的工况 ID，可以使用"3.6.1 工况操作的常用方法"中介绍的 db_get_all_load_case_names 和 db_get_next_load_case_name 函数得到。但这有一个问题，有时并不是所有工况都参与了计算，因而稳妥起见，这里再介绍一个在结果中专用的获取工况 ID 的函数 res_utl_get_loadcases，这个函数可以获取模型结果中所有工况的 ID 及相应的子工况数量。

```
integer ncases, lcids(virtual), nsub(virtual)
res_utl_get_loadcases (           @
    /* 工况总数 */  ncases,    @
    /* 工况 ID*/  lcids,    @
    /* 子工况数 */  nsub)
```

上述函数中"工况 ID"输出参数是一个数组，记录了模型中每个有结果的载荷工况 ID。

在线性静力分析的时候，一个工况一般只有一个子工况，第一次将结果读入 Patran 时，生成的子工况名称均为 A1:Static Subcase，此时可以直接使用 db_get_sub_case_id 函数查询这个工况的 ID。

```
integer subid
db_get_sub_case_id (           @
    /* 工况 ID*/  1,    @
    /* 子工况名称 */  "A1:Static Subcase",    @
    /* 子工况 ID*/  subid)
```

但在其他情况下，一个工况可能并不只有一个子工况，而且提前也不知道子工况的名称，此时子工况的 ID 可以通过 res_utl_get_subcases 得到，例如查询工况 ID 为 2 的各子工况 ID，如下所示。

```
integer nsub, subids(virtual)
res_utl_get_subcases (           @
    /* 工况 ID*/  2,    @
    /* 子工况数量 */  nsub,    @
    /* 子工况 ID*/  subids)
```

这样子工况 ID 是得到了，但没有名称，这需要使用 db_get_sub_case_title 函数来得到名称，例如查询工况 3 下子工况 2 的名称，如下所示。

```
string title[virtual]
db_get_sub_case_title (                    @
    /* 工况 ID*/  3,    @
    /* 子工况 ID*/  2,    @
    /* 子工况名称 */  title)
```

如果知道要去查的结果名称（比如要查位移、应力等），现在要找的是对应的结果 ID，则可以使用 db_get_primary_res_id 和 db_get_secondary_res_id 函数分别得到相应的主结果和次结果的 ID。例如查询位移主结果的 ID，如下所示。

```
integer resId
db_get_primary_res_id (                    @
    /* 主结果名称 */  "Displacements",    @
    /* 主结果 ID*/  resId)
```

如果上述查得的主结果 ID 为 2，则下面可以查得平动位移次结果的 ID。

```
integer resID
db_get_secondary_res_id (                    @
    /* 主结果 ID*/  2,    @
    /* 次结果名称 */  "Translational",    @
    /* 次结果 ID*/  resID)
```

在开发的时候，有时并没有提前设定结果的类型，需要查的是工况下所有的结果，此时可以使用函数 res_utl_get_result_ids 查询子工况下的主结果和次结果 ID，例如查询工况 ID 为 3 子工况 ID 为 2 的主结果和次结果 ID，如下所示。

```
integer nres, primary_id(virtual), secondary_id(virtual)
res_utl_get_result_ids (                    @
    /* 查询的工况数 */  1,    @
    /* 工况 ID*/  [3],    @
    /* 子工况 ID*/  [2,4],    @
    /* 结果数量 */  nres,    @
    /* 主结果 ID*/  primary_id,    @
    /* 次结果 ID*/  secondary_id)
```

这个函数有几点需要说明：
① 如果查询多个工况的结果，"工况 ID"数组应升序排列，否则可能会漏查。
② 子工况 ID 数组中应先排列工况 ID 数组中第一个工况的子工况 ID，再排列第二个工况的子工况 ID……

③ 函数的输出参数"结果数量"是一个整型数组，反馈查询的所有子工况的结果类型的数量（同一种主结果的不同子结果视为不同的结果类型），这里统计的是结果类型的数量，并不是具体的结果的数量，也就是说，如果有两个同类型的结果，则这里的数量是1。

④ 主结果 ID 和次结果 ID 这两个输出数组的长度是一致的，相应的主结果 ID 数组中的元素与次结果 ID 数组中的元素组合形成一种结果类型，因而这两个数组应该结合在一起看。

⑤ 这个函数只是查出了结果 ID，并没有结果的名称意义，因而还需要使用 db_get_primary_res_label 和 db_get_secondary_res_label 函数来查询它们分别代表何种类型的结果。

使用 db_get_primary_res_label 函数查询 ID 为 1 的主结果的名称，示例如下。

```
string label[virtual]
db_get_primary_res_label (              @
    /*主结果 ID*/  1,    @
    /*主结果名称 */  label)
```

查询主结果 ID 为 2 次结果 ID 为 1 的次结果名称，示例如下。

```
string label[virtual]
db_get_secondary_res_label (              @
    /*主结果 ID*/  2,    @
    /*次结果 ID*/  1,    @
    /*次结果名称 */  label)
```

如果已确定需要查询的结果的层名称，可以使用 res_data_get_layerpos_id 得到层 ID，如下示例函数查询了名为 At Z2 层的层 ID。

```
integer layerId
res_data_get_layerpos_id (              @
    /*层名称 */  "At Z2",    @
    /*层 ID*/  layerId)
```

若想查询当前结果中所有层的结果，可以使用 res_utl_get_result_layers 函数来获取所有的层 ID，如下所示。

```
integer nlayers, ids(virtual)
string labels[virtual](virtual)
res_utl_get_result_layers (              @
    /*结果 ID*/  [1,1,2,1],    @
    /*结果层数 */  nlayers,    @
```

```
/* 结果层 ID*/  ids,    @
/* 结果层名称 */  labels)
```

这个函数需要提供的"结果 ID"数组中依次包含工况 ID、子工况 ID、主结果 ID、次结果 ID。

（2）创建结果

借助 Patran 的结果处理功能，不仅可以从中提取结果值，还可以将外部处理好的结果导入 Patran 中并显示出来。创建结果对于节点和单元分别使用不同的函数：对于节点结果可以使用 db_add_s_nod_res_by_type、db_add_s_nod_res_by_pos、db_add_v_nod_res_by_type、db_add_v_nod_res_by_pos、db_add_t_nod_res_by_type、db_add_t_nod_res_by_pos 进行添加；对于单元结果可以使用 db_add_s_elem_res_by_type、db_add_s_elem_res_by_pos、db_add_v_elem_res_by_type、db_add_v_elem_res_by_pos、db_add_t_elem_res_by_type、db_add_t_elem_res_by_pos 进行添加。可以看到这些函数名都相当类似，区别仅在于函数名中第 3 段由 s、v、t 分别表示标量结果、矢量结果和张量结果，第 4 段由 nod 和 elem 分别表示节点结果和单元结果，最后一段由 pos 和 type 分别表示两种不同的添加结果方式。pos 表示一次仅对一层位置添加结果，但可以同时添加多种类型的结果，表现出来就是层 ID 参数是单个值，而结果类型 ID 是数组；type 表示一次仅添加一种类型的结果，但可以同时向多个层位置添加，表现出来就是层 ID 参数是数组，而结果类型 ID 是单个值。这里并不打算把上面这 12 个函数一一介绍，仅介绍两个最常用的函数：db_add_v_nod_res_by_pos 和 db_add_s_elem_res_by_pos，其他的用法和参数也都十分相似，不再说明。

db_add_v_nod_res_by_pos 函数针对一组节点创建一个矢量结果，例如对节点 1、2 创建矢量结果，如下所示。

```
db_add_v_nod_res_by_pos (            @
    /* 节点数量 */  2,    @
    /* 主次结果类型 ID*/  [1],    @
    /* 结果工况 ID*/  1,    @
    /* 层 ID*/  1,    @
    /* 节点 ID*/  [1,2],    @
    /* 坐标系类型 */  [1,1],    @
    /* 坐标系 ID*/  [0,0],    @
    /* 节点结果 */  [100.0,150.0,200.0,120.0,160.0,180.0])
```

db_add_s_elem_res_by_pos 函数可创建针对一组单元的标量结果，例如对单元 1、2 创建标量结果，示例如下。

```
db_add_s_elem_res_by_pos (            @
    /* 单元数量 */  2,    @
```

```
/* 主次结果类型 ID*/  1,    @
/* 结果工况 ID*/  1,    @
/* 单元位置 ID*/  1,    @
/* 层 ID*/  1,    @
/* 单元 ID*/  [1,2],    @
/* 结果值 */  [100.0,200.0])
```

上述函数需要注意以下几点。

① "坐标系类型" "坐标系 ID" 与 "节点 ID" 数组元素一一对应，表示每个节点结果所处的坐标系类型和坐标系 ID，其中常用的坐标系类型有：总体坐标系（0），节点坐标系（1），自定义坐标系（3）。当坐标系类型为自定义坐标系时可以设定坐标系 ID。

② 添加矢量结果的函数中的 "节点结果" 是一个展平的二维数组，第一维表示与节点 ID 数组各元素相应的各个节点，第二维长度为 3，表示结果矢量的 3 个分量。

③ 上述两个函数参数列表中的所有参数都是输入参数，其中的主次结果类型 ID、结果工况 ID、单元位置 ID、层 ID 是需要提前自定义创建的，用于定义结果的各类属性。主次结果类型 ID 使用 dbt_create_res_types 函数创建，结果工况 ID 使用 db_create_sub_case 函数创建，层 ID 使用 dbt_create_sect_pos 和 dbt_create_layers 函数创建，单元位置 ID 使用 dbt_create_elem_positions 函数创建，以下分述之。

主次结果类型是主结果与次结果类型的组合，创建主次结果类型使用 dbt_create_res_types 函数，如下示例创建了一个主结果名为 PRE，次结果名为 WAVE 的标量实值结果类型 resId。

```
integer resId
dbt_create_res_types (          @
    /* 变量数 */  1,    @
    /* 主结果名称 */  "PRE",    @
    /* 次结果名称 */  "WAVE",    @
    /* 结果类型 */  1,    @
    /* 数据类型 */  1,    @
    /* 分析程序 */  "LC1",    @
    /* 空 */  0,    @
    /* 主次结果类型 ID*/  resId)
```

使用这个函数应注意以下几点。

① 主 / 次结果名称可以任意输入，与 Nastran 本身的主 / 次结果名称没有关系。

② 分析程序是任意定义的，用于标识产生自定义的结果的来源。

③ "结果类型" 可以是：标量（1），矢量（2），张量（3）。数据类型指结果中每一分量的数据类型，可以是：实值（1），虚值（2），复数模（3），复数相位（4），复数实部（6），复数辐角（7）。

结果工况是一个工况与子工况的组合，在一个实际存在的工况下创建一个子工况，即可产生一个二者组合的结果工况，如下示例函数基于 ID 为 1 的载荷工况创建了一个名为 PRE 的子工况，得到了一个结果工况 result_case_id。

```
integer sub_case_id, result_case_id
db_create_sub_case (              @
    /* 载荷工况 ID*/  1,    @
    /* 子工况名称 */  "PRE",    @
    /* 子工况 ID*/  sub_case_id,    @
    /* 结果工况 ID*/  result_case_id)
```

单元位置用于指定单元结果所在单元上的位置，使用 dbt_create_elem_positions 函数创建，用于指定结果所关联的原单元位置，示例如下。

```
integer epid
dbt_create_elem_positions (              @
    /* 关联的结果数 */  1,    @
    /* 位置坐标系类型 */  0,    @
    /* 位置坐标 */  [0., 0., 0., 0.],    @
    /* 单元位置 ID*/  epid)
```

使用这个函数应注意以下几点。

① "关联的结果数" 指每个位置的结果数量。

② "位置坐标系类型" 指定 "位置坐标" 使用的坐标系类型：不指定（0），参数坐标系（1），面积坐标系（2），体积坐标系（3）。参数坐标系的坐标是在指定的自然坐标轴下的坐标，如对于梁单元，其轴线为从起始节点到终止节点的梁轴线，梁上任一个位置的坐标为起点至该点的长度与整个梁长度的比值，也就是说只有一个坐标分量；对于四边形面单元，有两个坐标系轴线，分别为第 1 节点到第 2 节点的边、第 1 节点到第 4 节点的边，单元内任一点的坐标值通过插值得到，也就是说有两个坐标分量；面积坐标系的坐标是通过单元内点与三个顶点连线以及边线形成的三个三角形的面积与单元总面积的比例表达，也就是说有 3 个坐标分量。对于船舶结果分析的板梁结构，梁单元和四边形面单元应使用 1 表示参数坐标系，三角形面单元应使用 2 表示面积坐标系。

③ "位置坐标" 是一个有 4 个元素的实型数组，在坐标系下有几个坐标分量就填写前几个。

层位置 ID 使用 dbt_create_layers 函数创建，如下所示。

```
integer layerid
dbt_create_layers (              @
    /* 结果数量 */  1,    @
```

```
/*复合层 ID*/   0,    @
/*剖面位置 ID*/   1,    @
/*层 ID*/   layerid)
```

使用这个函数应注意以下几点。

① "结果数量" 参数只能是 1。"复合层 ID" 对于非多层复合材料填写 0。

② 剖面位置指一个结果所在的剖面位置，如板单元的上表面和下表面，梁单元剖面上的不同位置等，"剖面位置 ID" 需要使用 dbt_create_sect_pos 来创建，如下所示。

```
integer secid
dbt_create_sect_pos (            @
    /* 结果数量 */   1,    @
    /* 剖面位置名称 */   "TOP",    @
    /* 空 */   0,    @
    /* 空 */   [0., 0.],    @
    /* 剖面位置 ID*/   secid)
```

使用这个函数应注意以下几点。

① "结果数量" 参数只能是 1。

② 剖面位置名称可任意指定，与 Nastran 的层位置没有关系。

≫ 7.1.2 综合示例（生成结果工况）

在实际计算过程中，经常需要将一些计算结果提取出来并在 Patran/Nastran 以外进行计算，如进行规范要求的屈曲计算或疲劳计算，计算完成后还需要将这些结果写入 Patran 中以便生成云图等，以方便编写后续的计算报告。以下示例程序可以读取一个外部的结果文本文件，并在 Patran 后处理中生成基于单元的标量结果工况。

```
1    function create_res(file_path, reslc_name)
2    string file_path[], reslc_name[]
3
4    integer eid(1), chan, sta_file, elm_cnt, eids(500000)
5    integer i, elm_ids(virtual), rtid, epid, secid, layerid,
epids(virtual), layerids(virtual)
6    integer lcid, scid, rcid, lc_type, num_loads, load_ids(500),
load_priorities(50)
7    real res(1), ress(500000), elm_res(virtual), evaluation_point
8    string chars[1](1), str_err[500], lcname[50], lc_desc[50],
dynamic_case_name[50]
9    elm_cnt = 0
```

```
10    sta_file = text_open(file_path, "ro",0,0, chan)
11    if (sta_file != 0) then
12        msg_get_string(sta_file, str_err)
13        write(str_err)
14    end if
15    while (!opt_file.Eof(chan))
16        text_read(chan, "%I%,%F%", eid, res, chars)
17        elm_cnt = elm_cnt +1
18        eids(elm_cnt) = eid(1)
19        ress(elm_cnt) = res(1)
20    end while
21    text_close(chan, "")
22    sys_allocate_array(elm_ids, 1, elm_cnt)
23    sys_allocate_array(elm_res, 1, elm_cnt)
24    for (i = 1 to elm_cnt)
25        elm_ids(i) = eids(i)
26        elm_res(i) = ress(i)
27    end for
28
29    dbt_create_res_types(1, "PRI", "SEC", 1, 1 , reslc_name, 0,
rtid)
30    dbt_create_elem_positions (1, 0, [0., 0., 0., 0.], epid)
31    dbt_create_sect_pos(1, "", 0, [0., 0.], secid)
32    dbt_create_layers(1, 0, secid, layerid)
33    sys_allocate_array(epids, 1, elm_cnt)
34    sys_allocate_array(layerids, 1, elm_cnt)
35    for (i = 1 to elm_cnt)
36        epids(i) = epid
37        layerids(i) = layerid
38    end for
39    db_get_active_load_case (lcname)
40    db_get_load_case (lcname, lcid, lc_type, lc_desc, num_loads,
load_ids,dynamic_case_name, evaluation_point, load_priorities)
41    db_create_sub_case(lcid, reslc_name, scid, rcid)
42    db_add_s_elem_res_by_type(elm_cnt, rtid, rcid, epids, layerids,
elm_ids, elm_res)
43
```

```
44      sys_free_array(epids)
45      sys_free_array(layerids)
46      sys_free_array(elm_ids)
47      sys_free_array(elm_res)
48   end function
```

上述示例程序的输入参数依次是结果文件路径和结果工况的名称。结果文件中每行的格式如下。

单元 ID, 结果值：

第 10 ~ 21 行程序读取了上述结果文本文件并将单元 ID 和相应的结果值分别存储在 elm_ids 和 elm_res 中。

第 29 行使用 dbt_create_res_types 函数创建了一个实值标量主次结果类型，主结果名称为 PRI，次结果名称为 SEC。

第 30 行使用 dbt_create_elem_positions 函数创建了单元位置，不指定具体位置。

第 31 行使用 dbt_create_sect_pos 函数创建了剖面位置，不指定具体剖面位置。

第 32 行使用 dbt_create_layers 函数创建了层位置，非层合材料。

第 33 ~ 38 行指定了所有单元的结果层位置。

第 39 ~ 40 行查询得到当前的工况。

第 41 行在当前工况下使用 db_create_sub_case 函数创建了一个结果工况。

第 42 行通过 db_add_s_elem_res_by_pos 函数在上述创建的结果工况下添加了相应类型的结果。

另外，程序还使用了一些其他的内置函数，text_open/text_read/text_close 用于打开 / 读取 / 关闭一个文本文件，msg_get_string 用于提取一个信息字符串，sys_allocate_array/sys_free_array 用于分配和释放数组空间。

7.2　OP2文件处理

Nastran 生成的 OP2 文件是一种用于存储有限元分析结果的二进制文件格式，包含了模型的几何信息、节点位移、应力应变、模态分析结果等。在 Patran 中如果要进行后处理，需要将 OP2 文件读入，如果需要在外部处理，可以使用前述的 pyNastran 库来进行读取，虽然 pyNastran 也具有向 OP2 文件中写入结果的功能，但通常情况下并没有太多的使用场景，因而我们在此只介绍读取的功能。

pyNastran 中的 OP2 包是一个 OP2 读写器，可以处理 OP2 计算结果中的各类单元应力、位移、特征值等计算结果，所有结果都存储在 OP2 类的对象中。对于每类结果都可以通过 OP2 类对象的相应属性项读出，以下通过一个示例说明如何使用这个 OP2 读写器读取 OP2 文件中的数据。（pyNastran 的 OP2 读写器读取有些 Nastran 版本的计算结果文件时可能出错，此时可以尝试向 pyNastran 库中 \op2\op2_interface\

op2_reader.py 文件中的 MSC_LONG_VERSION 变量中添加当前使用的 Nastran 的版本号。）

```
1    import pyNastran.op2.op2 as op2
2
3    op2Path = 't01.op2'
4    op2Res = op2.read_op2(op2Path)
5    dispOfLc1 = op2Res.displacements[1].data
6    print("节点 24 的 z 向位移量：{0}".format(dispOfLc1[0, 23, 2]))
7    stressOfLc1 = op2Res.cquad4_stress[1]
8    elmId = stressOfLc1.element_node[0::10, 0]
9    stressX = stressOfLc1.data[0, 0::10, 7]
10   print("单元 \t 形心 VM 应力 \n" +'*'*20)
11   for ord, elm in enumerate(elmId):
12       print("{0}\t{1}".format(elm, stressX[ord]))
```

第 1 行中导入了 OP2 读写器 pyNastran.op2.op2。

第 3 ～ 4 行读取了一个 OP2 文件，并生成了结果对象 op2Res。

第 5 行通过结果对象 op2Res 的 displacements 属性读取了工况为 1 的位移结果 dispOfLc1。

第 6 行获取了位移结果 dispOfLc1 中第 23 个节点的第 3 个位移分量并输出。

第 7 行通过结果对象 op2Res 的 cquad4_stress 属性读取了工况为 1 的 CQUAD4 类型单元的应力结果 stressOfLc1。

第 8 ～ 9 行获取了应力结果 stressOfLc1 中所有的单元 ID 号和 x 向应力分量。

第 10 ～ 12 行输出了所有单元的单元 ID 号和 x 向应力分量。

执行上述代码后，得出的结果如下所示。

```
节点 24 的 z 向位移量：-0.8623616695404053
单元     形心 VM 应力
********************
1       111.37675476074219
2       99.20208740234375
3       71.57611846923828
...
```

根据这个读取出来的结果数据，就可以在外部使用其他程序对结果进行操作和处理了，比如下面我们使用上面提取出的单元应力结果使用 Matplotlib 绘制了其应力云图（pcolor 图），如图 7-1 所示。

图 7-2 为在 Patran 中绘制的单元应力云图。

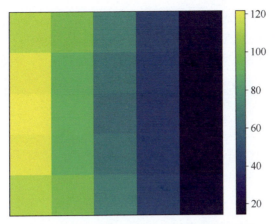

图7-1　使用Matplotlib绘制的单元应力云图

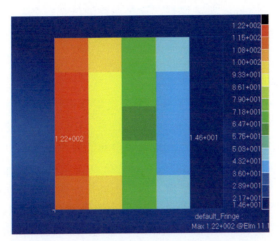

图7-2　使用Patran绘制的单元应力云图

如上述示例所示，使用 OP2 读写器读取 OP2 文件的过程十分简单，首先读取 OP2 文件生成结果对象，其次读取结果对象中的数据并进行处理。以下简要介绍一下使用 pyNastran.op2 包提取 OP2 文件中常用的位移、应力、约束反力的方法，提取其他的结果方法也与此类似。

（1）读取节点位移

OP2 类对象的 displacements 属性表示位移结果，这是一个键为子工况 ID、值为 RealDisplacementArray 类型的对象的字典，取自 Nastran 的 OUG 结果集。Real-DisplacementArray 类型对象中的 data 属性是一个三维 ndarray 数组，表示位移结果值，其中第一维表示时间步，如果是静态分析，时间步为 0；第二维表示节点（注意并不是节点 ID，是节点顺序索引）；第三维表示节点 6 个自由度上的位移结果。要想知道第二维对应的节点 ID，可以使用 RealDisplacementArray 型对象的 node_gridtype 属性，其属性值是一个二维 ndarray 数组，第一维表示节点（与 data 第二维的顺序相同），第二维是一个两个元素的列表，分别表示节点 ID 号和节点类型（1 表示普通节点，2 表示标量点）。根据上面的说明，可以查询任何节点的位移值了，例如查询节点号为 6 的节点的位移结果，如下所示。

```
…
disp = model.displacements[1]
nodeIndex = np.where(disp.node_gridtype[:, 0] == 6)
print(disp.data[0, nodeIndex])
…
```

但这里还有一个问题，就是 displacements 属性是一个字典，其键为子工况 ID，那么如何得知模型结果有多少子工况，各自的 ID 的对应的名称是什么呢？这就需要用 OP2 类对象的 isubcase_name_map 属性，这个属性的值是一个字典，字典的键即为上面的子工况 ID，其值为一个列表，其中第 1 个元素表示工况名称，最后一个元素表示子工况名称。

（2）读取单元应力

OP2 类对象中单元应力是根据不同的单元类型分别存储在不同的属性中的：BAR 单元的应力存储在 OP2 类对象的 cbar_stress 属性中，BEAM 单元的应力存储在 OP2 类对象的 cbeam_stress 属性中，三节点三角形板单元的应力存储在 OP2 类对象的 ctria3_stress 属性中，四节点四边形板单元的应力存储在 OP2 类对象的 cquad4_stress 属性中。这些属性也都是键为子工况 ID 的字典，由于不同拓扑类型的单元应力结果不同，因而这个字典的值的类型也是据不同的单元而不同的：BAR 单元是 RealBarStressArray 类型的，BEAM 单元的是 RealBeamStressArray 类型的，三节点三角形板单元和四节点四边形板单元都是 RealPlateStressArray 类型的。一般来说，其他类型的单元应力结果也都有相应的类型，这些结果都是取自 Nastran 的 OES 结果集的。虽然不同类型的单元存放结果的属性名不同，存储结果值的对象类型也不同，但这些结果类型都是用一个类型为三维 ndarray 数组的 data 属性来表示结果的。这个三维 ndarray 数组的第一维表示时间步，如果是静态分析，时间步为 0；第二维表示单元及位置；第三维表示应力结果。

这里有 3 个问题：第二维的单元和位置是如何表示的？如何根据单元 ID 号和位置找到相应的应力结果？上述数组中第三维的应力结果中存储的都是什么？下面进行说明。

对于 BAR 单元，RealBarStressArray.data 第二维对应的是每个单元。RealBarStressArray 类型对象有一个名为 element 的一维数组类型的属性，其中存储每个单元的 ID 号，这个数组的顺序与 RealBarStressArray 类型对象中的 data 属性的第二维的顺序是一致的，例如可以通过下述示例找到 ID 为 26 的单元的应力 bar26Stress。

```
...
barStress = model.cbar_stress[1]
bar26Stress = barStress.data[0, np.where(barStress.element == 26)]
...
```

对于 BAR 单元，RealBarStressArray.data 第三维的数组中存储了 15 个数据，分别为：起始节点处 4 个应力提取位置的弯曲正应力，轴向正应力，起始节点处的最大正应力，起始节点处的最小正应力，拉伸安全系数，终止节点处 4 个应力提取位置的弯曲正应力，终止节点处的最大正应力，终止节点处的最小正应力，压缩安全系数。

对于 BEAM 单元，RealBeamStressArray.data 第二维对应的是每个单元的每个节点。RealBeamStressArray 类型对象有一个名为 element_node 的二维数组类型的属性，第二维中每个数组中有两个元素，分别表示单元 ID 和节点 ID。这个数组的顺序与 RealBeamStressArray 类型对象中的 data 属性的第二维的顺序是一致的，例如可以通过下述示例找到 ID 为 33 的单元的起始节点处的应力 beam33Stress。

```
...
beamStress = model.cbeam_stress[1]
beam33Stress = beamStress.data[0, np.where(beamStress.element_node[:,
0] == 33)][0, 0]
...
```

对于 BEAM 单元，RealBeamStressArray.data 第三维的数组中存储了 8 个数据，分别为：节点处 4 个应力提取位置的应力，最大应力，最小应力，拉伸安全系数，压缩安全系数。

对于四节点四边形单元和三节点三角形板单元，RealPlateStressArray.data 第二维表示每个单元的每个位置。RealPlateStressArray 类型的对象有一个名为 element_node 的二维数组属性，其中第二维的每个数组中有两个元素，分别是单元 ID 和位置 ID。对于三节点三角形板单元，由于其是常应变单元，因而对一个单元只有两个位置，分别是 Z1 面和 Z2 面；对于四节点四边形单元，每个单元有 10 个位置，按排列顺序依次为：Z1 面中心、Z2 面中心、Z1 面节点 1，Z2 面节点 1、Z1 面节点 2、Z2 面节点 2⋯⋯对于中心点位置 ID 为 0，其他节点的位置 ID 为节点 ID。但这个数组中并没有体现 Z1 面和 Z2 面的元素，因而其对同一个位置的 Z1 面和 Z2 面的数组是相同的。例如提取单元 ID 为 20 的四节点四边形单元应力，如下所示。

```
...
quadStress = model.cquad4_stress[1]
elm20Streess = quadStress.data[0,np.where(quadStress.element_node[:,
0] == 20)]
...
```

对于三节点三角形板单元和四节点四边形板单元，RealPlateStressArray.data 第三维的数组中存储了 8 个数据，依次为：层位置（距参考面的距离）、x 向应力、y 向应力、剪应力、最大主应力角度、最大主应力、最小主应力、VonMises 应力。

在实际应用中，提取应力时可以先不区分三角形单元和四边形单元，此时 RealPlateStressArray 类型对象有一个 element_name 的字符串类型属性，对于三节点三角形单元值为 CTRIA3，对于四节点四边形单元值为 QUAD144，据此可以区分。

（3）读取约束反力

OP2 类对象的 spc_forces 属性表示约束反力结果，这是一个键为子工况 ID、值为 RealSPCForcesArray 类型的对象的字典，取自 Nastran 的 OQG 结果集。RealSPCForcesArray 类型对象中的 data 属性是一个三维 ndarray 数组，表示各个节点的约束反力值，其中第一维表示时间步，如果是静态分析，时间步为 0；第二维表示节点；第三维表示节点 6 个自由度上的约束反力结果。要想知道第二维对应的节点 ID，可以使用 RealSPCForcesArray 型对象的 node_gridtype 属性，其属性值是一个二维 ndarray 数组，第一维表示节点（与 data 第二维的顺序相同）；第二维是一个两个元素的列表，分别表示节点 ID 号和节点类型（1 表示普通节点，2 表示标量点）。例如查询 ID 为 1 的节点的约束反力 node1SpcForce，如下所示。

```
...
spcForce = model.spc_forces[1]
node1SpcForce = spcForce.data[0, np.where(spcForce.node_gridtype[:, 0]
== 1)]
...
```

以上只是介绍了使用 pyNastran 读取 OP2 文件常用结果的功能，pyNastran/OP2 还有更强大的功能，如将结果数据转换为 pandas 的 dataframe 数据结构进行处理，将 OP2 转换为 vtk 文件，写入 OP2 结果等。

7.3 XDB文件处理

7.3.1 XDB 文件概述

XDB 文件是一个二进制数据库文件（MSC ACCESS 数据库）。XDB 文件内部是按页存储的，每页有一个固定的大小（存储的词数是固定的）。一个 XDB 数据库中包含许多表，用于存储有限元模型、结果等。

FeResPost 是一个开源库，可以用来读取和处理 Nastran 的 BDF 文件、XDB 结果文件和 OP2 结果文件。FeResPost 提供了 Ruby、Python、.NET 开发库和 COM 插件（可以在 Excel 等软件中使用），另外也提供对 Samcef 结果文件的读取和处理。以下简要介绍针对 Nastran 使用 FeResPost 库读取其 XDB 文件的主要原理和使用方法（FeResPost 中各个类的方法很多，在此不介绍那些在读取 XDB 文件时一般用不到的方法）。

7.3.2　FeResPost 库安装

FeResPost 库的安装不能通过 pip 进行，需要使用 pyd 文件。安装步骤如下：

① 至 FeResPost 的官网下载页面（http://www.ferespost.eu/index.php?subpage=Downloads#bottom）根据本机情况下载安装文件，如图 7-3 所示。

图7-3　FeResPost库下载页面

② 解压文件，并在 OUTPUTS\Python\ 文件夹下打开与本机安装的 Python 版本相应的文件夹，如本机安装 Python 3.8 应找到 OUTPUTS\Python\Python_38 文件夹。

③ 拷贝上述文件夹中的 FeResPost.pyd 文件至本机 Python 安装文件夹下的 \Lib\ site-packages 目录下，即可完成安装。

7.3.3　使用 FeResPost 库读取 XDB 结果

首先通过一个示例来感受一下如何使用 FeResPost 库读取 XDB 文件中节点的计算结果。

```
1    from FeResPost import *
2
3    db=NastranDb()
4    db.Name="tmpDB2"
5    db.readBDF("T01.BDF")
```

```
6
7    xdbFileName="T01.XDB"
8    db.attachXdb(xdbFileName)
9
10   grp = Group()
11   grp.Name = "grp1"
12   grp.setEntitiesByType("Node", [5,10])
13
14   lcName="DEFAULT"
15   scName="Statics"
16   resName="Displacements, Translational"
17   reskey = (lcName, scName, resName)
18   resDict = db.getAttachmentResults(xdbFileName, *reskey, "Nodes",
grp)
19   res = resDict[reskey]
20   print(res.getData())
```

示例代码第 1 行：首先导入 FeResPost 库。

示例代码第 3 ～ 4 行：创建了一个 NastranDb 类对象 db 并命名为 tmpDB2。

示例代码第 5 行：使用 NastranDb 类的函数 readBDF 读取了一个 BDF 文件，这会在 db 对象中生成一个有限元模型，这是进行 XDB 文件读取和操作之前所必需的，如果不读取 BDF 建立模型而直接读取 XDB 文件，将不能正确输出结果，只能输出一些统计信息；另外 NastranDb 类还有许多其他函数，下文中将会详细说明。

示例代码第 7 ～ 8 行：使用 NastranDb 类的函数 attachXdb 关联 XDB 文件，这个 XDB 文件与前面读取的 BDF 文件应是配套的，否则会输出错误的结果。

示例代码 9 ～ 10 行：创建了一个 Group 类对象 grp，并命名为 grp1，这个组的概念与 Patran 中组的概念是一致的。

示例代码第 11 行：使用 Group 类的函数 setEntitiesByType 将节点 5 和 10 设为这个组内的元素，另外 Group 类中还有许多其他函数，下文中将会详细说明。

示例代码第 14 ～ 17 行：创建了一个名为 reskey 的元组，这个元组中包括工况名称、子工况名称和结果名称（包括主结果和次结果的名称），这个元组将是用于提取结果的重要参数。

示例代码第 18 行：使用 NastranDb 类的函数 getAttachmentResults 从已关联的 XDB 文件中提取 grp 中包含的单元的结果，返回的是一个字典 resDict。

示例代码第 19 行：上一步返回的字典 resDict 的键即是一个包括工况名称、子工况名称和结果名称的元组，也即类似于 reskey，而值是一个 Result 类的对象，本行代码将提取出 Result 类的对象 res。

示例代码第 20 行：使用 Result 类的方法 getData 提取出其中的数据，返回的是一个列表，列表中每个元素是包括一个节点结果的列表，如在示例模型中得到的结果为[['NONE', 5, 'NONE', 0, 0, 0.0, 0.0, -0.5928277373313904], ['NONE', 10, 'NONE', 0, 0, 0.0, 0.0, -0.36956092715263367]]，其具体含义后文中详细说明。

通过上述示例可以看出，使用 FeResPost 库提取 XDB 的结果还是比较简单的，以下介绍示例中使用到的 FeResPost 库中的 NastranDb、Group、Result 类中的常用方法，这也是 FeResPost 中核心的类。

（1）NastranDb 类

NastranDb 类对象是一个容器，在其中可以存储有限元模型、组、结果等内容，这也是 FeResPost 库中用于 Nastran 模型和结果最主要的类，生成一个 NastranDb 类对象使用 NastranDb() 构造函数即可。其中的主要方法如下。

➤ 读取模型

readBDF(BDF 文件路径,BDF 文件中 include 文件的目录列表,include 的文件后缀,include 中使用的符号映射表,读取 BDF 的详细程度,是否只读取数据部分)：用于将 BDF 文件读取到模型中，其中第 1 个参数是必需的，其他的都可以不填，通常情况下也不需要填写。

➤ 组操作

readGroupsFromPatranSession(ses 文件路径)：用于按 Patran 的 Session 文件的定义在 NastranDb 中生成相应的组，这个 Session 文件可以使用 Patran 的如图 7-4 所示的菜单项生成。

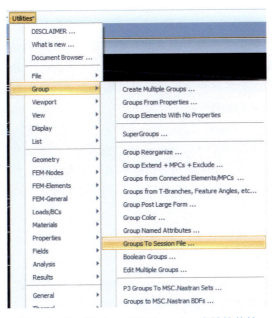

图7-4　生成Patran分组Session文件的菜单

getAllGroupNames()，这个函数会得出模型中所有组的名称列表。

getGroupCopy(组名)，这个函数会得出一个 Group 类型的对象，这个对象可用于后续提取结果使用。

> 关联结果

attachXdb(xdb 文件路径, 是否调换字节序)，这个函数用于关联一个 XDB 文件到模型，先关联才能读取 XDB 结果中的内容。其中是否调换字节序表示读取 XDB 时是否强制调换字节序，这不是一个必需的参数，可以不填。

> 提取工况/子工况/结果名称

getXdbLcNames(xdb 文件路径, 是否调换字节序)，这个函数会得到一个列表，内有 XDB 中所有的工况名称。

getXdbScNames(xdb 文件路径, 是否调换字节序)，这个函数会得到一个列表，内有 XDB 中所有的子工况名称。

getXdbResNames(xdb 文件路径, 是否调换字节序)，这个函数会得到一个列表，内有 XDB 中所有的结果名称，这个结果名称字符串包括如 Displacements、Stress Tensor、SPC Forces 等主结果，也包括如 Rotational、Translational、Forces、Moments 等次结果，是这两类结果的组合的字符串，中间以逗号分隔，如无次结果，如 Stress Tensor，则只是主结果名称字符串。

getXdbLcScResNames(xdb 文件路径, 是否调换字节序)，这个函数是上述三个函数的合订本，会输出一个列表，其中有三个元素，依次是工况列表、子工况列表和结果名称列表。

> 提取结果

getAttachmentResults(xdb 文件路径, 工况名称, 子工况名称, 结果名称, 方法, 组)，这个函数是提取结果的主要函数，会返回一个字典，其中的键是一个元组，其中有 3 个元素，依次为工况名称、子工况名称、结果名称，值为一个 Result 类型的对象。参数中的工况名称、子工况名称和结果名称可以是一个字符串，也可以是一个字符串列表，用于一次提取多个工况的结果；参数中的方法可以是"Elements"（读取单元中心和节点的结果），"ElemCenters"（只读取单元中心的结果），"ElemCorners"（只读取单元节点的结果），"ElemNodes"（读取单元的节点结果），"Nodes"（按节点读取结果）和"NodesOnly"，其中前 3 个主要用于读取单元的结果，后 3 个主要用于读取节点的结果；参数组指一个 Group 对象（详见下述），用于指明提取哪些单元或节点的结果。

> 取消结果关联

detachXdb(xdb 文件路径)，这个函数用于将已关联的 XDB 文件从模型中去除。

（2）Group 类

Group 类用于表示一个组，与 Patran 中的组是同样的概念，Group 对象在读取 XDB 结构时主要用于指明提取结构的对象，生成一个 Group 类对象使用 Group() 构造函数即可。其主要方法如下。

> 设置组中的元素

setEntities(对象列表字符串)，用于将组中元素替换为字符串指定的元素，其中对象列表字符串即为在 Patran 中的节点或单元选择字符串，如 "Node 5 6 11 12 Elm 4 5 9 10"。

setEntitiesByType(类型 , ID 列表)，这个函数可以将组中元素替换为指定的元素，其中类型指设置的元素类型，可以是 "Node" "Element" "MPC" 或 "CoordSys"；第 2 个参数为要添加的类型的元素 ID 列表，这个参数也可以是如 setEntities 参数一样的对象列表字符串，但只会将相应类型的元素加入。

> 向组中添加元素

addEntities(对象列表字符串)，这个函数与 setEntities 函数相同，但仅向组中添加对象，并不是替换。

addEntitiesByType(类型 , ID 列表)，这个函数与 setEntitiesByType 函数相同，但仅向组中添加对象，并不是替换。

> 从组中删除元素

removeEntities(对象列表字符串)，从组中删除对象。

removeEntitiesByType(类型 , 对象列表字符串 /ID 列表)，从组中删除指定类型的元素，其中类型与 setEntitiesByType 函数同。

clearAllEntitiesByType(类型)，将组中所有指定类型的元素删除，基中类型与 setEntitiesByType 函数同。

（3）Result 类

Result 类表示一组结果，其中存储了不同单元 ID、节点 ID、层（包括剖面点、壳单元层）的结果值，结果值可能是标量、矢量或张量。其主要方法如下。

> 生成 Result 对象

生成 Result 对象最主要的方法是 NastranDb 类中的 getAttachmentResults 方法，此处的生成 Result 对象是指从一个 Result 对象中过滤出一个新的 Result 对象来。

extractResultOnRkl(方法 , 组对象)，返回指定位置处指定对象上的结果 Result 对象，其中方法与 getAttachmentResults 函数中的相同，组对象即为 Group 类对象。

extractResultOnLayers(层列表)，返回单元指定层上的 Result 类对象，层指在单元的哪个位置提取结果，常用的层有（这个层可以使用字符串或其后面括号中的整数表示）：不分层的结果 NONE(-999)，未定义层的结果 UNDEF(-300)，杆梁单元的各剖面点 A ~ F(-201 ~ -206)，板壳单元的 Z0/Z1/Z2 层 (-100 ~ -102)。

extractResultOnSubLayers(子层列表)，返回单元指定子层上的 Result 类对象，常用的子层有：NONE(0)，All Sub-Layers(50)，Bottom/Mid/Top(101/102/103)。

extractResultOnEntities(方法 , 组对象 , 层列表 , 子层列表)，这个函数是上述 3 个函数的合订本，会返回一个 Result 类对象。

extractResultOnRange(方法 , 下限 , 上限)，这个函数会对一个标量结果进行过滤，返回结果在上下限范围内／外的 Result 类对象，其中方法可以是 below、above、between、outside，分别表示使用最大值、最小值、内外边界值筛选。

➢ 提取结果值

getData(单元 ID, 节点 ID, 层 ID, 子层 ID, 坐标系 ID)，这个函数会返回结果的列表，列表中的每个元素都是一个列表，其中的元素依次为：单元 ID，节点 ID，层 ID，子层 ID，坐标系 ID。标量值／矢量 3 分量值／张量 6 分量值，也就是说，如果结果是标量，这个列表长度为 6，结果为矢量时列表长度为 8，结果为张量是列表长度为 11。这个函数中的所有参数都可以不填，通常情况下也是这么使用的。

7.4　HDF5结果文件处理

7.4.1　HDF5 文件概述

HDF5（Hierarchical Data Format 5）文件是一种高效的数据存储和交换格式，被广泛应用于科学数据的存储和分析领域。可以存储不同类型的数据，如数字图像、声音信号、科学数据等，以及数据的元数据，如单位、数据类型、数据大小等。HDF5 文件具有高效压缩和快速访问数据的特点，可以使用多种编程语言进行访问和读写，提高了数据的可持久性和可移植性。

Nastran 近年来增加了使用 HDF5 作为结果文件格式，这种文件格式可以以较小的空间存储，因而建议使用 Nastran 计算时输出 HDF5 文件格式（这可以通过在 Patran 界面中选择或通过在 BDF 文件的模型数据段中添加 MDLPRM,HDF5,1 语句来实现）。

HDF5 文件可以使用 HDFVIEW 工具（该工具可以在 HDF 的官方网站 www.hdfgroup.org 上下载使用）方便地打开查看其中的内容，如图 7-5 所示为一个典型的 Nastran 计算结果的 HDF5 文件在 HDFVIEW 中的显示，从中可以看出，模型中使用的单元、节点、载荷、工况、位移边界条件以及位移、应力等计算结果均已列出，查看提取这些数据相当方便。

HDF5 文件具有一个层次结构，类似于 Windows 中的文件存储结构，其中最重要的三个概念是组、数据集和属性，这三个概念也称为 HDF5 文件的对象。

组（group）是一个容器（类似于 Windows 中的文件夹），用于组织和管理其他对象。每个组都有一个唯一的名称，可以包含其他组和数据集。在组中，可以使用属性（attribute）来存储元数据信息，比如数据类型、单位等。属性可以与组或数据集关联，也可以与数据集的元素关联。如上图中的 INDEX、Nastran、INPUT 等都是组。

数据集（dataset）用于存储具有相同数据类型的多维数据，相当于 Windows 中的一个文件。每个数据集都有一个唯一的名称和维度，可以使用切片和索引操作来访问数据集中的数据。数据集可以存储多种类型的数据，如数值型、字符串型、布尔型等，并且支持不同的压缩和编码方式。

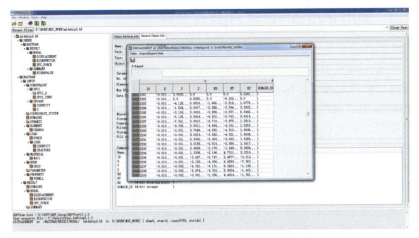

图7-5　HDFVIEW软件查看HDF5文件

属性（attribute）是一种元数据，用于存储与HDF5数据集或组相关的元数据信息，包括数据集或组的特性，如版本号、创建日期、作者、单位等，其类型可以是字符串、整数、浮点数、布尔值和数组等各种数据类型。属性的使用可以增加HDF5数据集和组的灵活性和可扩展性，同时也可以提高数据访问的效率和准确性。

另外，HDF5文件中还有一些辅助对象，如数据空间（dataspace）、数据存储（data storage）、链接（link）等，用于更好地组织和管理数据。

HDF5文件的路径是指HDF5文件中各个对象［数据集（dataset）、组（group）、属性（attribute）］在层次结构中的位置。其中每个对象都有一个独特的路径，这个路径是由"/"分隔的各级名称组成的字符串，例如，上述Nastran的HDF5文件中存储四边形单元应力的数据集路径为/Nastran/RESULT/ELEMENTAL/STRESS/QUAD4，第一个"/"表示根节点，后面的"/"表示各层对象间的分隔。

》》7.4.2　Nastran的HDF5结果文件

Nastran输出结果的HDF5文件结果相对固定，如图7-5所示。

第1层的组主要有两个：INDEX和Nastran，INDEX组中主要用于存储各类数据集的统计信息，Nastran组中用于存储模型输入和结果数据。

Nastran组下主要有两个组，分别为：INPUT和RESULT。INPUT中主要存储的是模型输入信息：NODE（节点信息）、ELEMENT（单元信息）、PSHELL（属性信息）、MATERIAL（材料信息）、LOAD（载荷信息）、CONSTRAINT（位移边界条件）、COORDINATE_SYSTEM（模型中定义的坐标系）、PARAMETER（参数信息）等，这些信息都是BDF文件中的。RESULT组中主要有DOMAINS数组集、ELEMENTAL和NODAL组，其中DOMAINS数组集主要存储的是计算的各工况、子工况、载荷步等组合列表，ELEMENTAL和NODAL组分别用来存储单元和节点的计算结果，包括单元的应力、节点的位移、约束反力等。

Python 中有多个库可以用来读写 HDF5 文件：h5py、PyTables、hdf5、hdf5storage、hdf5_getters 等，最常用的有 h5py、PyTables。h5py 提供了比较简单和方便的 API，使得用户可以轻松地创建、读取和修改 HDF5 文件中的数据集、组和属性等，另外这个库支持 Python 中常用的数据类型，如 Numpy 数组和 Python 对象，以及其他 HDF5 支持的数据类型，也支持数据切片、压缩、并行 I/O 和数据集筛选等。PyTables 提供了更丰富和高效的功能，如面向列的存储（Column-Oriented Storage）和多种索引等。与 h5py 相比，PyTables 更适合处理大规模的数据集和高度取决于 I/O 的任务。对于 Nastran 结果主要是读取，使用相对简单方便的 h5py 即可。

h5py 库中主要有 4 个类型：File、Group、Dataset 和 Attribute。File 类表示一个 HDF5 文件，可以通过这个类型的对象创建、读取和编辑 HDF5 文件；Group、Dataset 和 Attribute 类分别用来表示一个 HDF5 文件中的组、数据集和属性。

在读写数据过程中，File 和 Dataset 是最常用的。File 类似于一个 Python 中的字典，键名为组或数据集的路径，键值为相应的组或数据集；Dataset 类似于 Numpy 中的 ndarray，其实如果对 Dataset 进行切片或过滤操作，得到的结果就是 ndarray 类型。对于 Nastran 的 HDF5 文件，其整个数据集类似于一个一维列表，每个列表元素是一个元组，其常用的切片方式有以下几种。

① Dataset[字段名 , 行号]，其中行号除了可以使用一个索引号外，还可以使用 2:8:2 这样的列表生成式或如 [2,5,8] 一样的列表来指定行。

② Dataset[行号]，可获取指定行的数据，其中行号除了可以使用一个索引号外，还可以使用 2:8:2 这样的列表生成式或如 [2,5,8] 一样的列表来指定行。

③ Dataset[行号][字段名]，作用与第一种相同。

使用 h5py 库（h5py 库通过 pip install h5py 命令安装）读取 HDF5 文件的主要过程是：先使用 File 对象打开一个文件，再使用 Dataset 获取 HDF5 文件中指定路径下的数据集，再从 Dataset 中提取需要的数据进行操作，最后关闭文件。以下示例通过 h5py 提取了单元号为 10 的四边形单元的 x 向应力。

```
import h5py
import numpy as np


h5_file = h5py.File(r"D:\WORK\MSC_WORK\midship2.h5", 'r')
dataset = h5_file['/Nastran/RESULT/ELEMENTAL/STRESS/QUAD4']
index = np.argwhere(dataset['EID']==10)
print(dataset['X1', np.ravel(index)])
h5_file.close()
```

第8章

自动化处理

前面几章的内容已基本涵盖了如何在 Patran 内部进行程序处理，如何对 Patran 与外部关联的输入输出文件（BDF 文件和 XDB/OP2/HDF5 文件）进行处理，除此之外，还有一个可以直接驱动 Patran 的主要通道是 Patran 的 Session 文件，本章的前部分将进行介绍。在本章的后部分将结合本章及前面章节中介绍的内容，说明如何使用 Python 在外部驱动 Patran 从建模到结果分析全过程流转，其实也可以用同样的方法将这个过程与其他过程（比如分析后的报告自动生成以及前面的从 CAD 模型中提取数据）关联起来，实现在更大范围内的自动化。

8.1　自动化处理的过程

Patran 的每次运行，都会生成一个 Session 文件（会话文件），类似于在 Word 或 Excel 中使用宏录制得到的文件。这个文件使用 Patran 的 PCL 语法和函数记录了所有的交互操作过程。这个文件的主要作用如下。

① 通过 Patran 提供的回放（PLAY）Session 文件的功能调用这个文件可以重新生成模型。

② 通过修改 Session 文件中的某些数值并重新使用这些文件可以方便地生成新的模型。

③ 通过这个文件学习 PCL 函数的使用或查找与界面操作对应的函数。

在运行 Patran 的过程中，当前使用的命令会显示在界面下方的历史命令窗口中，同时也会记录到 Session 文件中，Session 文件在当前模型同一目录下，使用 SES.XX 作为文件扩展名，其中 XX 是两个数字表示的顺序号，当前模型的 Session 文件的顺序号是当前模型文件夹中最大的。

典型的 Session 文件如下所示，其中 $# 开头的行是注释行，是 Patran 生成的用于解释说明的文本，其余的语句是用户执行过的命令记录，由于 Patran 的多数函数的参数列表都相当长，因而行末用续行符 @ 表示下一行与当前行是同一语句。

```
set_current_dir( "D:\WORK\MSC_WORK" )
$# The current working directory has been changed to the database
location
$# shown.
uil_pref_analysis.set_analysis_preference( "MSC.Nastran", "Thermal",
".BDF", @
".op2", "No Mapping" )
$#  Loading... msc_Nastran_defn_dflt_tbs( MSC.Nastran, Thermal )
STRING asm_create_patch_xy_created_ids[VIRTUAL]
asm_const_patch_xyz( "1", "<0.25 0.15 0>", "[0 0 0]", "Coord 0",  @
asm_create_patch_xy_created_ids )
$# 1 Patch created: Patch 1
asm_const_patch_xyz( "2", "<0.05 0.05 0>", "[0.03 0.05 0]", "Coord
0",  @
asm_create_patch_xy_created_ids )
$# 1 Patch created: Patch 2
```

上述 Session 文件除了可以在 Patran 界面中使用菜单项 FILE->Session->PLAY 来回放外，还可以在外部通过 Windows 操作系统命令行的方式启动 Patran，并向其传递 Session 文件，使其在不启动 Patran 界面的情况下自动生成需要的模型。这种方式比起启动界面生成的方式有显而易见的好处：速度更快，可以通过其他程序调用生成，方便进行流程自动化操作。

通过 Windows 操作系统命令行的方式启动 Patran 及运行指定的 Session 文件的命令行如下所示（如果直接写为 Patran.exe，需要将 Patran 的安装目录添加至系统的 PATH 环境变量中，否则应包括具体的路径）。

```
Patran.exe 命令参数
```

主要命令参数如表 8-1 所示。

表8-1 Patran 的主要命令参数

命令参数	功能
-sfp \<filename>	指定要播放的Session文件名
-sfr \<filename>	指定记录本次启动的Session文件名
-ans \<yes/no>	如遇交互过程中可能遇到的提示框，均回答YES还是NO
-auth \<license_loc>	本次启动使用的LICENSE文件的位置，一般是27500@LICENSE服务器所在的IP地址，一般情况下不需指定这个参数，直接使用计算机环境变量MSC_LICENSE_FILE中指定的值

命令参数	功能
-authque number	如遇LICENSE被占用时等待license可用的分钟数，默认为5
-b	无窗口后台模式运行（在执行批量自动化测试时一般会使用），同时如果有多台LICENSE服务器，可以使用这个参数测试每个LICENSE服务器的当前可用性
-db dbName	打开名为dbName的模型
-EchoEnv	列出用到的环境变量，在不正常时可以使用这个选项检查使用的环境变量是否有问题
-l	对属性和材料对话框使用更大的列表框
-hl <#_lines>	设置命令历史栏中记忆的操作历史行数，默认是50行
-stdout <log_file>	输出诊断信息至log_file文件
-graphics	可在使用-b的无窗口模式下运行时仍可输出模型窗口的截图
-skin <skin>	界面主题样式，可选项有：office2007，xptunes，xproyale，xpluna，ie5，vista

执行自动化测试或批量分析时常用的 Patran 命令如下，这表示静默启动 Patran，并播放 test.ses 文件，遇到的所有提示框均回答 YES。

```
Patran -b -sfp test.ses -ans yes
```

一般情况下进行测试或批量分析时都是先在一个参考模型的基础上进行适当的修改并重新进行分析，之后再提取指定的结果进行检验或分析，因而自动化的流程一般如下。

① 在 Patran 界面中以交互方式建立一个基准模型；

② 对生成基准模型的 Session 文件进行整理，删除如视角调整之类的与目的无关的命令以及在交互操作中的误操作命令，同时添加一些需要的非交互操作命令或程序加载命令，如各类循环语句或 plb 加载命令（sys_library("add", "plbName.plb")）等；

③ 找到 Session 文件中的关键参数，这些参数在自动化执行中可能需要修改，将每个关键参数使用一个字符串代替（这些字符串之间及与当前 Session 文件中已有的字符串不要相同），以方便后续进行替换；

④ 编写外部程序（使用 Windows 批处理、Python、C# 或其他语言生成的程序甚至 Excel 等其他程序的脚本语言）对 Session 文件进行处理，替换其中的关键参数为设定的参数值；

⑤ 使用 Windows 批处理文件或在编写的可执行程序中启动 Patran 并运行生成的 Session 文件；

⑥ 通过外部程序对 Session 文件创建的模型生成的 BDF 文件进行处理或修改（如有必要，例如加入某些 Patran 不支持的 BDF 关键字或提取 BDF 文件中的一部分重新与其他内容进行组合），之后可通过外部程序提交 Nastran 进行计算；

⑦ 通过外部程序提取 Nastran 计算结果中的数据并进行后续分析。

上述的第①～④步可以按前面介绍的 PCL 方面的内容进行处理，其实对于比较简单的模型，也可以通过直接编写 Session 文件生成相应的模型，但对于较为复杂的模型，且不论此方式编写起来麻烦，而且在编写后还需要进行调试以确认该 Session 文件确实能生成目标模型。方便可行的方法还是在 Patran 中通过交互式建模的方式建立一个典型的模型，在这个过程中 Patran 将自动生成 Session 文件，然后局部修改 Session 文件。第⑤步可以使用 Python 等程序处理，第⑥步可以使用前面介绍的 BDF 方面的内容进行处理，第⑦步可以使用前面介绍的结果数据处理方面的内容进行处理。

8.2 自动化处理示例

》》 8.2.1 背景说明

对于受轴向压缩的部分柱壳板，如图 8-1 所示，其屈曲模态会因壳的轴向长度、板厚、板格半径等参数的不同而不同，如欲从数值分析的方面研究它们之间的关系，可以设定多个不同的轴向长度、板厚、板格半径等参数，形成它们的各种组合形式并计算相应的屈曲模态。基于上述需求，本示例演示了对上述题目进行自动化分析的过程（简单起见，只考虑了轴向长度、板厚、板格半径三个参数）。

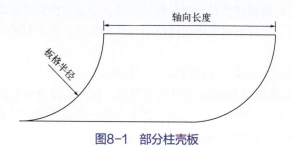

图8-1 部分柱壳板

》》 8.2.2 处理过程

首先使用 Patran 生成一个用于屈曲计算的基准模型，这个过程不再说明。

（1）生成屈曲计算模型模板 Session 文件

由于要考虑轴向长度、板厚、板格半径三个参数因素，因而要找到 Session 文件中创建柱壳模型时填写的这 4 个参数的位置，将其进行标记并保存为 BUCKLING.ses，完成后的 Session 文件如下所示。

```
1    uil_file_new.go( "D:\SOFT\MSC\PAT RAN/template.db", "D:\WORK\MSC_
WORK\DBFILENAME.db" )
2    set_current_dir( "D:\WORK\MSC_WORK" )
3    STRING sgm_create_curve_2d_created_ids[VIRTUAL]
```

```
4    sgm_const_curve_2d_arcangles_v1( "1", CYLINDERRADIUS, 180., 270.,
"Coord 0.1",  @
5    "[0 0 0]", FALSE, sgm_create_curve_2d_created_ids )
6    STRING sgm_sweep_surface_e_created_ids[VIRTUAL]
7    sgm_const_surface_extrude( "1", "<WFSPAN 0 0>", 1., 0., "[0 0 0]",
"Coord 0",  @
8    "Curve 1", sgm_sweep_surface_e_created_ids )
9    ...
10   elementprops_create( "shell", 51, 25, 35, 1, 1, 20, [13, 20, 36,
4037, 4111,  @
11   4118, 4119, 8111, 4401, 4402, 4403, 4404, 4405, 4406, 4407, 4408,
4409], [5,  @
12   9, 1, 1, 1, 1, 1, 4, 4, 1, 1, 1, 1, 1, 4, 4], ["m:steel", "",
"PLATETHICKNESS", "", "",  @
13   "", "", "", "", "", "", "", "", "", "", "", ""], "" )
14   ...
15   jobfile.open( "DBFILENAME", "ANALYZE NO JOBFILE" )
16   msc_delete_old_files( "DBFILENAME", ".BDF", ".op2" )
17   ...
18   jobfile.writec( "DATABASE", "D:\WORK\MSC_WORK\DBFILENAME.db" )
19   jobfile.writec( "JOBNAME", "DBFILENAME" )
20   ...
21   mscNastran_job.associate_subcases( "105", "DBFILENAME", 1,
["Default"] )
...
```

这个文件中，在第 1、15 ～ 16、18 ～ 19、21 行中使用 DBFILENAME 标记模型的名称，在第 4 行中使用 CYLINDERRADIUS 标记壳的半径，在第 7 行中使用 WFSPAN 标记柱壳的轴向长度，在第 12 行使用 PLATETHICKNESS 标记柱壳的厚度。

（2）使用 Python 驱动过程

编写如下的 Python 程序驱动整个流程生成屈曲计算模型。

```
1    import shutil, os
2
3    def auto_ana(templatePath, newSesPath, repParas):
4        with open(templatePath, 'r') as sesTemp:
5            strTemp = sesTemp.read()
```

```
6           for par in repParas:
7               strTemp = strTemp.replace(par, str(repParas[par]))
8           with open(newSesPath, 'w') as sesNew:
9               sesNew.write(strTemp)
10      cmd = r"Patran.exe -sfp " +newSesPath +r" -b -stdout test.log
-ans yes"
11      os.system(cmd)
12      nasCal()
13
14  spans = [3000,3500,4000]
15  rs = [3000,3100,3200,3300,3400,3500,3600]
16  thks = [20,21,22,23]
17  for span in spans:
18      for r in rs:
19          for thk in thks:
20              dbName = "L{0}R{1}T{2}".format(span, r, thk)
21              paras = {'DBFILENAME':dbName +'buck', 'WFSPAN':span,
'CYLINDERRADIUS':r, 'PLATETHICKNESS':thk}
22              auto_ana(r"BUCKLING.ses", dbName +r'buck.ses', paras)
23              h5path = dbName +r'buck.h5'
24              plotCurve()
```

在这个程序中第 1 行首先导入了两个模块 shutil 和 os，这两个模块是用于文件和系统操作的。

第 3 ～ 12 行中定义了一个函数 auto_ana，用于根据模板 Session 文件生成一个新的 Session 文件生成模型和计算。函数中的三个参数分别是：Session 模板文件、用于生成模型的 Session 文件、需要对 Session 模板文件中进行替换的关键字和替换值（是一个字典）。在第 7 行中对 Session 模板文件查找其中的关键字并替换为相应的值。第 9 行中将替换后的 Session 文件语句写入了新的 Session 文件。第 10 ～ 11 行利用命令行调用 Patran 执行了上述新生成的 Session 文件。第 12 行调用了一个自定义程序将 BDF 文件提交给计算服务器进行计算。

第 14 ～ 16 行定义了需要研究的轴向长度、板厚、板格半径的各参数值。

第 17 ～ 22 行对上述轴向长度、板厚、板格半径各参数取值的组合进行了分析。第 22 行生成了参数组合的 Session 文件、Patran 模型并进行分析。第 24 行根据计算结果 HDF5 文件，使用自定义函数 plotCurve 提取所有模型的屈曲特征值并生成图片保存。

第9章
使用C++开发
外部DLL

当需要使用外部程序配合完成一项功能时，可以使用一个中间的文本文件进行两者之间的数据传递，在 Patran 中通过 PCL 函数 utl_process_spawn 来调用这个外部程序进行处理即可。如果不想把传递的数据暴露出去，想直接在两者之间传递数据，可以使用本章介绍的方法，利用 C++ 开发一个 DLL，直接在 PCL 中调用 DLL 中的函数传递数据和执行。

9.1 使用Visual Studio编写和调试可供PCL调用的DLL

Patran 的安装目录中提供了进行 C++ DLL 编程使用的头文件、LIB 库文件，可以方便地进行 DLL 开发，使用 Visual Studio 进行 DLL 开发的主要步骤如下。

① 创建一个 C++ DLL 项目。

② 将 Patran 安装目录下的 \customization\include 和 \customization 两个目录作为附加包含目录，如图 9-1 所示，在 DLL 编写过程中需要用到这些头文件中定义的数据类型、宏以及函数声明。

③ 将 Patran 安装目录下的 \customization\libaccess.lib 库文件作为附加依赖项，如图 9-2 所示，在开发过程中需要用到这个库文件中的函数。

④ 在预处理器定义中添加 WINNT、MSC_LP64、PATRAN3 三个宏变量，如图 9-3 所示，这三个宏变量在 \customization 文件夹中的一些头文件中使用，用于引入相应于 Windows 操作系统的宏定义。

⑤ 使用 C++ 编写并编译生成 DLL 文件，其中应注意以下几项：

a. 应使用 #include 引入 pdaeng.h、sm_blt_def.h、sm_sym_def.h、sm_dtypes.h 这几个头文件，这几个头文件中定义了需要使用的一些宏、数据结构和必要的函数原型；

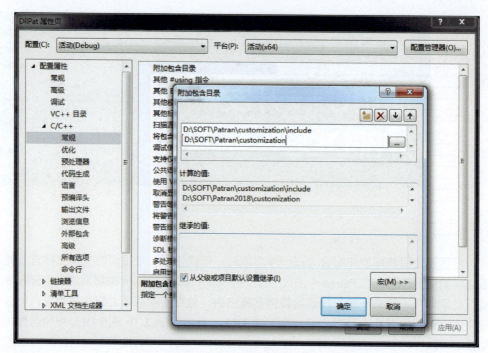

图9-1　在C++ DLL项目中包含相关头文件

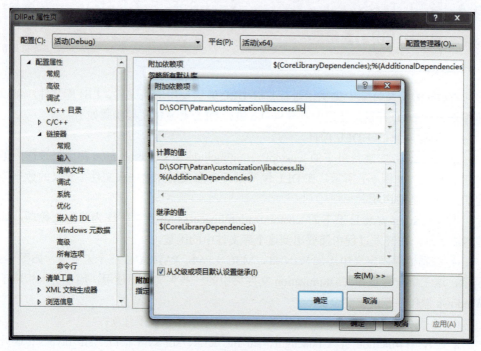

图9-2　在C++ DLL项目中包含Patran开发库

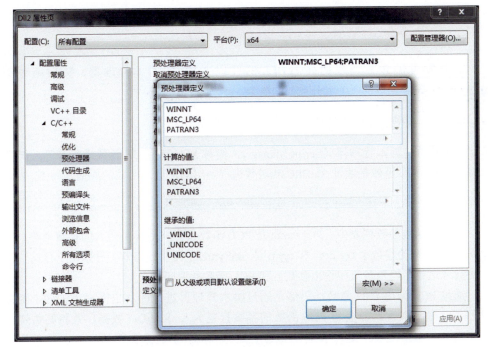

图9-3　C++ DLL项目中包含相关宏定义

b. 使用正常的 C++ 规则编写需要实现的算法函数；

c. 对需要在 PCL 中调用的函数编写接口函数，这个接口函数应使用 extern "C" _declspec(dllexport) 修饰符以将其以 C 格式导出。

⑥ 调试 DLL 程序。

a. 在 Visual Studio 中打开 DLL 项目，在 Patran 中打开测试模型；

b. 在 Visual Studio 中使用附加到进程的方法附加 Patran.EXE 进程，并在程序中需要检查的位置添加断点；

c. 在 Patran 中执行相应的 PCL 文件或函数，Visual Studio 将停止在断点位置处。

⑦ 编写需要使用 DLL 的 PCL 程序，其中应注意以下几项：

a. 在 Visual Studio 中打开 DLL 项目，在 Patran 中打开测试模型；

b. 在 Visual Studio 中使用附加到进程的方法附加 Patran.EXE 进程，并在程序中需要检查的位置添加断点；

c. 在 Patran 中执行相应的 PCL 文件或函数，Visual Studio 将停止在断点位置处；

d. 使用 utl_dyn_lib_open(DLL 路径 , 关于路径编写方式的选项) 函数加载 DLL ；

e. 使用 utl_dyn_lib_func(DLL 路径 , 需要加载的 DLL 中的接口函数名 , 映射的 PCL 函数名) 函数载入 DLL 中的函数，并指定映射的相应 PCL 函数名；

f. 通过映射的 PCL 函数名使用函数；

g. 使用完 DLL 后，使用 utl_dyn_lib_close(DLL 路径 , 选项) 函数卸载 DLL。

⑧ 如果需要，编译 PCL 为 plb 文件，并和相应的 DLL 文件一起发布。

9.2　PCL调用DLL程序的原理

在开发可供 PCL 调用的外部 DLL 的过程中，PCL 脚本管理器、接口函数和 SmSymDef 数据类型是三个十分重要的概念，本节进行简要说明。

9.2.1　PCL 脚本管理器

Patran 通过脚本管理器（Script Manager，简称 SM）对 PCL 函数进行管理，脚本管理器调用 PCL 函数是通过 SmBltCall 函数进行调用的，这个函数的原型是如下。

```
SmBltCall(char * PCLname, int nargs, SmSymDef *args, SmSymDef *rsym)
```

在这个函数参数列表中，PCLname 是 PCL 函数名称；nargs 是传入的参数个数，也就是 PCL 函数的参数个数；args 和 rsym 是 SmSymDef 类型的指针，分别用于存储传递的参数（这包括输入参数和输出参数）和 PCL 函数的返回值。

通过 PCL 调用 C++ 函数，仍然是通过脚本管理器进行的，也需要通过这个函数进行。此时脚本管理器会将 PCL 函数的参数打包为 SmSymDef 数据，并将其传递给调用的 C++ 接口函数，C++ 接口函数再将这些 SmSymDef 数据解包为 C++ 的数据类型，再传递给实现算法的 C++ 函数，等 C++ 算法函数完成后，C++ 接口函数需要将这个返回值再打包为 SmSymDef 数据返回给调用它的 PCL 函数，脚本管理器得到这个 SmSymDef 数据后，会解包为 PCL 的数据类型，至此完成调用的循环。

9.2.2　接口函数

C++ DLL 中实现的算法函数，必须提供一个接口函数以供 PCL 调用，这个接口函数的参数列表是固定的，如下所示。

```
void interfaceFunName(int nargs, SmSymDef *args, SmSymDef *rsym)
```

如下文所述，如果需要使用 Patran 提供的 BLT_ 系列宏对上述 SmSymDef 数据进行解包和打包，还必须保持这个形参名称不变，因为这些宏定义中使用了这些形参的名称。

9.2.3　SmSymDef 数据类型

Patran 脚本管理器使用 SmBltCall 调用函数时，需要将函数的参数和返回值打包为 SmSymDef 类型，这个 SmSymDef 数据类型是一个结构体，在 sm_sym_def.h 中定义，如下所示。

```
typedef struct smsymdef SmSymDef;
struct smsymdef
{
```

```
    SmId      index;
    SmSymSTypes  storage;
    SmSymDTypes  datatype;
    char        *name;
    short    sflags;
    short    filler;
    int      string_max;
    int      *array;
    SM_MULTDTYPE data;
};
```

其中的 SmId 类型和其他一些基本类型是脚本管理器定义的，其与 C++ 中的数据类型的对应和定义如下所示，这是在 sm_dtypes.h 中定义的。

```
typedef int      SmInt;
typedef long     SmLong;
typedef float    SmReal;
typedef int      SmLog;
typedef char     SmStr;
typedef int      SmTag;
typedef short    SmId;
typedef int      SmStmtNo;
typedef void *   SmWid;
typedef intptr_t SmIntptr;
```

SmSymSTypes 是 unsigned char 类型，可取的值如下所示，这是在 sm_dtypes.h 中定义的。

```
#define SmStyUnknown    0
#define SmStyConstant        1
#define SmStyGlobal     2
#define SmStyClass      3
#define SmStyStatic     4
#define SmStyDynamic    5
#define SmStyFunction        6
#define SmStyExternal        7
#define SmStyArgument        8
#define SmStyStructure       9
#define SmStyTempUsed       10
```

```
#define SmStyArrayDesc    11
#define SmStyPointer   12
#define SmStyInvalid   13
#define SmStyRoArg     14
#define SmStyStaticDef    15
#define SmStyClassDef     16
#define SmStyGlobalDef    17
#define SmStyReference    18
```

SmSymDTypes 是 unsigned char 类型，可取的值如下所示，这是在 sm_dtypes.h 中定义的。

```
#define SmDTyUnknown   0
#define SmDTyInteger   1
#define SmDTyReal      2
#define SmDTyLogical   3
#define SmDTyString    4
#define SmDTyWidget    5
#define SmDTySymbol    6
#define SmDTyIntptr    7
#define SmDTyInt64     8
#define SmDTyLong      9
#define SmDTyEvalFlag  0x80
```

另外还有一个 SM_MULTDTYPE 类型是一个共用体类型，定义如下所示，这是在 sm_dtypes.h 中定义的。

```
typedef union SmMultDType SM_MULTDTYPE;
union SmMultDType
{
    SmInt      intval;
    SmLong     longval;
    int        offset;
    SmReal     realval;
    SmWid      widval;
    SmStr      *string;
    SmInt      *intarry;
    SmLong     *longarry;
    SmReal     *realarry;
```

```
SmWid        *widarry;
SmInt64       int64val;
SmInt64      *int64arry;
SmIntptr      intptrval;
SmIntptr     *intptrarry;
address       stuff;
SmUnEval     *uneval;
};
```

在 C++ 接口函数中，需要将从 PCL 脚本管理器传递来的 SmSymDef 数据进行解包，待 C++ 算法实现函数完成计算后，还需将返回值打包为 SmSymDef 数据并传递给脚本管理器。Patran 提供了宏用于方便这个解包和打包的过程，这些宏在 sm_blt_def.h 中定义。主要如下所示。

① BLT_WORK_DEFINITIONS() 宏：用于定义一个 SmSymDef 数据，定义如下。

```
#define BLT_WORK_DEFINITIONS() \
    SmSymDef    *bltsym
```

② BLT_CKARG_COUNT(num_wanted) 宏：用于检查接口函数的参数 nargs(参数数量) 是否与给定的 num_wanted 一致，定义如下。

```
#define BLT_CKARG_COUNT(num_wanted) \
  if( nargs != num_wanted ) \
  { \
    SmErrorInt2( SmEroEix, SmErrBltBadArgCount, num_wanted, nargs ); \
    return; \
  }
```

③ BLT_GETARG_INTEGER(argnum,ivalue) 宏：用于从接口函数的 args 变量（SmSymDef 数组类型）中提取第 argnum 个数据（应注意这个第几个是从 1 开始数的），这个数据是整型数据，提取到的值存储到 ivalue 变量中，定义如下。

```
#define BLT_GETARG_INTEGER(argnum,ivalue) \
  bltsym = & args[argnum-1]; \
  if( bltsym->datatype == SmDTyInteger && \
      ! BLT_SYMIS_ARRAY(bltsym) ) \
    ivalue = SmSymGetIntVal( bltsym ); \
  else if( bltsym->datatype == SmDTyReal ) \
    ivalue = (int) SmSymGetRealVal( bltsym ); \
  else \
```

```
{ \
  SmErrorInt( SmEroEix, SmErrBltBadArgDType, argnum ); \
  return; \
}
```

④ 另外还有一系列类似 **BLT_GETARG_XXX** 的宏: 用于从接口函数的 args 变量中提取相应类型的数据。

```
BLT_GETARG_LOGICAL(argnum, val)
BLT_GETARG_REAL(argnum, val)
BLT_GETARG_STRING(argnum, val)
BLT_GETARG_WIDGET(argnum, val)
BLT_GETARG_INTEGER_ARRAY(argnum,val)
BLT_GETARG_LOGICAL_ARRAY(argnum,val)
BLT_GETARG_REAL_ARRAY(argnum, val)
BLT_GETARG_STRING_ARRAY(argnum,val)
BLT_GETARG_WIDGET_ARRAY(argnum,val)
BLT_GETARG_INTEGER_PTR(argnum, val)
BLT_GETARG_LOGICAL_PTR(argnum, val)
BLT_GETARG_REAL_PTR(argnum, val)
BLT_GETARG_STRING_PTR(argnum, val)
BLT_GETARG_WIDGET_PTR(argnum, val)
BLT_GETARG_INTEGER_ARRAY(argnum,val)
BLT_GETARG_LOGICAL_ARRAY(argnum,val)
BLT_GETARG_REAL_ARRAY(argnum, val)
BLT_GETARG_STRING_ARRAY(argnum,val)
BLT_GETARG_WIDGET_ARRAY(argnum,val)
```

⑤ **BLT_RETURN_INTEGER** 宏: 用于将返回值打包进接口函数的 rsym 参数 (SmSymDef 类型) 中, 定义如下。

```
#define BLT_RETURN_INTEGER(ivalue) \
  rsym->datatype = SmDTyInteger; \
  rsym->storage  = SmStyTempUsed; \
  rsym->data.intval = ivalue; \
  return;
```

⑥ 另外还有一系列类似 **BLT_RETURN_XXX** 的宏: 用于将相应类型的数据打包进接口函数的 rsym 参数中, 如下所示。

```
BLT_RETURN_INTEGER(val)

BLT_RETURN_LOGICAL(val)

BLT_RETURN_REAL(val)

BLT_RETURN_STRING(val)

BLT_RETURN_WIDGET(val)
```

9.3 综合示例

下面的示例编写了一个程序，在 PCL 中提取了模型中所有节点的坐标，并将这些数据传递给使用 C++ 编写的 DLL 中的一个函数，通过这个函数对这些坐标进行处理和计算后，将计算结果返回给 PCL，PCL 再执行其他操作。

在 DLL 中使用 C++ 编写的程序如下所示。

```cpp
#include <cstring>

#include <string>

#include "pdaeng.h"

#include "sm_blt_def.h"

#include "sm_sym_def.h"

#include "SmUtilities.h"

#include "sm_dtypes.h"

using namespace std;


// 具体算法实现函数

int nodeProc(int nodeCnt, int* nodeIds, float* xyz)

{

    // 在此函数中可以进行数据处理和计算

}

//DLL 中的算法实现函数与 PCL 的接口函数

extern "C" _declspec(dllexport) void PCLBltNodeProc(int nargs, SmSymDef

* args, SmSymDef * rsym)

{

    int nodeCnt;

    int* nodeIds = new int;

    float* nodeXyz = new float;

    int retVal;
```

```
    // 初始化 nargs, args 和 rsym 的宏
    BLT_WORK_DEFINITIONS();
    //args 数组大小设定
    BLT_CKARG_COUNT(3);
    // 从 args 中依次提取各个参数
    BLT_GETARG_INTEGER(1, nodeCnt);
    BLT_GETARG_INTEGER_ARRAY(2, nodeIds);
    BLT_GETARG_REAL_ARRAY(3, nodeXyz);
    // 执行算法实现函数
    retVal = nodeProc(nodeCnt, nodeIds, nodeXyz);
    // 将算法实现函数的返回值压入 rsym
    BLT_RETURN_INTEGER(retVal);
}
```

在 PCL 程序中编写的程序如下所示。

```
// 获取模型中所有节点的坐标
integer nodesCnt
integer nodeIds(virtual)
integer refCoords(virtual)
integer anaCoords(virtual)
real globXyzp(virtual)
db_count_nodes(nodesCnt)
sys_allocate_array(nodeIds, 1, nodesCnt)
sys_allocate_array(refCoords, 1, nodesCnt)
sys_allocate_array(anaCoords, 1, nodesCnt)
sys_allocate_array(globXyzp, 1, nodesCnt, 1, 3)
db_get_node_ids(nodesCnt, nodeIds)
db_get_nodes(nodesCnt, nodeIDs, refCoords, anaCoords, globXyzp)
// 加载 DLL
STRING DLL[1024]
DLL = "D:\WORK\VS_WORK\Dll Pat\x64\Debug\Dll Pat.dll"
utl_dyn_lib_open(DLL, "P")
// 加载 DLL 中的函数 PCLBltNodeProc, 其在 PCL 中的函数名映射为 nodeProc
utl_dyn_lib_func(DLL, "PCLBltNodeProc","nodeProc", "P")
// 执行 nodeProc, 将节点坐标数据传递给 DLL 中的 PCLBltNodeProc 函数进行处理, 完成
```

```
// 后将计算结果返回给 retVal
integer retVal
retVal = nodeProc(nodesCnt, nodeIDs, globXyzp)
// 获取处理后的数据在 PCL 中执行其他操作
.....
// 卸载 DLL
utl_dyn_lib_close(DLL, "P")
```

参考文献

[1] MSC Software Co. Patran PCL and Customization. CA: MSC Software Corporation, 2016.

[2] MSC Software Co. Patran PCL Reference Manual Volume 1: Function Descriptions. CA: MSC Software Corporation, 2016.

[3] MSC Software Co.MSC Nastran Quick Reference Guide. CA: MSC Software Corporation, 2016.

[4] MSC Software Co.MSC Nastran Access User's Manual. CA: MSC Software Corporation, 2016.

[5] 罗伯特·约翰逊. Python科学计算和数据科学应用. 黄强, 译. 2版. 北京：清华大学出版社, 2020.

[6] Idris I. Python数据分析基础教程：NumPy学习指南. 张驭宇, 译. 2版. 北京：人民邮电出版社, 2014.

[7] 杨剑, 张璞, 陈火红. 新编MD Nastran有限元实例教程. 北京：机械工业出版社, 2008.

[8] IACS. Common structural rules for bulk carriers and oil tankers, International Association of Classification Societies, London, 2022.